乡村教育改革者如何思考
以陶行知、晏阳初和梁漱溟为中心的考察

陈 博 著

燕山大学出版社
·秦皇岛·

图书在版编目（CIP）数据

乡村教育改革者如何思考：以陶行知、晏阳初和梁漱溟为中心的考察 / 陈博著．—秦皇岛：燕山大学出版社，2024.3
ISBN 978-7-5761-0654-1

Ⅰ．①乡… Ⅱ．①陈… Ⅲ．①陶行知（1891-1946）－乡村教育－教育思想－研究②晏阳初（1890-1990）－乡村教育－教育思想－研究③梁漱溟（1893-1988）－乡村教育－教育思想－研究 Ⅳ．①G40-092.6 ②G40-092.7

中国国家版本馆 CIP 数据核字（2024）第 058963 号

乡村教育改革者如何思考
——以陶行知、晏阳初和梁漱溟为中心的考察
XIANGCUN JIAOYU GAIGEZHE RUHE SIKAO
陈　博　著

出 版 人：陈　玉			
责任编辑：王　宁		策划编辑：刘韦希	
责任印制：吴　波		封面设计：刘韦希	
出版发行： 燕山大学出版社		电　　话：0335-8387555	
地　　址：河北省秦皇岛市河北大街西段 438 号		邮政编码：066004	
印　　刷：涿州市般润文化传播有限公司		经　　销：全国新华书店	
开　　本：710 mm×1000 mm　1/16		印　　张：14.75	
版　　次：2024 年 3 月第 1 版		印　　次：2024 年 3 月第 1 次印刷	
书　　号：ISBN 978-7-5761-0654-1		字　　数：253 千字	
定　　价：60.00 元			

版权所有　侵权必究
如发生印刷、装订质量问题，读者可与出版社联系调换
联系电话：0335-8387718

2023 年度河北民族师范学院学术著作出版基金项目（2023ZZ003）
2023 年度河北民族师范学院博士科研启动基金项目（DR2023011）

前　言

20世纪二三十年代，乡村社会破败不堪，一群怀揣爱国情怀的教育家寄希望于教育救国，希望通过教育改革实现社会的改造，进而推动国家的发展。和城市相比，发展落后的乡村在当时是一个常被忽略的地方，乡村教育自然而然也受到了冷落。然而我国是典型的农业国，乡村的发展决定了国家的发展，乡村教育的发展又影响着乡村社会的发展，因此，解决乡村教育问题对于推动国家的发展具有重要的作用。于是一群爱国知识分子在不同的教育团体的帮助下，纷纷走进并扎根乡村社会，开启了艰辛的乡村教育改革之路。乡村教育改革由个体行为演变为群体行为后，最终形成了中国历史上轰轰烈烈的乡村教育改革运动。作为乡村教育改革者，他们有些从乡村师范教育改革入手着力培养乡村教师，有些从识字教育入手开展普及教育以减少文盲数量，有些从社会组织的变革入手期望重构乡村社会结构，于是形成了多样化的乡村教育改革实验区。但无论出发点有何差异，他们的终极目的是相同的，都是推动乡村教育改革，进而推动乡村社会改造与建设。

本书旨在回顾百年前那段轰轰烈烈的乡村教育改革历史，以全新的视角审视这段教育发展历程中的重要阶段，为21世纪乡村振兴背景下的乡村教育改革提供一些有益的借鉴和启示。书中选取陶行知、晏阳初和梁漱溟三位著名的乡村教育改革者作为研究对象，以教育思维为研究视角，通过审视他们从事乡村教育改革时体现出的教育思维，形成对民国乡村教育改革者如何思考教育改革问题的规律性认识。之所以选取以上三位乡村教育改革者作为研究对象，主要在于他们不仅表现出了乡村教育改革者的勇气和魄力，更是展现出了在那个特定的时代教育家的特征。何谓教育家，尽管学术界对教育家标准的界定宽严不一，但把教育理想转变为教育现实是他们共同的特征。有人指出，教育家要心系教育，在具备教育思想的同时还能开展教育实践，并产生显著影响。个体在教育工作中能否具备基本态度和职业操守是其能否成为教育家的前提。这种态度和职业操守表现为教育家个体所具有的坚定的教育理想、矢志不渝的教育信仰、敢于突破的教育革新意识与自觉的教育实践行为。①本书选取的三位教育家具有坚定的理想信念、敢于突破传统的革新意识和正直勇敢的品质，积极投身乡村教育活动中，以教育实验为手段，努力践行"大教育观"，积极推动乡村教育改革，进而推进乡村社会发展，在那个动荡的社会给乡村教育和乡村社会带来了一丝光亮和希望。可以说，他们是百年前乡村教育家的典型代表。通过对三位乡村教育家的研究，可以达到以点带面的效果，为整体剖析当时乡村教育改革状况奠定基础。本书将乡村教育家等同于乡村教育改革者群体，特指陶行知、晏阳初和梁漱溟三人。

  首先，本书从对百年前国家整体性困局、乡村社会生态以及乡村教育发展状况三个层面的分析入手，明确乡村教育改革者从事乡村教育改革时面临的困境。其次，通过对三位乡村教育改革者思想文本的分析，归纳出他们从事乡村教育改革时所展现出的具有共性的教育思维，进一步考察在教育思维指导下，三位乡村教育改革者实施乡村教育改革的具体实践活动，指出乡村教育改革对乡村教育和乡村社会产生的影响。最后，为当今乡村教育改革提供经验，实现历史经验的当代价值阐述。

  三位教育改革者实施乡村教育改革时展现出的具有共性的教育思维包括客观性思维、一体化思维、系统性思维、战略思维和通变思维五种。在客观性思维的指导下，乡村教育改革者立足乡村社会实际，不盲目袭古仿欧，从乡村社会的需要出发改革乡村教育，以培养乡村社会改造和建设需要的人才为出发点和归宿。在一体化思维的指导下，乡村教育改革者勇于打破既有的壁垒，实现学校与社会、学人与农人的有机结合。在系统性思维的指导下，乡村教育改革打破就教育谈教育的狭窄视野，建构系统化的乡村教育体系，推动乡村多种形式教育合力发展，进而实现乡村社会的整体发展，更好地践

---

①郝德贤.论民国时期乡村教育家精神特质及其当代启示[J].宁波大学学报，2017，39（5）：31-36.

行"大教育观"的理念。在战略思维的指导下,乡村教育改革者以解决全局性、长远性、根本性问题为方向,整体谋划乡村教育改革计划,按部就班、循序渐进地实施。在通变思维的指导下,乡村教育改革者灵活变通,根据乡村社会情形的变化随时调整工作,真正做到因时、因地、因人制宜。在科学的教育思维的指导下,乡村教育改革有序推进,改变了乡村教育和乡村社会的面貌,加速了乡村教育和乡村社会现代化的步伐。对乡村教育来说,乡村教育改革显著地减少了乡村地区文盲的数量;有效培养了乡村建设所需的"无贝之才",奠定了乡村发展的人才基础;打破了乡村教育与乡村社会的隔阂,有力地推动了乡村多种教育形式的融合发展。对乡村社会来说,乡村教育改革引发了乡村社会改造与建设的高潮,开启了知识分子"到乡村去",联合乡村民众改造乡村社会的新模式;丰富了乡村社会与城市合作的形式与内涵,实现了城市反哺乡村;推动了乡村社会的转型与全面发展,全方位改善了广大乡村民众的生活。

党的二十大报告指出,要坚持教育优先发展。乡村振兴、农村的现代化离不开乡村教育的发展。积极推动乡村教育改革、发挥乡村教育在乡村社会发展中的重要作用仍然是一项重要且艰巨的任务。自乡村振兴战略推进以来,乡村各方面都取得了长足的进步,其中也包括教育的发展。但是纵观当前乡村教育的现状,还有很多薄弱环节。总结历史上乡村教育改革的经验,吸取乡村教育改革的教训,能更有效地推动当前乡村教育改革活动的开展。时至今日,乡村教育发展面临的环境和发展程度虽与百年前相比发生了显著的变化,存在的问题及产生问题的原因也不同,但不能否认的是,当今乡村教育改革过程中依然存在着教育改革城市化导向、乡村教育结构不合理、不同形态教育发展不平衡、盲目跨越式发展以及改革"一刀切"等与百年前或多或少相似的问题。虽不能直接套用百年前的经验和做法来指导当今乡村教育改革工作,但是总结百年前乡村教育改革成功的经验,尤其是考察当时的乡村教育改革者如何思考乡村教育问题,采取什么样的手段和措施具体开展乡村教育改革活动,这些都能为当前推动乡村教育振兴带来积极的思考。因此,总结民国乡村教育改革经验,实现民国乡村教育改革经验的当代价值阐述,对当今乡村教育改革具有重要的现实意义。也希望通过从不同的视角重新考察乡村教育改革者的乡村教育改革实践,推动新时期乡村教育和乡村社会的更好发展,最终为实现乡村振兴的目标助力。

  本书共分为六章。第一章是乡村教育改革的现实背景,阐述了选择乡村教育改革这一主题进行研究的动因。第二章是陶行知、晏阳初和梁漱溟直面的改革困境,全面分析了三位乡村教育改革者开展乡村教育改革实践活动时面临的国家、乡村社会和乡村教育三个不同层面的问题。第三章是陶行知、晏阳初和梁漱溟的乡村教育改革思维。笔者通过梳理文本资料,归纳总结出三位乡村教育改革者实施乡村教育改革时表现出的五种共性教育思维。第四章是基于教育思维的乡村教育改革策略,分析了在教育思维的指导下,乡村教育改革者采取了哪些具体的乡村教育改革举措,以及这些举措与他们的教育思维之间的关系。第五章是教育改革思维指导下的乡村教育改革成效,明确在具体的教育改革措施的影响下,乡村教育和乡村社会发生了哪些变化,实现了怎样的发展。第六章是历史经验的当代价值阐释。笔者结合当前乡村教育存在的问题,从历史中汲取经验和启示,以期更好地推动当今教育改革。

目　　录

第1章　乡村教育改革的现实背景 1
1.1 乡土中国的特质决定了对"三农"问题的观照 1
1.2 乡村教育是乡村振兴战略实施中人才振兴的基础和关键 2
1.3 新时期乡村教育面临着亟待解决的困境和难题 3
1.4 百年前乡村教育改革经验可以为当前乡村教育改革提供借鉴 4

第2章　陶行知、晏阳初和梁漱溟直面的改革困境 6
2.1 国家的整体性困局 7
2.2 乡村社会生态 19
2.3 乡村教育发展状况 36

第3章　陶行知、晏阳初和梁漱溟的乡村教育改革思维 58
3.1 乡村教育改革者的客观性思维 60
3.2 乡村教育改革者的一体化思维 67
3.3 乡村教育改革者的系统性思维 74
3.4 乡村教育改革者的战略思维 82
3.5 乡村教育改革者的通变思维 90

第4章　基于教育思维的乡村教育改革策略 99
4.1 立足国情和乡情开展乡村教育改革 99

  4.2 实现乡村教育价值取向由"离农"向"为农"转变 104
  4.3 知识分子欲要"化农民"须先"农民化" 107
  4.4 建构完整的乡村教育体系 115
  4.5 制订逐步推进乡村教育改革实施的计划和步骤 120
  4.6 采取灵活多样的改革措施应对乡村教育多样化的情形 126

第 5 章　教育思维指导下的乡村教育改革成效 138
  5.1 乡村教育改革对乡村教育的直接影响 139
  5.2 乡村教育改革对乡村社会的间接影响 144

第 6 章　历史经验的当代价值阐释 164
  6.1 对待传统教育和西方教育的态度与做法 166
  6.2 正确把握乡村教育与乡村社会的关系 174
  6.3 对"大教育观"的思考与践行 182
  6.4 对分步实施乡村教育改革的认识 188
  6.5 对乡村教育改革灵活性的探索 196

结 语 206

参考文献 213

后 记 225

第1章　乡村教育改革的现实背景

乡村教育近些年作为一个热点问题，引起了教育领域众多人士的关注，无论是从事基础教育理论研究的专家学者，还是从事一线教育教学工作的教师，无不对乡村教育表现出浓厚的热情，这种热情一方面源自国家对"三农"问题的持续关注，另一方面也源于乡村教育发展出现了诸多不得不解决的问题。基于这样的现实状况，推进乡村教育改革工作迫在眉睫。而乡村教育改革是一个具有历史传承性的问题，我们在积极推进当代乡村教育改革的过程中应总结与吸取已有的经验和教训，以少走弯路。

1.1 乡土中国的特质决定了对"三农"问题的观照

在我国，"三农"问题始终是关系国家全局的基础问题，同时也是影响国家发展的战略问题。古代中国是一个农业大国，"三农"问题自然而然备受关注。近代中国，由于受到帝国主义侵略和军阀混战的影响，农业遭到破坏，农村衰败，农民生活窘迫，"三农"问题成为一些有识之士关心的焦点。当今中国，"三农"问题在中国经济发展和社会进步过程中同样占据特殊的地位，有效解决"三农"问题依然是党和国家工作的重点。

"乡土中国"是著名学者费孝通对中国社会基本形态的概括，他认为中国社会的特色就是乡土性。虽然当前城市化进程改变了城乡人口结构，城镇人口数量超过了乡村人口数量,但我国仍面临着农村人口众多的现状。据国家统计局 2021 年 5 月发布的《第七次全国人口普查公报(第七号)》显示,居住在乡村的人口为 50 978.76 万,庞大的乡村人口规模使我们不得不在新时期同样给予"三农"问题更多的关注。

1.2 乡村教育是乡村振兴战略实施中人才振兴的基础和关键

党的十九大报告正式提出了乡村振兴战略。2018 年 1 月,《中共中央 国务院关于实施乡村振兴战略的意见》发布,明确提出:优先发展农村教育事业。高度重视发展农村义务教育,推动建立以城带乡、整体推进、城乡一体、均衡发展的义务教育发展机制。全面改善薄弱学校基本办学条件,加强寄宿制学校建设。实施农村义务教育学生营养改善计划。发展农村学前教育。推进农村普及高中阶段教育,支持教育基础薄弱县普通高中建设,加强职业教育,逐步分类推进中等职业教育免除学杂费。健全学生资助制度,使绝大多数农村新增劳动力接受高中阶段教育、更多接受高等教育。把农村需要的人群纳入特殊教育体系。以市县为单位,推动优质学校辐射农村薄弱学校常态化。统筹配置城乡师资,并向乡村倾斜,建好建强乡村教师队伍。

习近平总书记指出:"要做好乡村振兴这篇大文章,推动乡村产业、人才、文化、生态、组织等全面振兴。"乡村振兴是全面的振兴,乡村振兴战略的推进实施离不开强有力的人力资源的支撑,无论哪一个领域的振兴都离不开人才。人才是乡村振兴战略实施的有力支撑。只有人才振兴了,才能实现乡村振兴。人才的培养要靠教育,乡村人才的培养要依托乡村教育。对于乡村来说,教育脱贫能够在很大程度上补足贫困地区教育发展的短板,有效阻断贫困的代际传递,为乡村建设和发展培养充足的后备人才。人才是乡村振兴目标实现的关键因素;教育和人才振兴既是乡村振兴的目标,同时也是实现乡村振兴的重要手段。因此,提升乡村教育质量,凸显乡村教育培养乡村建设人才的价值,能够更好地发挥乡村教育在乡村振兴战略中的基础性作用。

1.3 新时期乡村教育面临着亟待解决的困境和难题

改革开放40多年来，伴随着科教兴国和人才强国战略的提出和实施，乡村教育获得了前所未有的发展良机，取得了一些成绩。但深受城乡地域经济发展不平衡的影响，城市和乡村的教育发展也表现出了很大的差异性，导致城乡教育二元结构的形成。现代化过程中体现出的"城市中心"主义使得乡村社会慢慢被边缘化，成为"被人遗忘的角落"，随之而来的就是乡村教育的边缘化。与城镇地区的教育相比，乡村地区的教育发展表现出落后性和滞后性，整体发展质量与城镇地区存在较大的差距。在"马太效应"的影响下，这种差距会逐步加大，最终形成不可逾越的鸿沟，严重阻碍乡村教育的发展。虽然近年来我们一直在强调城乡教育一体化发展，但是这种"一体化"似乎已经被曲解。原本的一体化应是城乡之间良性互动、以城带乡发展教育，使城市教育和农村教育在其各自的环境中彰显教育的特色。但是在实际运行中，城乡教育一体化已经变成把农村人聚集到城市享受教育资源。"城挤村空"成为当前城乡教育发展样态上巨大差异的一种映象。城乡一体化的加快推进使得优质资源集聚化，教育资源也不例外。因城市优质教育资源的集聚和人民总体生活水平的提高，教育生源数量出现了"城挤村空"的矛盾。城市大班额的出现反映出家长对子女教育的关注，他们通过各种方式抢占优质的教育资源，以期为子女提供良好的教育环境和条件，而这一现象背后反映出的却是教育资源短缺和分布不均的事实。当越来越多的学生随着城镇化进程的加快而从乡村学校转移到城镇学校后，小部分留守儿童成为乡村学校的"主力"，陪伴他们成长的是留守老人。"空心村"的现象扩展到乡村教育领域，自然就出现了"空心校"。如果说上述现象是城乡教育外在形态上发生的变化，而城乡教育不同的培养目标以及城镇教育对乡村教育无形的影响，则内在地反映出城乡教育的发展差异。新中国成立以来,乡村教育虽然在国家政策导向上坚持"为农",即坚持农村教育服务于"三农",但是在教育实践过程中却与国家政策导向存在差距,导致乡村教育实践过程中有为了离开农民身份而走向城市,为城市发展服务的价值取向。由此导致的城镇化进程的加快,不仅加速了乡村向城市转化的步伐,也使得乡村教育从培养目标到教学实施都不可避免地带有过度城市化的烙印。因为人们害怕由于接受教育的不同而被划分到不同的群体,"城市人"和"乡村人"的概念根深蒂固。

《教育蓝皮书:中国教育发展报告(2019)》中指出,目前农村教育依然存在两极分化的现象,城镇化进程的加快带来了诸多问题。从教师队伍来看,师资力量不充足;从学校布局来看,乡村教学点锐减且教学环境差;从课堂教学来看,教学方式和手段落后;从学生来看,学生普遍学习意识不强,学习动机弱,优秀生源日益流失,留守儿童教育问题显著;从家长来看,大多数家长教育观念落后。乡村教育的困境成为制约乡村社会发展的瓶颈,乡村衰败已成为当今社会面临的共同问题,无论是在发达国家,还是在发展中国家。在快速的城镇化进程中,乡村教育的处境令人担忧。这些乡村教育问题关乎乡村振兴目标的实现,亟待破解。因此,如何有效解决新时期乡村教育面临的困境和难题,是一项重要且艰巨的任务。

1.4 百年前乡村教育改革经验可以为当前乡村教育改革提供借鉴

有人说,教育发展的历史就是一部教育实验和教育改革的历史。当代的教育史研究需关注民国教育史,因为民国教育是教育从传统向现代转变的开始。教育家余家菊很早就关注到了乡村教育,并于1919发表了《乡村教育之危机》,渐渐引发了乡村教育研究和实践的热潮。后来,越来越多的有识之士意识到乡村教育的地位和重要性,于是他们纷纷离开城市,走进乡村,探索乡村教育的出路,创造性地开展乡村教育改革实验,在中华大地上兴起了轰轰烈烈的乡村教育运动。虽然这一运动由于种种原因逐步衰落，后被无产阶级领导的新民主主义革命和教育所代替，但是身处那一时期的乡村教育改革者冲破世俗，勇敢地走出书斋，走向乡村，把教育改革与社会改革紧密地联系起来，显示出20世纪初中国教育发展的一大特点，至今仍值得我们总结学习。作为教育现代化的第一次积极探索和尝试，百年前的乡村教育改革为日后乡村教育改革积累了宝贵的经验，也总结了值得吸取的教训。这些经验和教训虽然无法直接为乡村振兴战略实施背景下的新时期乡村教育改革提供直接的具体做法，但是乡村教育改革者思考乡村教育改革问题的视角和思路，以及他们形成的对乡村教育改革共性的认识依然是一笔宝贵的财富。

从百年前内忧外患的旧时代到当今快速发展的新时期，虽然时间上经过了一个世纪，但是不能否认的是，当前我国乡村教育发展过程中所面临的困境以及存在的问题与百年前有着诸多相似之处，虽本质不同，但表现形态相似。例如：乡村教育缺资少财，向城市教育看齐，忽略乡村自身的特性和需求；教学内容脱离乡村生活实际；学校教育受重视，其他类型教育发展受限；等等。对于任何改革而言，梳理经验、总结教训，都是改革发展的必经之路。因此，深入探索和挖掘民国时期乡村教育改革的经验，从历史中汲取智慧，发挥历史经验的当代价值，能够为我国当代乡村教育的高速、高质量发展提供重要的参考和借鉴。

第 2 章　陶行知、晏阳初和梁漱溟直面的改革困境

纵观我国的发展史，从秦始皇统一六国开始，中国正式开启了封建大一统国家的发展历程。在漫长的封建岁月中，我们也曾有过灿烂辉煌的文明。但随着清末西方列强的侵略，中国社会彻底发生了变化，沦为半殖民地半封建性质。辛亥革命的胜利结束了漫长的封建统治，中华民国的成立使劳苦大众看到了希望和未来，他们将全部的希望寄托于新的民国政府，期望民国政府能够彻底解决各种各样的社会问题。然而事与愿违，民国政府的成立并没有实现普通民众的愿望，劳苦大众依然生活在水深火热之中，他们依然未能改变被剥削、被奴役的命运，而这些问题又突出地表现在中国乡村社会中。中国最广大的乡村地区有着最多数的乡村民众，他们本应该成为推动社会前进和发展的动力。但是受制于当时的社会环境，乡村民众无法承担这样的重任。在国家危机空前严峻之时，广大仁人志士开启了挽救民族和国家的行动，产生了各种救亡图存的思想与主张。有些人向西方学习，借鉴西方的成功经验并形成自己的思想；有些人向历史学习，反思形成自己的观点；有些人则尝试着将中西方的经验进行有机整合，从而产生一种新的主张。这些人中有一部分深刻意识到中国的根本问题在乡村，只有解决了乡村的问题才算解决了中国的问题。而乡村社会问题重重，从何处着手才能有效解决是所有希望改造乡村社会的改革者首先思考的问

题。陶行知、晏阳初和梁漱溟等爱国教育家试图走教育救国之路，以乡村教育改革作为突破口，进而推动乡村社会的发展，最终实现改造全国的目标。教育作为社会中的一部分，受到政治、经济、文化和科技等诸多要素的影响，百年前乡村教育改革者的乡村教育改革必然也受到当时社会环境的限制。因此，有必要对20世纪二三十年代国家发展状况、乡村社会现状以及乡村教育实况进行梳理，整体把握百年前乡村教育改革者直面的困境。

2.1 国家的整体性困局

1911年辛亥革命爆发，推翻了清政府的统治，建立了资产阶级民主共和国。这样的变化对于从19世纪中叶就受到西方列强不断侵略的国家来说，无疑是一剂强心剂，使国人对于未来美好生活充满了无限的向往和憧憬。诚如时人有议："革命之后，宣布自由，设立共和，其幸福较之未革命之前，增进万倍，如近日泰西诸国之革命是也。"[①]然而，当国民信心满满地期待民主共和国能够真正民主，从而彻底改变现状的时候，袁世凯窃取了革命果实，民主共和名存实亡，中国社会陷入军阀割据的战乱之中。内忧不断，外患来袭，帝国主义加紧了对中国的侵略和掠夺，又恰逢天灾出现，各种消极负面的因素叠加在一起，给中国人民带来了苦痛沉重的38年。有人曾对这个相对短暂的时期进行了这样的描述："这是一个充满黑暗和动荡的年代，在这个年代里，军阀横行，兵匪肆虐，死亡流离，道殣相望，疾首蹙额者，连连泣涕，鹄面鸠形者，嗷嗷哀鸣。"[②]

2.1.1 内忧外患，天灾人祸

国内军阀战争不断，帝国主义国家虎视眈眈，极端天气灾害频发，苛捐杂

---
①陈天华. 陈天华集[M]. 长沙：湖南人民出版社，2008：224.
②陈旭麓. 中国近代社会的新陈代谢[M]. 上海：上海社会科学院出版社，2006：383.

税层出不穷,是民国时期内忧与外患并存、天灾与人祸并举的典型表现。自民国成立以来,各地土匪蜂拥而起,几乎没有一个地方能够免遭土匪的骚扰。与此同时,伴随帝国主义的侵略,他们带来的工商业生产使得小农生产破产,乡村民众日益贫困。除此之外,帝国主义列强将中国的广大乡村地区变成了资本主义市场的一部分。他们通过控制乡村,最大限度地榨取利益。这一时期,连续不断和集中爆发的自然灾害,持续加重了乡村社会的灾难程度。无论是对农业生产劳作经济基础的破坏,还是对广大农民生存和居住环境的破坏,对于乡村民众来说都是灭顶式的。

2.1.1.1 西方列强全方位的侵略引发了严峻的外部形势

从1840年鸦片战争开始,持续不断的炮火使整个国家陷入不宁和纷乱之中,外力闯入后,中国社会发生了翻天覆地的变化,而受祸最烈的就是乡村。中国以农业立国,农民占全国人口的80%以上,当时的收入也以农业生产为主。然而自鸦片战争以来,帝国主义加紧对中国的侵略,直接后果便是造成乡村破产,社会发展每况愈下成为既定的事实。这一时期,西方列强对中国的侵略体现出全方位的特点:既有为了获取原材料、掠夺货币以发展本国生产所进行的经济侵略,也有为了更好地享受在华利益而通过不平等条约逐步获取政治权益的政治侵略。在这个过程中,西方文化和文明的渗入无形中影响了当时中国民众的思想,演变为一种文化侵略。这种全方位的侵略深刻地影响了当时的中国社会,加重了人们的负担。

第一,经济上,一方面列强通过在中国市场倾销农产品,在国际市场打压中国农产品进行经济侵略。随着清政府战争的失利和一系列不平等条约的签订,西方列强正式开启了侵略中国的历程。由于关税自主权的丧失,极低的关税使得中国成为西方列强大量倾销剩余农产品以转移国内经济危机的市场,直接导致中国农产品市场深受打击。一时间,洋米、洋小麦、洋棉花等农作物大量涌入,由于价格低廉,吸引了贫困的乡村民众纷纷前来购买,迫使国产农作物价格一降再降。这一现象反映出中外农业生产发展的巨大差异,更是中国发展落后于西方资本主义国家的直接表现。西方农场经营方式发展水平高,成本远远低于以小农经营为主的中国乡村,所以他们可以以较低的价格出售农作物,而采取传统生产方式的中国农民却做不到。西方列强通过大量倾销农作物换取了大量资金,转移了本国的经济危机。除了在中国市场攫取巨大利益外,列强还利用自身的优势在国际市场打压和排挤中国农产品,限制中国农产品出口。九一八事变之前,世界大豆产量60%以上来自我国东北地区,大豆及产品输出产生的价值占全国出口总价值的20%以上。[1]战争爆发后,我国的出口贸易一下子下降了20%,国内农业经济也失去了一个广大的市场。另一方面,西方列强通过对华贸易和工业竞争中的巨大优势,持续不断地从中国获取收益。有人曾对1925年到1932年间的外国对华贸易进行比较,发现入超远远大于出超,外国输入的物品中饮食产品占据30%,而输出品中的原料却急剧减少,数额不及民国十四年(1925年)的半数。据统计,1932年中国农产品出口比1931年减少了1.68亿元,1933年比1932年减少了1 200万元。与此形成鲜明对比的却是大量农产品进口。"1931年,农产进口为三万三千四百余万元,1933年增至四万万余元。"[2]以洋米为例,从1931年至1933年,分别输入12 820 801担、26 841 203担和25 912 944担。原因在于:当时洋米的价格每担平均比国产米的价格低0.13~0.92元。价格上的差异加上农业破坏造成的经济紧张,最终导致民众选择价格更低的洋米。俗话说"民以食为天",当维持生命的基本粮食需要大量购买,也就意味着农业遭受到了前所未有的破坏,这种情况持续加深,对于农业国家来说是农村趋于崩溃之境的典型表现。无论国产农作物如何降价,都不可能从根本上与洋作物对峙,这样就使得中国在对外贸易上处于被动地位,只能承受西方列强的压榨。除此之外,西方列强还趁机倾销工业品,

---

[1] 王雨桐.东北沦陷与我国之经济关系[J].经济学季刊,1934,5(1):102-113.
[2] 薛暮桥,冯和法.中国农村论文选:下册[M].北京:人民出版社,1983:825.

严重阻碍了中国民族工业的发展。"中国商人被引入与洋行的外围的和依赖的关系，不平等的竞争阻碍了中国工业发展。"[1]由于中国在外国势力的影响下缺乏发展工业的基础，加之外国人对中国关税的控制，使得政府无法利用关税排除外国竞争从而保护本国工业。帝国主义的种种行为都在阻碍中国工业的发展。综上所述，民国经济命脉完全掌握在西方列强手中，从农业到工业全方位被西方列强压制，不仅造成了人民生活的艰辛，更是阻碍了国家的发展。

第二，政治上，中华民国的成立推翻了封建专制统治，但是依然没能摆脱西方列强的控制。列强通过寻求并支持统治者进而控制政权，牢牢把控社会走向，使民国政府成为帝国主义势力在华的代言人。当时，旧的封建专制被革命打破，但是现代民族国家的统一尚未建立，社会出现了严重的政治失序，这时需要一个强有力的人物站出来维持秩序。在西方列强眼中，一个强有力的铁腕人物的存在和中国政局的迅速稳定关系着他们的切身利益。他们选择了袁世凯，希望他能够成为专制政体倾覆之后重建和平秩序的人物。袁世凯就任中华民国大总统并没有改变外交上的颓势，日本借"一战"之机逼迫中国签订"二十一条"，其中多条涉及干涉中国内政、侵犯中国主权的内容，袁世凯起初持抵制态度，但最终还是在列强的逼迫和压力下，以"我国国力未充，目前尚难以兵戎相见"为由签了字。[2]袁世凯死后，北洋军阀分成不同的派系，不同派系分别获得英、法、日、美帝国主义的扶持，这就使得北洋军阀成为帝国主义在中国进行统治的工具，列强借此机会控制了中国的各个区域。

第三，文化上，随着资本主义文化的入侵，中国传统文化遭到严重打击。在以利己主义、实用主义为代表的西方文化的影响下，一些人迷失了自我，全盘接受并大肆鼓吹资产阶级文化，造成了人们思想意识的混乱。文化侵略作为

---

[1]费正清,费维恺.剑桥中华民国史：1912—1949 年：下卷[M].刘敬坤，叶宗敏，曾景忠，等译.北京：中国社会科学出版社，2007：5.

[2]张欣.军阀政治与民国社会：1916—1928 年[D].上海：华东师范大学，2005.

经济侵略和政治侵略的辅助形式,产生的影响是极其深远的。帝国主义的文化侵略主要以开办学校和发展留学教育为主,虽然方式不同,但效果相似。传教士是帝国主义进行殖民主义的"先锋队",他们穿着宗教外衣,掩盖帝国主义的侵略行径并灌输奴化教育思想,以精神鸦片的形式进行着文化侵略。

2.1.1.2 民国政府的不作为使得内忧日益加深

辛亥革命的胜利给民众带来了一丝久违的希望和期待,他们祈盼着资产阶级革命派能够借着推翻清政府的气势,彻底改变封建专制的社会形态,走上资本主义发展道路,进而改善生活环境和条件,提高生活质量和水平,过上稳定的日子。但事实上,民国政府不但没有改变民众的生活状态,没有提高广大民众的生活质量,反而革命果实被窃取从而导致民主观念名存实亡,经年累月的军阀混战带来的是社会动荡和民不聊生。

第一,辛亥革命果实被窃取使得民主观念渐行渐远。当辛亥革命胜利的果实被袁世凯窃取之后,民主共和就仅仅停留在观念中,与人民的生活相距甚远。1918年,孙中山在《建国方略·自序》中怀着痛苦的心情回顾以往的历史说:"失去一满洲专制,转生出无数强盗之专制,其为毒之烈,较前尤甚。于是而民愈不聊生矣!"[①]宋教仁也曾发出划时代的革命并没有带来新时代黎明的感慨。细细体味他们的话语,无不透露出对于辛亥革命没有取得预期结果的无奈。事实上,由于袁世凯的倒行逆施,导致资产阶级未能登上历史舞台,无法有效发挥应有的作用。对于满怀期待的国人来说,仅有的一丝希望被彻底浇灭,黑暗中的民众看不到一点点的光亮和希望。

第二,"现代"官僚机构造成乡村自治功能受损,基层政权被"土劣"把持,出现"劣绅官僚化"的乡村政治生态。清末民初,政府为了更好地加强对乡村社会的管理,推行"地方自治建设"。这种管理模式使得传统乡村社会的士绅精英纷纷逃离村庄,乡村政权被土豪、恶霸地主以及地痞流氓把持,他们

[①] 孙中山.孙中山选集:上[M].北京:人民出版社,2011:116.

窃取国家转让给乡村的权力，降低国家政权在乡村民众中的威信。他们自称是乡村地区的代理人和收税人，实则是国家敲诈勒索农民的帮凶。①这些人充任公职是为了追求政治上或经济上的利益。为了能够最大限度地获得利益，他们甚至不惜牺牲乡村的利益。②和原有的乡村自治相比，现代官僚机构使得乡村自治功能受损，出现了"劣绅官僚化"的乡村政治生态，使乡村社会陷入了前所未有的新危机之中。

2.1.1.3 持续不断的天灾摧毁了社会的生态环境

自古以来，农业社会都寄希望于风调雨顺，因为对于靠天吃饭的农民来说，没有什么比顺利生产、收获粮食更为重要，这也是朴素的中国农民最渴望的。自然灾害最大的威胁在于给乡民造成持续不断的负面影响，进而形成一种恶性循环。民国时期，天灾频发，且存在集中暴发、波及广泛的态势，造成了极其严重的后果。

第一，灾害频繁发生，种类繁多。从1912年到1937年，民国共发生77次较大的自然灾害。其中最多的是水灾，共24次，其次为旱灾（14次）、地震灾害（10次）、蝗灾（9次）。除此之外，还有风灾、疫灾各6次，雹灾4次，歉饥和霜雪灾各2次。1928年到1934年间的灾害更是空前严重。1928年，包括河北、陕西、河南以及山东在内的8个省份遭遇旱灾，受灾县数达到535个，受灾民众高达3 000万人。1929年，河北省继前一年经历旱灾后，又遭遇水灾，而陕西则继续受旱灾影响。③1931年，江淮水灾波及18个省，其中苏、浙、湘、鄂、赣、皖等8个省，被淹农田25 500余万亩，灾民430余万人，财产损失达到157 000余万元。1934年的旱灾波及华北、中原、江淮地区11个省369个县，受灾农田达33 000万亩以上，约占受灾省份田地的46%。④

---

① 庞振宇."劣绅官僚化"：民国初年的乡村政治[J].沧桑，2012（5）：29-31.
② 杜赞奇.文化、权力与国家[M].王福明，译.南京：江苏人民出版社，2004：114-115.
③ 薛暮桥.中国农村经济的新趋势[J].中国农村，1936，2（11）：55-66.
④ 朱义农.十年来的中国农业[M].上海：商务印书馆，1937：193.

第二，自然灾害并发，波及范围广。20世纪二三十年代，出现了洪灾、旱灾、震灾、蝗灾并发的灾害群发期。①无论是强度、频次还是地区分布，相较之前，都呈现出明显增加的趋势。以地震论，1920年至1933年间，造成万人以上死亡的强震有7次；1913年至1937年，死亡千人以上的地震有15次。以洪水论，1915年至1935年间，发生12次特大洪水，是1896年至1914年洪水数量的3倍。以旱灾论，1920年至1943年，发生7次跨省区特大旱灾。以蝗灾论，从范围上看，波及范围广，涉及冀、苏、鲁、皖、豫、浙、赣、陕、辽、鄂、川、湘、晋等多省。从程度上看，1928年到1936年，每年都有超过6个省份遭受灾害；波及范围最广的是1929年，当年11个省的168个县直接受灾；受灾县数最多的则是1933年，9省1市共265个县受到蝗灾影响。②

2.1.1.4 连绵不断的军阀混战造成乡村社会的混乱

北洋军阀统治时期，国土四分五裂，内战连绵不断。据统计，从1912年到1928年，发生规模较大的战争140次，波及几乎全国所有的省市，造成社会动荡不安、交通梗阻、经济停滞，中国人民处在苦难深渊之中。③北洋军阀覆灭后，国民党统治建立起来，取而代之的是新军阀的混战，相比之前数量有增无减，规模越来越大，时间越来越长。战祸所至，抓丁、征粮、拉夫甚至公开抢劫烧杀，带给民众无尽的恐慌。1912年至1933年间，国内大小战争达700次以上。可以说，2个月就有一次小规模的战争，5个月更是有一场大战，被杀死的人布满原野。④持续的战争不仅扰乱了正常的生产秩序，更是造成民众流离失所、无家可归。当时，整个社会的生产生活无不陷入相当混乱的状态之中。

---

① 夏明方.民国时期自然灾害与乡村社会[M].北京：中华书局，2000：45.
② 夏明方.民国时期自然灾害与乡村社会[M].北京：中华书局，2000：42-43.
③ 苗春德.中国近代乡村教育史[M].北京：人民教育出版社，2004：17.
④ 邓云特.中国救荒史[M].北京：商务印书馆，2011：87-88.

2.1.2 经济衰败，民生凋敝

民国时期，农村饥荒连岁，战乱迭作，苛政"人祸"与自然"天灾"交织相迫，农村经济日益破产，人民生计日趋艰难，老弱转徙，少壮流离，生且无方。广大穷苦的民众"命悬一线"，陷入求生无望的境地，无法改观现状，只能"坐而待毙"。①一方面，由于自身生产力发展水平有限，缺乏生产工具和生产技术的更新，导致农业生产能力弱。在持续不断的内外战争和频发的自然灾害影响下，可耕地面积日益缩小，土地荒芜，赤地千里。另一方面，由于帝国主义的入侵，农村市场逐步成为资本主义市场的一部分，广大农民被迫从土地上游离出来，成为无依无靠的游民。农民的离开导致土地耕作停滞，农业生产日益凋敝，乡村经济陷入恶性循环之中。

2.1.2.1 农业生产工具和技术更新缓慢导致农业生产率低下

长期以来，由于耕畜农具以及农业资金的缺乏，乡民只得沿用老祖宗传下来的最古老的耕作方法，②由此形成了一家一户的小农经济生产方式，导致生产力发展水平低下。农产品收入作为民国时期的主要经济来源，受到生产工具和技术发展水平的制约。天野元之助对中国农业史进行考察后，认为民国时期的农业生产技术几乎是清代农业生产技术的延续，仅有一丁点改进。可见，先进的农业生产工具和生产技术的缺失严重制约了民国时期的农业发展，导致农业生产活动停滞不前。虽然这一时期也偶有生产工具和技术的改良，但这些零星的尝试并没有引起强烈的反响。无论是1912年至1927年间各省建立的251个农事试验场，还是南京国民政府鼓励农业研究和农艺学知识的推广，都属于小规模尝试，而且缺乏地方政府的支持，效果不佳。③1941年韦文对兴县农民家庭经营情况进行的调查显示，从耕种畜力上说，贫农拥有的牲畜少，四户1

---

① 翁有为.民国时期的农村与农民（1927—1937）：以赋税与灾荒为研究视角[J].中国社会科学，2018（7）：184-203.
② 薛暮桥.旧中国的农村经济[M].北京：农业出版社，1980：58.
③ 天野元之助.中国农业史研究[M].琦玉：御茶の水书房，1962：389-423.

头；从耕作器具上说，以手扶单犁为主。由于缺少畜力，自耕农需要四五个人协力共挽一架犁耕地是较常见的现象。①20世纪40年代，部分乡村地区的农业生产依然存在耕作工具和手段原始落后的问题。由此推知，20世纪30年代初的乡村生产工具和手段只会更加落后，呈现更加原始的样态。

2.1.2.2 形式多样的苛捐杂税加重了农民的经济负担

民国时期，连续不断的战争，地方军阀的横征暴敛，中央政府扩大军费开支，通过各种形式加强对农民的剥削和压榨，造成农民极端贫困。首先，地租形式花样繁多，不仅包括正租，还有各种名目的押租、预租和其他形式的附加租，数额也呈现出逐年增长的趋势。其次，田赋压榨日深。作为中国历代政府的主要财政收入来源，田赋始终占据着重要的地位。自中华民国成立以来，尤以1927年为分界点，赋税随着新政的推进而日益增多。晏阳初在定县工作时也感觉到农民担负的田赋已超出了他们的能力。最后，苛捐杂税不胜枚举。民国时期，各种杂税名目繁多，比如盐税、烟酒税、印花税等等。至于苛捐，则有植木捐、房捐、水捐等，可谓"无物不捐，无事不捐"。②

2.1.2.3 乡村社会变成资本主义市场，迫使乡民成为游民

帝国主义对中国的侵略，除了通过工商业逼迫小农生产破产，从而倾销商品获取大量财富之外，更重要的是，逐步将中国广大乡村地区变成资本主义市场的一部分，进而通过控制中国乡村以实现自身利益的最大化。这一时期的乡村早已经不是传统的自给自足的小农社会，而是帝国主义侵略和操控下的帝国主义市场的一部分，是帝国主义获取原材料，进行产品倾销的主要阵地。小农生产的破产，使农民失去了赖以生存的基础，他们不能继续在土地上耕作，不能依靠农业生产活动维持日常生计，被迫从传统的农业生产劳动中脱离出来，成为无地无业的游民，过着风餐露宿的生活，饿殍遍地的现象时常发生。

---

①王先明.乡路漫漫：20世纪之中国乡村（1901—1949）[M].北京：社会科学文献出版社，2017：166.
②费正清.美国与中国[M].4版.张理京，译.北京：世界知识出版社，2019：253.

2.1.3 人口众多，蚁聚乡村

清朝末年，中国已经是一个拥有 4 亿多人口的大国。作为典型的农业国，绝大多数人生活在乡村地区，后辈沿袭着祖辈的生活方式，周而复始地从事农业生产劳动。虽然中华民国的成立改变了社会形态，但是以农为主的经济结构却没有发生根本性的改变。绝大多数人依然以耕种为生，他们的生产和生活区域依然聚集在乡村社会。

2.1.3.1 人口基数大、数量多且集中分布在乡村

中国自古以来就是一个农业社会，人们世世代代在土地上进行劳作，休养生息，繁衍后代。广大的乡村地区是主要的人口聚集区。"民国时期的人口总量为四亿两千六百万，居住在城市者二千五百万人，占全人口的 6%强。居住在小村落者三亿人，占全人口 70%弱。居于未成市集之乡村及已有市集之乡村者，一亿一百万人，占全人口 25%强。据此人口分布情况来看，都市人口尚不到全人口十分之一。"[①]绝大多数人集中在乡村成为乡村民众生活质量低下的一个主要原因。这是因为农村人口过多，家庭过大，生产者少而消费者多。这一观点与乔启明调查后指出的"我国农民生活程度，从事实上看，实已低到极限"的结论吻合。[②]

2.1.3.2 乡村人口总体上呈现出量大质劣的情况

人口数量与质量之间的联系具有不确定性，总体上说，数量和质量呈现出反比例的关系，即人口数量多质量相对低，人口数量少质量相对高。根据英文版《中国年鉴》的编者推定，民国人口之中，"仅有 20%至 25%为从事非农业者，此外 75%以至 80%尽为从事于农业者"。这再次印证了上文得出的广大乡村地区人口众多的结论。可以说，量大是当时学者对乡村社会人口现状的共识，伴随数量庞大这一事实衍生出的问题便是质劣。乡民整体表现出文化教育水平

[①] 佚名.由人口分布状况估计乡村教育[J].中华教育界，1930，18（8）：10-130.
[②] 王先明.走进乡村：20 世纪以来中国乡村发展论争的历史追索[M].太原：山西人民出版社，2012：85.

低、身体素质差等问题。这些问题严重阻碍了农村生产工具和技术的革新，进而阻碍了农业生产劳动的改进，在一定程度上限制了乡村经济的发展。乡村社会文盲聚集，这些人无知无识，使得乡村一时间成为文化的荒漠，到处充斥着愚昧无知、自私自利、贫穷疾病，这些因素严重阻碍了中国社会的现代化进程。

2.1.4 教育破产，民智闭塞

教育的发展与社会政治、经济发展是相互促进和相互制约的。民国时期，无论是内忧外患的政治环境，还是日益凋敝衰退的经济环境，都不能给教育的发展提供良好的环境支持，尤其不利于乡村教育的发展。加上新式教育与传统教育格格不入，更是造成这一时期教育发展举步维艰。缺少教育机会的乡村民众失去了获取知识、开阔眼界的主渠道，从而不能适应社会发展的节奏，久而久之，他们完全与社会脱节，成为愚昧无知的群体。

2.1.4.1 教育发展落后，失学率高且文盲人数众多

民初，国民政府在财政困难的局面下，把有限的资源优先投入军事领域，教育发展自然受到冷落。不难看出，当时的统治者没有正确认识到教育的作用，直接导致教育投入不足。投入不足意味着发展滞后。和世界上的主要国家相比，我国的教育落后一方面表现在学龄儿童失学率高，我国男女失学者，不下 3 亿人。另一方面，表现为文盲数量众多。高阳在《教育与社会》杂志的识字运动专号称："德国和丹麦几乎所有人都识字，瑞士和荷兰两国每 100 个人中只有半个人不识字，瑞典、挪威及芬兰等国每百人中不识字仅有 1 人，英国则是一个半人，法国约为 5 人，美国稍多，有 6 个人左右。"[①]这些发达国家不识字的人数远远低于中国，当时我国平均 100 人中仅有 29 人识字，其余 71 人都不识字，不识字人数占比是其他西方国家的 10 倍还多。1923 年召开的万国教育会议上，各国代表报告本国能读书识字的人数，都在 90%以上，只有中国是

---

① 华莹.高阳民众教育思想初探[J].河北师范大学学报（教育科学版），2004（5）：52-57.

20%~30%。按当时中国人口大致估算，"在四万万人口中，能读书识字者不过八千万"。①晏阳初也指出，中国大多数人不识字。他曾在定县全城识字运动上用一个形象的例子来说明这一问题。他用红布和黑布分别表示国家识字和不识字的人数，其中：德国人99%是识字的，所以红布长，黑布几乎没有；英国95%的人是识字的，所以红布长、黑布短；美国90%的人识字，红布长，黑布不及一寸；而我国识字者寥寥15%，所以红布短，而黑布却有几丈长。②

2.1.4.2 乡村教育发展滞后，乡村民众尤为闭塞

乡村经济条件不佳，直接影响了乡村教育的发展，乡村教育发展滞后又导致适龄儿童和少年缺乏受教育的机会，即使有少部分人能够进入新式学校接受教育，后续也因为无法升学或者高额的学费而选择退学。低入学率和高失学率带来的直接后果就是"我国乡村民众较少接受教育，不识字人数占到人口总数的90%以上。无知无识导致乡民目光短浅、孤陋寡闻，不能应用农业生产的新技术和新方法。至于农业推广，更是困难重重。我国的乡村民众依然拘泥于传统的生产方法，没有任何改进"③。据统计，1929年全国学龄总数为41 440 263人，初级小学生7 118 581人，占17.18%，这也就意味着失学率高达82.82%。虽然这是当时全国的整体情况，但考虑到城乡的发展差异和当时的社会环境，其中的绝大多数失学儿童必定在乡村地区。④1930年中华平民教育促进会（以下简称"平教会"）对"教育发达"的定县进行调查，结果显示文盲者众多（表2-1）。

"教育发达"之地尚且如此，其余偏僻之地的情况只会更不理想。80%的中国人是一字不识的文盲，他们的日常生活状态就是日出而作、日落而息。在

---

①陈波.陶行知教育文选[M].杭州：浙江大学出版社，2014：90.
②宋恩荣.晏阳初全集：第一卷[M].长沙：湖南教育出版社，1989：183.
③行政院农村复兴委员会.中国农业之改进[M].上海：商务印书馆，1934：13.
④赵兴胜，高纯淑，徐畅，等.中华民国专题史：第八卷：地方政治与乡村变迁[M].南京：南京大学出版社，2015：320.

当时教育发展整体落后的背景下，乡村相较于城市更加闭塞。

表2-1 定县7岁及以上文盲与识字者人数及比例[①]

	男女合计/人	百分比/%	男/人	百分比/%	女/人	百分比/%
文盲	274 150	83	117 950	69.3	156 200	97.5
识字者	56 150	17	52 150	30.7	4 000	2.5
总计	330 300	100	170 100	100	160 200	100

纵观民国时期国家整体的发展情况，用颓废落后来形容一点不为过。内忧外患的政治环境带来了经济的衰颓状态，中国广大的乡村民众始终生活在水深火热之中，更有甚者长期徘徊在生死边缘。庞大的人口规模又进一步加重了乡村社会的经济负担。当乡村民众连最基本的生存需求都不能得到满足的时候，他们根本无暇顾及精神层面的追求，缺乏求知的需求和动力，导致其不识字，不懂科学和技术。对于农业生产工具的改进和农业生产发展来说，科学技术是一个重要的推动因素；而缺少科学技术的支撑便不能推动生产力发展，生产力停滞不前又不能改变乡民生活，形成一种恶性循环。作为一个整体系统的结构，社会的运行和发展受制于影响其发展的政治、经济、文化、科技以及教育等因素，而民国时期，这些因素由于各种原因均表现出与社会发展需求间的不相匹配的情况，难以为民国社会的发展提供足够的支撑。

2.2 乡村社会生态

作为一个农业国家，我国民国时期的乡村社会承担着为国家提供经济基础的重任，但由于自然和人为因素的影响，乡村社会出现了前所未有的危机。农业恐慌引发的乡村经济危机，进一步降低了农民的生活水平；小农经营引发的

[①] 李景汉.定县社会概况调查[M].上海：上海人民出版社，2005：249.

合作危机，在个人主义风气的影响下阻碍了农业生产"合力"的发挥；西方文化传入引发的文化危机，改变了乡村民众的价值观。除此之外，乡绅之间的矛盾冲突升级又为这一时期乡村社会的混乱增添了一个不稳定的因素。

2.2.1 农业恐慌，民不聊生

鸦片战争后国门被打开，帝国主义利用不平等条约的便利条件，通过大量倾销农产品的方式进行经济侵略。1929年资本主义世界的经济危机波及范围广，国外大量洋米、洋麦充斥着我国的市场，引发国内农产品价格暴跌。在这种情况下，对于以农产品收入为主要经济来源的乡村民众来说，收入锐减必然造成生活贫困。他们意识到这一时期的农业生产不但不能给他们带来收益，反而会在无形中加重他们的负担。乡民的种田积极性受挫，越来越多的人不愿继续从事农业生产劳动。劳动力的日益减少反过来引起农田价格下跌、农产萎缩等一系列连锁反应，导致我国乡村社会出现了独特的"农业恐慌"现象。农产品价格下跌直接引发地价低落，从事农业生产的人员减少，造成农产品产量锐减，影响农产品输出，农民收入减少，缺少收入的农民购买力下降，负债和失业人数持续增加，农民的生活一时间陷入极端贫困的状态。①在这种情况下，大部分农民无法继续从事农业生产劳动，被迫从土地上逃离出来，寻求新的出路。而继续坚守在土地上的农民则要继续承担日益增加的田赋。无论怎样选择，他们都面临穷困潦倒的生活困境。

2.2.1.1 富农和地主掌握土地，剥削压榨广大乡民

这一时期，由于天灾人祸和军阀混战等各种原因，造成土地大量集中在地主和富农手里，这一群体人数虽只占到整体的10%，但是他们却拥有近60%的土地。李景汉对当时华北地区相对较为富庶的定县进行调查，结果显示因无地、少地而不足以维持家计的农家已超过50%。土地高度集中，农民无地、少地，

---

① 朱其华.中国农村经济的透视[M].上海：中国研究书店，1936：157-158.

生活贫困成为不争的事实。对 20 世纪 30 年代江南地区苏浙两省的调查同样证实了这一结论，甚至有些无地、少地农家竟然占到了农户总数的 90%以上。租种大地主的土地成为广大无地、少地乡民不得已的选择，这些人一时间沦为佃农或雇农。20 世纪 20 年代，珠三角地区的佃农占比为 85%，上海附近佃农占比达 95%。佃农这一身份意味着这些租地种田的乡民不仅终年辛苦劳碌，还要承担繁重的租佃剥削，无论收成如何，他们收入中的一部分都已经不属于自己了。① 更甚的是，军阀割据造成了广大乡村地区脱离了中央的控制与监督，田租呈现出整体增长的态势（表 2-2）。每个省份不同的田赋增长指数在 20 余年间都有较大增长。其中，山坡旱地指数增长最明显。三者中条件最差的山坡旱地指数增长最快，这无疑反映出这一时期田租的无情增长。无论哪种田租的增长，对于没有土地、不得已只能租种地主土地维生的乡民来说都是雪上加霜。在华北，还有些地方将田租的形式固定为定额租，即用年成最好时候的收益作为交租的标准，以此来减少自己承担的风险。地主和富农将各种天灾人祸造成的不可控的风险因素转嫁到佃农身上，无疑又加重了底层人民的负担。

表 2-2　1911—1933 年各省田赋增长指数统计表②

省别	报告县数	水田指数			平原旱地指数			山坡旱地指数		
		1911年	1932年	1933年	1911年	1932年	1933年	1911年	1932年	1933年
陕西	33	42	112	118	62	104	109	40	118	122
山西	72	55	97	95	53	99	98	49	100	99
河北	106	60	98	93	59	102	101	53	111	112
山东	86	47	94	90	48	102	100	48	97	97
江苏	43	65	116	123	76	105	104	59	102	104
安徽	28	60	107	106	56	118	110	83	110	108

① 吴星云.乡村建设思潮与民国社会改造[M].天津：南开大学出版社，2013：12-13.
② 孙晓村.近代来中国田赋增加的速率[J].中国农村，1934，1（7）：35-41.

(续表)

省别	报告县数	水田指数			平原旱地指数			山坡旱地指数		
		1911年	1932年	1933年	1911年	1932年	1933年	1911年	1932年	1933年
河南	56	57	102	107	46	103	106	54	101	108
湖北	20	64	110	114	79	108	109	81	102	102
四川	51	53	120	123	67	131	133	63	127	128
云南	19	78	104	108	77	106	116	77	102	108
贵州	15	56	108	104	65	130	123	74	127	109
湖南	35	47	102	108	58	108	111	53	113	125
江西	22	44	111	115	39	113	119	42	108	119
浙江	35	66	113	106	41	102	104	56	113	111
福建	20	56	103	103	59	112	118	57	102	104
广东	36	84	105	108	76	109	110	81	109	111
广西	34	73	117	116	83	109	111	60	109	112

2.2.1.2 广大乡村民众举债度日，饮鸩止渴

对于不再从事农业生产劳动的乡民来说，他们失去获取收入的渠道后，不得不走上举债度日之路。20世纪30年代初，部分村庄借债户数已经超过全村总户数的一半（表2-3）。因为脱离了农业生产，所以农债的一半或一半以上都是诸如购买粮食、还清旧债、婚丧嫁娶之类的非生产性开支。[①]1929年，对浙江省金华等8个县的调查结果表明，58.81%的负债户中，将借款用在家庭、婚丧、财博等方面的占75%，而用在生产上的仅为24.9%。1933年，中央农业实验所对全国22个省份（不包括东北）的调查显示，56%的农户需要借款生

[①] 费正清.美国与中国[M].4版.张理京,译.北京：世界知识出版社，2019：253.

活，48%的农户需要借粮生存。①虽然借债的利率高，偿还压力大，但是对于走投无路的乡村民众来说，为了能够继续活下去，他们不得不驮着重利借钱换米，挣扎在死亡线上。②这无疑是一种饮鸩止渴的做法。

表2-3 定县5村526户农家欠债情况调查统计表③

年份	借债户数/户	占总户数比/%	借债总次数/次	借债总额/元
1929	171	33	335	21 026
1930	230	44	466	34 401
1931	305	58	726	48 944
总计	706	—	1 527	104 371

2.2.1.3 乡民大量离村寻找出路，离村率渐次增加

由于乡村生活过于贫困，大量农民无法在家乡继续生活下去，他们不得不离开故土和亲人，外出寻求生路。离村率作为衡量乡民离村情况最直观的数据，能够客观地反映出当时乡民迫不得已外出谋生的状况。20世纪20年代，全国平均离村率是4.61%，北部地区离村率（5.49%）明显高于中部地区（3.85%）。④离村人口中大多数是青壮年，这群人不仅具备较好的劳动能力，有一些还具备一定的文化知识。他们的离开减少了乡村社会高质量劳动力的数量，改变了乡村社会的人口结构，进一步加重了农业生产的压力和负担。更重要的是，作为乡村社会人才领袖，他们的离开直接影响到乡村各项事业和活动的开展，给乡村社会的"落寞"埋下了隐患。"离农"寻找出路的青壮年也并不都能成功，"离农"外出谋生者因饥饿而死的现象十分严重。据统计，1929年至1932年间，陕西、甘肃、山西、四川、山东饿死的人数分别为150万、350万、120万、650万和150万。1933年湖南地区衣食充足者、温饱者、衣食不足者以及失业流亡

---

①王蓉.民国农民贫困问题初探[D].武汉：武汉大学，2010.
②达生.灾荒打击下底中国农村[J].东方杂志，1934，31（21）：35-42.
③李景汉.定县农村借贷调查[J].中国农村，1934（3）：35-79.
④章有义.中国近代农业史资料：第二辑：1912—1927[M].北京：生活·读书·新知三联书店，1957：637.

者人数占比分别为 6.8%、28%、53.7%以及 2.4%。[①]在特定的历史时期和特殊的背景下，广大乡民选择离开农业生产领域和乡村生活环境寻求新的工作领域和全新的生活环境所带来的结果并不都是好的。

2.2.1.4 乡村民众普遍陷入绝对贫困的生活状态

20 世纪 30 年代贫困人口调查（表 2-4）显示，当时的中国社会已经完全陷入"普遍贫困化"的状态，全国所有的省份都表现出一致性的趋势，甚至都没有轻重之分，大多数人处在饥饿线的水平，处于贫穷线以下的人口比例为 93.7%，更有 12.5%的人处在死亡线边缘。这样的数据统计是基于整个社会的调查，相较于城市民众而言的乡村民众，他们的贫苦化程度只会更深、更重。

表 2-4　20 世纪 30 年代贫困人口分类

类别	人口/万人	百分比/%
特殊线	500	1.3
水平线	2 000	5.0
贫穷线	7 500	18.7
饥饿线	25 000	62.5
死亡线	5 000	12.5
总数	40 000	100

恩格尔系数作为衡量家庭生活水平的重要指标，是食品支出总额占个人消费支出总额的比重。对一个时期某一个区域家庭的恩格尔系数进行统计分析，能够整体把握这一时期该区域人们的生活水平。通过对 20 世纪二三十年代我国北部和中东部部分地区农村家庭恩格尔系数的统计（表 2-5）发现，所有被调查地区的农村家庭恩格尔系数均超过 50%，更有个别地区（河南开封）超过 70%，根据联合国粮农组织提出的恩格尔系数在 59%以上为贫困的标准进行判断，大多数地区属于生活贫困地区。因为调查只包括北部和中东部地区，相较

[①]孟维宪.洞庭湖滨之农民生活[J].东方杂志，1934，33（8）：116-117.

于这两个地区,西部地区受自然条件的限制和影响,情况只会更糟。由此可以推断出全国范围内农民的贫困程度比表中统计出来的还要严峻。基于这种分析,我们可以得出这样一个结论:20世纪二三十年代,广大乡村地区的民众生活处于绝对贫困之中。

表2-5　20世纪20—30年代我国北部和中东部部分地区农村家庭恩格尔系数统计表[①]

调查地点	年份	所属区域	家数/户	平均每家全年收入/元	平均每家全年开支/元	平均每家全年食品开支/元	恩格尔系数/%
北平郊外挂甲屯村	1926	北部	100	180.82	163.99	105.40	64.3
河北平乡	1923	北部	152	127.86	88.62	58.83	66.4
河南开封	1923	北部	149	392.76	349.67	268.16	76.7
山西五乡	1922	北部	251	197.20	115.34	57.64	50.0
安徽宿县	1923	北部	286	250.21	259.26	153.48	59.2
江苏淳化	1923	中东部	203	493.17	338.80	179.56	53.0
福建连江	1922	中东部	161	481.45	336.69	178.27	52.9
平均			186	303.35	236.05	143.05	60.6

2.2.2　农民散漫,缺乏合作

从生产力发展的角度看,生产力决定生产关系,传统的农业社会小农经济的生产方式形成自给自足的生活方式,乡民之间交往少,不发生连带关系,更谈不上合作,自然就没有团体的概念,社会关系仍以血缘关系、人情关系为纽带。[②]从政治

[①] 言心哲.农村家庭调查[M].上海:商务印书馆,1935:110-115.
[②] 赵旭东,张洁.乡土社会秩序的巨变:文化转型背景下乡村社会生活秩序的再调适[J].中国农业大学学报(社会科学版),2017,34(2):56-58.

生活的角度看，国家对于人民放任消极，既无组织，也无编制，国家与人民之间很少有积极的关系，这是造成政治生活上中国社会散漫的缘故。从政府管理的角度看，从封建社会到民国，统治者为防止农民集体活动给自身统治带来风险，通过严厉镇压打击农民团体，从而最大限度地降低农民团体发生暴乱行为的可能性。而农民团体暴乱行为一旦发生，政府便采取极其严厉的手段进行惩治，久而久之，农民为了保全自我便不再组织或参与到团体中。孙中山曾对乡民没有联合进行过解释和说明，他指出："清政府统治时期是不允许乡民组建团体的，一旦结成团体被发现，便随时有被抄家灭族的危险，所以乡民之间如同一盘散沙，从不联合。这种习惯延续到民国，结果就是乡民依然不知道要联络，依然没有形成团体。"[①]此时，先行完成工业革命走上工业化发展道路的西方国家，充分认识到团结合作在工业化进程中的作用，懂得合作才能更好地推动大机器生产发展的道理。还有一些虽以农业为主，但积极从传统农业向现代农业转型的西方国家，也突出了农民合作的作用。《东方杂志》曾特别介绍了丹麦大力发展合作事业进而带动农业发展，一跃成为欧洲现代农业大国的事例，激励民国乡村民众参与合作农业。历史传统和现实条件的双重制约导致民国时期乡民缺乏合作基础，没有合作就无法有效形成合力。对于单打独斗的乡民个体来说，无论是抵御风险的能力，还是改良农业生产技术的能力，都将在很大程度上受到影响。

2.2.2.1 落后的生产力发展水平是导致乡民间缺乏合作的根本原因

传统的中国社会以家庭自然经济为主，产品的生产和消费表现出因地制宜、自产自销的特点，几乎不发生商品流通和交换行为，也就不存在社会流通。每个家庭在固有的圈子里世代延续，没有打破家庭界限组成更大团体的需要。中华民国成立后，乡村民众依然沿袭零星的小规模生产方式，一家一户各自生

---

① 广东省社会科学院历史研究所，中国社会科学院近代史研究所中华民国史研究室，中山大学历史系孙中山研究室.孙中山全集：第十卷[M].北京：中华书局，1986：463.

产生活成为常态,他们认为只要能各自关门过日子就没有联合起来过日子的必要。①梁漱溟曾指出:"中国人从前没有明显共产要求的原因在于生产技术落后,不具备整体连片工作的基础。农工商也都是各自干各自的,不到万不得已的时候,没有人会去麻烦别人,每个人都关起门来过日子,谁也不去招惹是非。所以说中国过去没有共产是生产技术使然。"②发展迟滞的生产力造成农业生产技术和生产设备的落后,和西方相比,缺乏现代化大规模农业生产的基础,加上地少人多的现实,就形成了以家庭农场为主要特征的农业经营模式,即小农经济。孟麦华曾对比过这一时期中西方农业生产的差异:"西国农工,竞于新法……一切机器,日新月异",而中国人"田其田,绝无联合"。③这些文字形象地描绘出在西方生产力快速发展带来技术和设备升级,从而形成大规模机器化农业生产之际,中国依然循着传统家庭经营的轨道,各家在自己的土地上单打独斗,缺少联合。落后的生产力形成了以家庭为单位各自经营的生产方式,影响了乡民之间的合作交往。

2.2.2.2 土地分割造成的分散劳动阻碍了农民间的合作

从历史传统上看,中国农场趋向于分裂成几处不相连接的小块土地,增加了小型耕作的不经济性。一方面,相当多的土地被浪费在地界上,增加了从一块土地到另一块土地的劳动时间;另一方面,土地分割也增加了灌溉的难度。有学者调查发现,每个农场被平均分成六小块,或者是五小块到四十小块不等。土地分割直接造成农业生产劳动的分散,个人只负责属于自己的那块土地,反过来也"稳固"了一家一户的小农生产方式。以家庭为单位的农业生产劳动,所有的注意力都在自己的土地上,无暇顾及他人,也就意识不到合作的重要性。分散的小农经营方式不仅束缚了生产力的发展,导致农业经济停滞不前,还会

---

①梁漱溟.乡村建设理论[M].2版.上海:上海人民出版社,2011:155.
②梁培宽,王宗昱.中国近代思想家文库:梁漱溟卷[M].北京:中国人民大学出版社,2015:349-350.
③刘阳.戊戌时期科技兴农思想论要[J].理论界,2009(2):118-121.

造成个人自私自利、保守、封闭、压抑等不良心理。从现实情况看，鸦片战争后，资本主义经济的入侵促使中国封建自给自足的农业朝着商品化的方向发展，造成小农激烈分化、地权不断集中，最终被大地主阶级垄断。而地权的集中不但没有形成规模化的农业生产，反而使得土地经营更加零碎。一方面，土地分割极端零碎化；另一方面，由于佃农缺乏，再生产范围缩小，导致他们不得已只能独自耕种，呈现出分散碎片化的生产状态。卜凯对1921年至1924年17个省2 866个农家的调查显示，平均田场面积仅为5英亩（约2 0234平方米），推至全国而言，田场面积甚至低于5英亩。佃农和自耕农一起，在零碎的土地上日复一日地辛勤劳作，世世代代、生生不息，形成了典型的小农经济模式。土地为乡民提供了生产条件的同时，被割碎的土地又制约着他们农业生产活动的开展。土地分割迫使乡民延续传统的生产和经营方式，有人评价说乡村社会的稳定性就存在于它的保守性之中。①正是这种保守性造成乡民缺乏对合作必要性的正确认识。

2.2.2.3 有形的和无形的交通障碍无法为乡民合作提供条件

中华民国成立后，持续不断的军阀战争不但造成巨大的经济损失，也在很大程度上影响着农业生产、工业生产、交通运输、文化教育等领域的发展。乡村相较于城市而言，区域面积更大，但是交通设施却不能与城市同日而语，较差的基础加上连绵不断的战火加重了乡村交通设施的受损程度。虽然当时有些乡村地区可以通船只和车辆，但并不常见，绝大多数乡民出行依然是步行，靠双腿走路。有人称乡下人双腿走路是不计时、不值钱的，这是对乡村地区有形交通不便最真实的写照。因为缺少便捷的交通方式，人们也不愿为一点小事奔走相告，毕竟从时间成本上说，这对于当时的乡村民众来说是不划算的。这样的现实导致乡间知识的传播、消息的传达、人们之间的交往等都明显受限，这种有形交通的不便持续发展下去，便催生出无形的交通障碍，即人与人之间的

---

①陈旭麓.中国近代社会的新陈代谢[M].上海：上海社会科学院出版社，2006：5.

沟通障碍。这种趋势一直延续下去并成为习惯后，一道无形的障碍就横在人与人之间，交往甚少成为乡村社会群体间的常态。缺少沟通和交流的对象，人们只能将关注点聚焦在自己家庭的小圈子上，长此以往，广大乡村民众便形成了孤单行事的风格。

2.2.2.4 传统的政治生态和治理模式影响农民无法形成"合力"

绝大多数乡村民众由于工作和职业的关系对政治都不感兴趣，很少过问政治。在封建社会中，乡下人与国家的关系极其松散，除了完粮或因诉讼见官之外，便与国家没有多大来往，甚至有些人不知道有国家的存在，这种情况尤其表现在天下太平的时期。[①]再加上传统的"不在其位不谋其政""明哲保身"等观念的影响，更是形成了乡村民众"各家自扫门前雪，哪管他人瓦上霜"的"原子化"现象。而一些有心之人则借机谋取权力，逐步掌握并操作政权，成为鱼肉百姓之人。乡村民众在这样的处境下便只能听之任之，成为被压迫的阶级，久而久之，大家更不会过问政治。古楳认为这是造成中国乡村人心涣散、不能团结的根本原因。[②]在封建社会治理中，存在着国家和民间两种不同的力量。国家力量以皇权为中心层层渗透，形成自上而下的管理结构，而"礼不下县"意味着国家对于地方的统治往往停留在县一级之上。民间的管理则依托地方家族或宗族力量来完成，简单来说，就是当地的乡绅，他们在村落中发挥着重要的作用，成为传统乡村社会的代名词。乡民在这样的治理模式中各安其位，呈现出散漫但和谐的状态。中华民国成立后，国家治理模式从传统的皇族-国家向近代的民族-国家转变，但在这个过程中，国家失去了对乡村社会的利益调节和控制功能。对乡村民众来说，他们失去了严密的组织，相应地也就失去了发展的方向。千百万个农民会有千百万个方向和利益诉求，新政府在面对这些诉求时却显得无能为力，这就直接导致农民为了自己的利益而各自谋划出

---

①梁漱溟.梁漱溟全集：第一卷[M].济南：山东人民出版社，2005：638.
②古楳.乡村师范学校教科书：乡村教育[M].上海：商务印书馆，1935：142.

路，自然而然无法形成"合力"。

2.2.3 风俗改变、"精神破产"带来乡村社会文化危机

中国自古以来就是一个农业国，绝大多数人生活在乡村，世世代代过着日出而作、日落而息的生活。农业是主要的产业和经济来源，他们的生活重心就是在力所能及的范围内提高生产率，从而提高农作物的产量，以获得更好的收成和更多的收入。单纯的生活造就了乡村民众简单淳朴的个性，他们靠传统社会固有的道德风俗和规范维持着生产和生活的正常运行。完成工业革命的西方国家进入工业化发展时代，形成了工业文明理念，关注生产的效率和效益，突出合作，强调规则意识，践行契约精神。当西方文明伴随战争一并涌入中国乡村社会后，新旧文化产生了不可避免的冲突。激烈的交锋之后，以西方文明为代表的新文化战胜了传统文化，旧有风俗被破坏，传统文化被唾弃。西方工业文明因为缺少生长的土壤而不能完全取代旧有文化和风俗，于是形成了新旧杂糅的局面，这给广大乡村民众带来了困惑。一直以来，能够在精神层面给予乡村民众引导的乡村教育，由于被新式教育取代而失去了原有的作用，一时间，乡民不知所措，在这种矛盾和冲突的持续影响下出现了"精神破产"。

2.2.3.1 西方文化的传入对传统乡村社会文化的冲击

完成工业革命的西方国家是典型的工业国家，他们大多数人生活在城市。以英国为例，70%的人在城市，30%的人在乡村。反观中国，80%以上的人居住在乡村，这就决定了英国的文明是都市文明，与中国的农业文明有着本质的区别。不同的文明必然带来不同的生产和生活方式。虽然从社会发展的角度看，工业文明比农业文明更进步，也更发达，但是先进的文明并不适合当时落后的中国，如果强行改变势必会造成失衡，影响中国社会的正常运转。自鸦片战争后，西方势力逐步深入中国，他们不仅带来了先进的科技，也潜移默化地将工业文明的理念渗透进来，其中不乏糟粕之物。与口岸通商相随而来的西方个人

主义和自私自利的"癌细胞"，就是从这一时期开始在整个中国社会蔓延扩散的。梁漱溟曾有过这样的感慨："世界联通之后，西洋人一路向东，当中国人与西洋人见了面，因为无法抵挡他的压迫，又羡慕他先进的文明，于是改变自己，向西方学习，希望通过所学对付西方，结果不但没有学成，反而破坏了原有的乡村。"[①]一个农业国天天学工业文明，定会有思想上的冲突，所以出现"西方功利思想进来，士不惟不以言利为耻，反以言利为尚"的局面也就不足为奇了。中国乡村社会传统的风俗习惯和道德规范在西方文明强行传播和推广的过程中完全被破坏了，质朴淳厚、帮扶友爱的风俗习惯遭遇了严重危机。[②]

2.2.3.2 乡村教育失去应有作用导致的文化失衡

"礼"作为一只看不见的手，在乡村社会中发挥着重要的作用，它帮助乡民理出一种合乎道德的社会秩序，避免乡村社会变得"无法无天"或者变成"无政府状态"。[③]可以说，传统的乡村社会是礼俗社会，整个乡村的日常活动和行为规范都以礼俗为依据。维持礼俗的主体就是传统私塾中的读书人，他们作为乡村社会文化的代言人，除了承担文字和礼仪的传承工作外，还要参与到主持喊礼以及各种具体的文字事务中。民国时期，政府强行推广新式教育，私塾失去了生存的土壤，乡村社会生态就此开始遭到破坏。破坏不仅仅是旧教育被毁而新教育不来这么简单，而是由于乡村社会的礼俗规则和行为方式被打乱，原有的文化调节机制丧失所带来的循环和运转困难，造成了乡村文化失衡，进一步演化为文化危机。虽然民国之后，在乡间依然偶有传统风俗的身影，但已失去灵魂。整个中国乡村在文化层次上陷入了现代化变革的深渊。[④]

---

① 梁漱溟.梁漱溟全集：第一卷[M].济南：山东人民出版社，2005：606.
② 郑建锋.梁漱溟乡村教育思想的现代价值[J].山东理工大学学报（社会科学版），2018，34（2）：101-104.
③ 赵旭东，张洁.乡土社会秩序的巨变：文化转型背景下乡村社会生活秩序的再调适[J].中国农业大学学报（社会科学版），2017，34（2）：56-58.
④ 张鸣.教育改革视野下的乡村世界：由"新政"谈起[J].浙江社会科学，2003（2）：192.

2.2.3.3 旧观念被打破新观念未树立造成的"精神破产"

民国时期，社会上的旧信仰、观念、风俗和习俗被动摇摧毁，而新的信仰、观念、风俗和习惯还没有产生或树立，最终导致乡民陷入窘困无助、意志消沉的境地，直接导致乡村"精神破产"。对此，梁漱溟解释说："因为我们文化或社会生活变化太厉害。农业社会照例是最保守的，尤其是老文化的中国乡村社会有他传之数千年而不变的道理观念，自近百年以来与西洋交通以后，因为受国际竞争的打击、世界潮流的影响，乃不能不变。最近二十余年更激烈急剧的变化，或由上层而达下，如变法、维新、革命等是；或由沿江沿海而达内地，如一切生活习惯等是；而最后的影响都是达到乡村。他们被迫随着大家变，却不能了解为何要变，并且亦追赶不上，但又没有拒绝否认的勇气与判断。失去了社会上的价值判断，是非好歹漫无衡准。几十年来天灾人祸连续不断，部门精神上实在支撑不了。消沉寡趣，几无乐生之心，更没有进取之心。这种心理如不能加以转移开导，替他开出一条路来，则一切事业都没法进行。"[①]新旧观念之间的冲突不可避免地发生且影响深远，广大乡村地区完全被动地参与着变化。变来变去，传统的精神丢了，新的精神没有树立，乡村民众在两种文化冲突中变得不知所措，终究导致"精神破产"。

2.2.4 绅民矛盾升级导致冲突行为不断

封建社会"皇权不下县"形成了士绅阶层调节地方秩序和利益的局面。乡村社会秩序的维持，生活功能的运转，水会、老人会、堤工局等公共组织的成立，都需建立在士绅私人威望的基础上，享受文化权威和社会权威的士绅阶层控制着乡村社会的基础。然而清末新政的实施，却带来了乡村权势与乡民群体的对立，导致20世纪后社会底层的民变不断发生。冲突的双方从清末的官民矛盾演化成绅民冲突，呈现出"几乎无地无之，无时无之"的状态。

---

①梁漱溟.乡村建设理论[M].2版.上海：上海人民出版社，2011：265-266.

2.2.4.1 劣绅假借办学之名筹捐自肥引发乡民毁学行为

清末新政推行，书院改学堂成为这一时期教育领域里的重要事件，全国各地纷纷加入创建或改建新式学堂的活动中。建校兴学需要资金的保障，无论是场地设备建设，还是聘请新式教师，都要有资金支持。在教育作用一度没有被认可的时期，教育经费可谓捉襟见肘。即使民国政府加大了对乡村教育的补助力度，但受限于自身的财力状况，再加上军阀混战将教育经费中的一部分挪为他用，造成乡村教育经费主要还是由乡村社会自行筹集。乡村教育经费征收与管理的主要方针是"就地筹款，官不经手"[①]。有些校董并非品行兼优的传统旧学士绅，而是地方恶绅，他们在办学中将以往村中的庙产、祠堂、田产等充入校产，以校董名义任意支配，或从附加的学捐中牟利，假公济私，侵吞教育经费。[②]劣绅以办学为名筹捐自肥的行为加重了底层民众的负担，随即引发了乡民对新学的不满，进而爆发一系列焚毁学堂的事件。江苏各州县几乎所有地方都发生过聚众毁学、拆屋伤人事件。其中，江宁、常熟、吴县（已撤销）等地更是将绅董列为重点打击对象。[③]

2.2.4.2 乡绅地主假公济私，迫使乡民组织开展大规模减租抗捐活动

乡绅地主参与政权，他们大多数骄奢淫逸，不管不问民众疾苦，甚至剥民肥己，危害极大。[④]他们为了进一步榨取乡民利益，便借辛亥革命之机，纷纷成立明目不同的机构和组织，集结力量对付乡民，广征田租。以苏州田业会为例，他们不仅没有中断过活动，甚至还有组织规模渐大、成员渐多的趋势。对于这样的乡绅组织，农民也作出恰当的回应，逐步组织化。如 1917 年江苏金山农民组成"齐心社"，规定社员冬至后还租，无论收成如何，均按固定标准

[①] 田正平，陈胜.清末及民国时期乡村教育的困境及其调适[J].华中师范大学学报（人文社会科学版），2008（5）：129-134.
[②] 郝锦花.清末民初乡村民众视野中的新式学校[J].福建论坛（人文社会科学版），2010（3）：91-95.
[③] 王先明.士绅阶层与晚清"民变"：绅民冲突的历史趋向与时代成因[J].近代史研究，2008（1）：21-33.
[④] 蒋树鑫.问题与改良：民国时期的乡村文化危机与改良运动[J].黄海学术论坛，2011（2）：178-185.

交租，不允许私自还租，否则不但将银米充公，还要有十倍处罚，其款用作替全荒者偿还地租。①这一做法就是希望帮助更多的社会底层人民谋得最基本的利益，这样的组织是比较文明的组织，在实际运行中也发挥了重要的作用。江南各地乡村抗租风潮愈演愈烈，松江一带、昆山、青浦西乡、南汇周浦等地均出现因乡民抗租而引发的绅民冲突（表2-6）。

表2-6 中华民国成立后至20世纪30年代初江南地区民变情况②

时间	地点	事件
1914—1932年	江苏扬中	烧毁县政府和各机关主要人物住所
1926—1927年	江苏江阴、无锡、崇明	减租运动
	江苏松江、青浦沙田	夺田运动
	江苏徐州、如皋、江北一带	抗捐运动
	江苏宜兴	捣毁公安局，驱走县知事
	江苏嘉定	捕杀土豪劣绅
1932年	江苏、浙江、湖北	抢米、吃大户、抗租

虽然江南地区的绅民冲突形式不一，但仔细观察不难发现，主要都是当地乡民为了生计而与地方士绅发生的冲突，核心主题无外乎减租抗捐，捕杀、驱赶地方士绅。当基本的生存都出现问题的时候，必然要引发群体性的反抗或抗争行为。他们认为只有赶走掠夺和剥夺膏脂的土豪劣绅，自己的生活才会有一丝起色。而在当时的条件下，乡民进行反抗的最基本且最有效的形式就是斗争，斗争意味着不同群体间冲突的升级，而一旦冲突过于激烈就会令社会动荡不安。

2.2.4.3 有组织和无组织的佃农暴动交错爆发，形成连续不断的抗争风潮

据《东方杂志》的资料显示，1922年到1931年，佃农风潮达到平均每年近20次（表2-7），相当于每个月约有两次风潮，呈现出数量多、参与人数多的特点。

---

①金山.荒案减折租赋之近讯[N].申报，1917-12-07（7）.
②王先明.乡路漫漫：20世纪之中国乡村（1901—1949）[M].北京：社会科学文献出版社，2017：629.

虽然1927年政府加大对农民运动的压迫，但是并没有显著减少农民运动的次数。10年间，以1929年最为激烈，46次风潮再加上10万多佃农的参与，无论是风潮数量还是参与人数，都将这一时期的佃农抗争运动推向了顶峰。除1929年外，1928年、1930年和1931年发生的佃农风潮数都超过平均的19.7次，反映出这一时期绅民冲突的常态化。除了有组织、有计划的农民活动外，无组织的农民暴动更是随时发生。当士绅利益过度扩张影响到乡村民众最基本的生存条件之际，在迫不得已的情况下，便会呈现"有人振臂一呼，农民便蜂起响应"之势。无组织的农民暴动具有规模小、人数少、爆发随机性强等特点，与有组织的农民暴动有机结合，沉重地打击了鱼肉百姓的乡村士绅地主的势力。

表2-7　1922—1931年佃农风潮统计[①]

年份	佃农风潮数量/起	佃农风潮人数/人
1922	11	18 112
1923	11	19 870
1924	9	18 564
1925	17	29 738
1926	19	30 926
1927	18	29 686
1928	25	38 800
1929	46	108 462
1930	20	24 530
1931	21	45 975
总计	197	364 663
每年平均	19.7	36 466.3

民国时期的乡村社会是黑暗的，广大底层的乡村民众一方面承受着乡绅地主的统治和管理，另一方面又承担着超出自身能力的经济负担。当种种负担持

[①] 蔡树邦.近十年来中国佃农风潮的研究[J].东方杂志，1933，30（10）：26-38.

续不断地压在乡村民众身上的时候，人们为了生存下去不但反抗，更是强烈呼吁乡村改革，从而解决乡村社会的种种危机。一场旨在推动乡村社会全面改革的行动在当时的历史背景下开始酝酿并最终爆发。

2.3 乡村教育发展状况

教育的发展受到政治、经济、文化等多种因素的制约和影响。民国时期，无论是国家层面还是乡村社会层面，都不能为乡村教育的发展提供足够的支撑。正如李大钊所言："乡村教育落后，教育机关不完备，徒具形式，教师知识陈旧，农民没有'开展知识修养精神的机会'。"[①]与此同时，由于天灾人祸的影响，农业经济破产，乡村民众普遍挣扎在生死线边缘，即使有心也无暇顾及子弟教育。尤其是面对与乡村社会格格不入的新式教育大肆强行推广，思想保守、观念落后的乡村民众更认同私塾，所以他们发自内心地排斥并抵触新式教育。传统教育不符合新时期社会发展的需求，新式教育又得不到认可，随着矛盾的升级，二者在相互的斗争中两败俱伤。诚如《大公报》中的记载："今日国中可悲可忧之现象，岂胜枚举，然而最可悲可忧者，厥为教育之破产。"[②]

2.3.1 式教育传入后与传统教育形成二元对峙的局面

20 世纪初，清朝统治者为挽救政治危机，发挥教育的作用，于 1901 年颁布"兴学诏书"，将各省所有书院全部进行改制，大、中、小学堂取代原来省、府、州、县的书院，除此之外，还增设蒙养学堂。自此，拉开了以政府权力强力推行新式教育制度的序幕。1905 年科举制度被彻底废除，"新学"教育制度

[①] 赵兴胜，高纯淑，徐畅，等.中华民国专题史：第八卷：地方政治与乡村变迁[M].南京：南京大学出版社，2015：25-26.

[②] 佚名.教育评论拾零："最可悲可忧之现象"[J].教育杂志，1930，22（8）：6.

最终确立。①这种新式教育没有考虑到乡村社会的实际情况，忽略了乡村社会的需求，又在很大程度上加重了民众的负担，遭到了乡民的普遍抵制，围绕新式教育开展的毁学行为自清末以来持续不断。新式教育不能满足乡民需求，以私塾为代表的传统教育依然在乡村社会占有一席之地，由此便形成了新旧教育并存与抗争发展的局面。廖泰初等人在山东汶上县调查指出，西洋新学在政府的政令下勉强维持着，私塾依然保持着旺盛的生命力。可以说，没有政府的强制力，洋学早已被私塾压死了。②山西阳泉县（今阳泉市）的私塾也没有因为新式教育的介入而从乡村社会消失，只是从公开办学转为偷办，西流村一所私塾有 40 人就是最好的证明。直到抗日战争前，我国广大乡村地区传统旧式教育占比依然高达 65.11%，新式教育仅占 29.17%，5.12%为旧式私塾改造的新式学校。③清末民初的新式教育推广以城市教育为蓝本，城市化的教育显然不适合乡村的实际和需求，所以新式教育与乡村社会一发生关系便出现排斥反应。尤其是在推进过程中，国家强制力的凸显、精英意识的体现、城市化和工业化的倾向，都在无形中加重这种排斥反应的程度。新式乡村教育的推广客观上拉大了城乡教育发展的差距，以谋取共同发展为目的的教育改革却加重了城乡教育的失衡程度。④

2.3.1.1 新式教育发展缓慢给传统私塾的生存提供了条件

民国时期，虽然国家大力提倡新式教育和新式学堂，鼓励广大乡村地区推广和施行新式教育，但从实际发展情况上看，并没有取得预期的效果。据陶行知对民国初年全国 100 万个村落的估计，以及梁漱溟对"九数十万农村"的估计，并结合《第二次中国教育年鉴》的统计数据：1922 年，全国国民学校及小学校有 177 751 所；1931 年，全国国民学校及小学校有 259 863 所，中等学校有 3 026 所，合计 262 889 所。按照这个数字计算，1922 年大约每 6 个村庄有

---

①郝锦花, 王先明.清末民初乡村精英离乡的"新学"教育原因[J].文史哲, 2002（5）：145-150.
②廖泰初.动变中的中国农村教育：山东省汶上县教育研究[M].北京：燕京大学出版社, 1936：3.
③张济洲."乡野"与"庙堂"：社会变迁中的乡村教师[M].北京：中国社会科学出版社, 2013：37.
④曲铁华.民国时期乡村教育的基本经验与历史局限[J].教育史研究, 2021, 3（1）：71-83, 95.

一所学校，1931 年每 4 个村庄有一所学校。[①]学校数量显然与当时"三万万八千万"乡村人口的庞大规模不相匹配。由于外来的教育与传统社会不相匹配，再加上广大乡村民众对新式教育还持有怀疑的态度，[②]造成新式学校虽然在发展，但是速度相当缓慢，这也为传统教育保留了继续生存的空间。私塾在长年的发展过程中与乡村社会很好地完成了融合，更适应乡村社会的现实需要。因此，即使新式学校依靠强硬的政权力量在乡村地区强行推广，却依然无法阻止私塾以其独有的隐蔽方式顽强地存活下来，而且在数量上和规模上与新式教育形成了分庭抗礼的局面；甚至在许多地方，私塾的数量还超过了学校数量（表2-8），个别地方的私塾学生数也超过公立小学学生数（表2-9）。

表2-8 各省乡村教育机关占总数之比例[③]

省名	报告县数/个	私立小学/%	公立小学/%	私塾/%	职业教育机关/%	社会教育机关/%	中学/%
绥远	10	13.1	49.7	36.7	—	0.5	—
宁夏	5	21.0	70.6	6.8	—	1.6	—
察哈尔	8	0.8	79.5	7.0	0.1	12.6	—
青海	9	15.9	78.0	1.7	0.1	4.3	—
甘肃	23	15.8	40.9	35.6	0.3	5.7	1.7
陕西	45	29.5	47.0	19.0	0.3	3.6	0.6
山西	89	15.1	73.8	3.6	0.2	6.9	0.4
河北	118	8.9	67.9	12.1	0.2	10.6	0.3
山东	91	20.0	52.1	21.5	0.3	5.4	0.7
江苏	52	6.3	38.5	50.5	0.4	3.7	0.6
安徽	42	7.2	17.6	73.1	0.3	1.2	0.6
河南	84	15.6	40.7	38.5	0.3	4.1	0.8

①教育部教育年鉴编纂委员会.第二次中国教育年鉴[M].上海：商务印书馆，1948：1429-1455.
②吴擎华.民国时期的乡村文化危机与乡村教育[J].学理论，2009（21）：113-114.
③佚名.乡村教育调查[J].农情报告，1936，4（9）：236-238.

（续表）

省名	报告县数/个	私立小学/%	公立小学/%	私塾/%	职业教育机关/%	社会教育机关/%	中学/%
湖北	33	15.6	19.1	63.0	0.2	1.6	0.5
四川	69	11.7	37.7	47.2	0.9	0.9	1.6
云南	35	10.9	75.0	9.8	0.2	1.6	2.5
贵州	22	14.7	33.8	49.4	0.4	0.7	1.0
湖南	32	33.8	32.1	31.8	0.4	1.6	0.3
江西	27	29.4	25.2	42.5	0.1	2.7	0.1
浙江	54	28.0	40.6	23.6	0.1	7.3	0.4
福建	28	13.9	26.9	49.9	—	8.1	1.2
广东	45	39.2	21.3	36.7	0.3	1.7	0.8
广西	40	19.1	66.4	6.8	0.2	6.8	0.7
平均	43.7	17.5	47.0	30.3	0.2	4.2	0.7

表2-9 各种乡村教育机关之学生数占学生总数之比例[①]　　　　　　（%）

省名	公立小学	私立小学	私塾	职业教育机关	中学
察哈尔	93.6	0.5	5.5	0.4	—
绥远	62.6	14.5	22.9	—	—
宁夏	79.0	16.8	4.2	—	—
青海	87.9	11.6	0.4	0.1	—
甘肃	57.3	15.3	24.3	0.6	2.5
陕西	56.8	28.5	12.3	0.4	2.0
山西	82.7	13.5	1.9	0.3	1.6
河北	83.2	8.1	6.9	0.3	1.5
山东	63.9	19.9	13.5	0.3	2.4
江苏	59.5	7.4	30.0	0.7	2.4

①佚名.乡村教育调查[J].农情报告，1936，4（9）：236-238.

（续表）

省名	公立小学	私立小学	私塾	职业教育机关	中学
安徽	38.0	12.4	45.7	0.5	3.4
河南	58.0	14.1	24.3	0.4	3.2
湖北	33.6	16.8	48.0	0.2	1.4
四川	51.6	12.0	30.5	1.3	4.6
云南	76.6	11.0	5.7	0.2	6.5
贵州	49.9	18.2	28.7	0.5	2.7
湖南	42.9	37.6	17.2	0.7	1.6
江西	42.8	31.9	24.3	0.2	0.8
浙江	55.5	31.3	12.2	0.3	0.7
福建	44.5	18.9	35.8	—	0.8
广东	28.0	44.3	25.5	0.2	2.0
广西	77.3	17.8	3.1	0.1	1.7
平均	60.2	18.3	19.2	0.4	1.9

具体到一个地区的个案调查也印证了以上结论。南京市淳化镇的56个村中，有34个村有私塾，占比高达60.7%。反观新式教育，虽然政府极力提倡，但也仅有5个村庄设立新式小学，占比达8.9%。从人数上看，私塾学生数远远多于新式小学学生数。从学生性别上看，两类学校均表现出男生数量明显多于女生数量的现象（表2-10）。由此可见，无论是受根深蒂固的传统观念的影响，还是由于新式教育无法有效地服务于乡村社会的现实需求，私塾在这个时期并没有完全销声匿迹，反而在与新式教育的比较中彰显出了特殊性。当社会的发展进步要求教育相应改革以适应社会对人才培养的要求时，私塾的顽强存在不仅不利于培养时代所需的人才，而且还在某种程度上阻挡了教育发展进步，这也为后续乡村教育改革埋下了伏笔。

表 2-10　淳化镇乡村新式小学与私塾数目、教员数目及男女学生数比较[①]

种类	数目/所	教员数目/人	学生数/人		
			男	女	总数
私塾	36	37	708	57	765
新式小学	5	7	233	66	299
总计	41	44	941	123	1 064

2.3.1.2 新旧教育由于各自的局限性造成乡村教育整体质量低下

新式教育诞生在西方国家，是一种以工业文明为基础的教育。当时的中国还停留在农业文明中，将新式教育全盘引入乡村地区必然会引发"水土不服"。在广大乡民眼中，新式教育传授的内容过于遥远，与自己的生活相距甚远。新式教育与乡村社会存在先天性的排斥反应，即使借助行政力量强行推广，在具体运行中也是举步维艰。民国乡村急需的是提高农业生产能力、增强国家实力、提高乡民谋生能力的教育；而新式教育所产生的结果却恰恰相反，成为导致家庭、社会、国家破产的导火索。当时的教材没有考虑到地域间的差异，从内容上看，很多内容与实际生活毫无关联。例如：山西省大宗农作物为谷、荞、麦、豆、黍，而书本中则介绍稻、蔗；农户的家畜多为鸡、猪，而常识课本却充斥着鱼、虾、蟹等；作为一个产煤大省，学生使用的教材对采煤技术只字未提。这样的情况比比皆是。学生对所学内容毫无同理心，到头来学会的就是些无关紧要的符号，对于生产和生活知识仍然一窍不通。

传统的私塾教育质量完全取决于教师，教师素质的不确定性使得私塾的教育质量存在很大隐患。据当时对山东省汶上县塾师的年龄和履历调查可知（表2-11），当地塾师普遍年龄偏大，40岁以下的塾师仅占全体塾师的25.9%，而大多数塾师超过40岁，60岁以上的有51人，甚至还有8人的年龄超过了70岁。从塾师年龄上看，他们大都是在传统教育熏染下成长起来的，固有的知识

---
① 李文海.民国时期社会调查丛编：乡村社会卷[M].2版.福州：福建教育出版社，2014：105.

结构显然不能适应当时社会的需求。他们缺少专业的师范训练，不懂得教育规律和教学方法，依然沿袭传统的套路，使得教学缺乏生机和活力。年龄偏大也会带来身体上和精力上的不足，难以支撑私塾长时间的工作，长此以往，势必会影响私塾的教学质量。教师作为影响教育发展的重要因素之一，直接影响了教育的发展质量以及人才培养质量。通过对当时私塾教师的基本情况进行分析，不难看出私塾教师整体质量低下，显然与当时社会发展要求存在较大的差距。很难想象，经过这些尚无法达到合格标准的教师长年累月的教育与指导，学生究竟会达到什么样的水平。

表2-11　山东省汶上县塾师年龄统计和履历分析表①

年龄	人数/人	履历	人数/人
19 岁以内	1	私塾出身	90
20~24 岁	4	秀才	1
25~29 岁	12	党义训练班毕业	4
30~34 岁	27	县立高小毕业	5
35~39 岁	7	曾任小学校长教员	3
40~44 岁	30	省里师范毕业	1
45~49 岁	15	县立单级师范养成所	4
50~54 岁	30	曾任县长	1
55~59 岁	19	文库庠生	6
60~64 岁	23	警察大学毕业	1
65~69 岁	20	清童生	3
70~74 岁	8	清文生	1
不详	11	不详	78
总数	207	总数	198

2.3.1.3 新旧教育斗争迫使新式教育向传统教育妥协

从清末公开的"毁学"事件到民国比较隐蔽的反抗，新式教育和传统教育

---

①李文海.民国时期社会调查丛编：文教事业卷[M].2版.福州：福建教育出版社，2014：58.

间的冲突从未停止。由于学生的数量直接关系到教师的生计，所以抢夺生源成为无法避免的冲突之一。塾师作为土生土长的本地人，由于血缘和人情等因素的影响，在吸引学生方面具有天然的优势。在当时的乡村社会中，塾师除了教学外，还承担着乡村社会记账、写请柬和对联、草拟契约、调节乡村民众间的矛盾、帮助解决乡村社会问题等职责，俨然是乡村文化的代言人，这样的身份导致其自然和乡村民众有一种亲切感。塾东、塾师、邀东们全是一个鼻孔出气的，这些人又都是地方上有钱有势的豪绅、地主或失业的乡学究，他们在乡村社会筑起自己的圈层，进而把持一切权力，新来的洋学想在乡村社会与其对抗，可谓难上加难。门庭若市的私塾和门可罗雀的新式学校形成鲜明的对比，在这场抢夺生源的大战中，私塾是胜利的一方。新式学校的教师迫于生计压力，也纷纷改行加入乡村塾师的队伍。那些曾经和私塾教师一起斗争的洋学校的校长和教师，也在生活无情的鞭打下不得不投入对方的阵营中。据《民国时期社会调查丛编：乡村社会卷》的记载，沈家行位于上海与吴淞之间，1908年沪江大学设立礼拜堂于此，同时创办学校一所。"该校校址适宜，学费亦轻，每年不过取修一元，比当时所竞争之旧书塾尚低。因此，来校学生有自三十至四十之多。此时的旧式书塾，已趋于衰落地位。但该小学改用新教科书，不受村中父兄之欢迎。即使调停结果是新旧各取一半，但由于古书在村民心中的地位，还是更能得到民众的支持。当时一般人对于该校之批评，以为新式教科书，足以减低学生之程度。"[①]在这种观念的影响下，新式教育不得不向传统教育妥协，逐渐成为一种带有一点乡土气息、有"中国乡土特色"的新教育。[②]

2.3.2 接受新式教育机会被垄断

西方文化的传入带来了中国传统文化的改变，其中一个重要的表现就是职

---

① 李文海.民国时期社会调查丛编：乡村社会卷[M].2版.福州：福建教育出版社，2014：20.
② 田正平，陈胜.清末及民国时期乡村教育的困境及其调适[J].华中师范大学学报（人文社会科学版），2008
（5）：129-134.

业分立社会的形成，更具体地说，就是出现了垄断，而教育也没能逃过被垄断的命运。西方文化到来之前，乡村民众还是有较多的受教育机会的，破庙当作教室可以苦读，没钱的学生可以免除学费。新式学校则彻底改变了这种情况。学校作为大规模的团体，章程律规限制极为严格，学费数额较之前高出很多且必须按要求缴纳。想要供一个孩子读中学，家里必须得有相当数量的田产。至于读大学或者留洋，更非普通家庭所能承受的。高额的花费使接受教育的机会无形中被经济上富足的家庭所占有，长此以往，便会形成马太效应。受教育权上的优越会直接影响政治和经济上权益的获得，政治上表现为更易得权，经济上表现为更易得财。有权有财的人，他们的孩子更有机会享受高层次的教育，教育能够带给他们更多的权力和收益，于是接受新式教育的机会就被有权有钱之人垄断了。

2.3.2.1 畸形发展的教育造成乡村地区缺学少教

清政府在 1904 年颁布了《癸卯学制》，规定只有大城镇才能设官立初等小学堂。1906 年清政府颁布的《强迫教育章程》规定，各村须设蒙学一所，表明乡村教育得到了官方的认可，这种认可一直持续到民国时期。由于民国政府财政能力不足，各级教育机关都全力发展城市中等以上教育，相应地就会忽略乡村教育的发展。又因为新式教育培养的人与乡村社会不相适应，出现"毕业之后，仍不免务农，甚至为差役，反不如不学之为经济也"的局面。[①]虽然政府鼓励全国各地开设新式学堂，但广大乡村地区依然缺学少教。从当时学校的实际分布看，不仅乡村学校占比低，仅为全国学校总数的 10%，而且为农服务的农业学校设置在城区的竟高达 80%。[②]截至 1928 年，河北省仍有 1/4 的乡村没有小学，甚至有些县管辖的乡村中，超过 70%的乡村没有小学。江西省的情况也不容乐观，安远县、万载县、萍乡县（今萍乡市）等地普通学堂学生人数

[①]李文海.民国时期社会调查丛编：乡村社会卷[M].2 版.福州：福建教育出版社，2014：117.
[②]吉尔伯特·罗兹曼.中国的现代化[M].国家社会科学基金"比较现代化"课题组，译.南京：江苏人民出版社，1988：556.

均在千人以上，而德兴县（今德兴市）则只有20人，安仁县（今余江区）也仅为20人，铅山县33人。①广大乡村地区，尤其是经济落后的贫困地区，缺学成为一种非常普遍的现象。即使乡村有学校，为数不多的学校"大都设备简陋，教员资格不合，毕业生程度低劣"。②由此，形成了新式教育向城市倾斜的整体教育布局。余家菊曾感慨道："教育集中在城市，是城市的出卖品和特别阶级的专属物，而乡村几乎没有任何教育。"③雷沛鸿也曾言："中国民众中的大多数分散地处于各个乡村，他们从来没有大规模在城市聚集，但是学校却一直在城市所在地发展，广大的乡村地区，甚少有学校。"④

"无贝之才难求"导致乡村地区少教。一是"要不来"。教师都不愿去穷的地方。没有学校，没有教师，老百姓连吃饭都惶恐叫苦，学校自是难以维持下去的。缺少经费直接影响了教师的收入，有些地方的教师待遇几乎低到难以为继的地步，甚至"不够一己生活之维持"。⑤一群年轻教师不得不向生活低头，纷纷离开乡村以追求更好的物质待遇和生活条件。有一位县视学曾表示小学的教员要穷要笨：穷了要吃要穿，才肯做这种生活；笨才不会算计，无非分之想，对于教员的工作才能干得长久一点。从事实看来，大家不愿干乡村教育的事，已是明白。二是"留不住"。传统观念中的教师除了教学外，还负有看护孩子的责任和义务。而新式学校的教员受现代教育观的影响，将教师职业看成自由职业，没有看护学生的责任意识，不能满足乡村民众的实际需求。少数能坚持的教师继续留守乡村，不能坚持的则选择回城谋求一份新的工作。三是"受不了"。一些在城市中接受过新式教育准备回村教书的青年，由于长时间受城市环境的影响和熏陶，理所当然地认为开展乡村教育轻而易举；但事实上，

---

① 万庆红.试析清末民初江西私塾的现代化改良（1901—1927）[J].江西教育学院学报,2014,35（1）：160-163.
② 卢绍稷.中国现代教育[M].上海：商务印书馆,1933：139.
③ 余子侠,郑刚.中国近代思想家文库：余家菊卷[M].北京：中国人民大学出版社,2013：31.
④ 苗春德.中国近代乡村教育史[M].北京：人民教育出版社,2004：10-12.
⑤ 柳均卿.整理乡村教育发微[J].中华教育界,1930,18（1）：1-3.

在乡村传统观念的影响下，他们发现西式教育在乡村社会没有立足之地，满腔热情依然抵不过世俗的眼光和压力，于是这些青年才俊活生生地被改造成了私塾先生。廖泰初曾见到这样的场景：一部分比较上进的小学教师，已接受私塾的聘书了。经过十多年的发展，到1935年，乡村地区每所小学的教师数量平均仅为2.4人。和数量上的不足相比，部分教师表现出的专业素养却更让人担忧。山东汶上县记载了一次乡村教师考核的情况，组织者要求乡村教师以"我教小学的几个困难问题"为题写一篇文章，限时一小时，要求受训教师完成。结果却出人意料，有些教师只字未写，好一点的也只写了一二十字。①试想这样的教师如果长期从教于乡村小学，那么对于乡村教育的发展而言，只能是有害而无益的。

2.3.2.2 接受新式教育费用高，乡民负担不起

科举制度废除后，兴办新式学校成了政府在教育领域的主导行为。新式学校的开办需要购置新的教学设备，选聘新式教师，大大增加了教育成本。当经费的来源没有着落之际，政府便将教育费用转嫁给求学者个人。当时接受高小教育一年至少需要50银圆；中学教育一年至少需要160~200银圆；大学教育更多，一年至少需要200~300银圆。按照当时全国人民的经济能力计算，能够花费50~300银圆以获得受教育机会的人少之又少，所以说，当时的教育只能为极少数经济富足之人所独有。除了高额的学费外，日常还需要购买随时更新的多个科目的教科书以及本、笔等消耗品。还有一些学校要求学生入学后要从各个方面保持一致，要穿鞋袜，学具要一致，必须住校等。乡村经济本来就不景气，舍得花这笔钱供子弟读书的家庭简直是凤毛麟角。卢绍稷从"乡村经济之艰窘"对"教育事业之发展"的影响角度提出，农民因为家庭经济收入过低，生活窘迫，没有能力承担学校的食宿和书籍等各种费用，所以他们的子女无法上学，也就失去了接受教育的机会。②张宗麟在考察了7个省份的乡村教育之

---

① 廖泰初.动变中的中国农村教育：山东省汶上县教育研究[M].北京：燕京大学出版社，1936：137.
② 卢绍稷.乡村教育概论[M].上海：大东书局，1932：164.

后也感慨道："现在的学校教育，是不适合穷人的，即使想要通过劳动获得教育的机会，没有一定的经济基础便没有机会享受任何学校教育。"①可见，只有少数有钱人家的子弟才能够上学，广大贫苦人家的子弟依然没有摆脱被关在教育门外的命运。1928年，李景汉对定县东亭镇的调查更直接地说明了乡村家庭富裕程度与其子弟就学是正相关的（表2-12）。通过表2-12中的数据可知，无论是受教育家庭及占比，还是平均每家学生数这几个指标的数值，拥有100亩以上田地的富裕家庭都要远远高出其他家庭。也正是因为有相对富足的资金支持，才使得富裕家庭的子弟可以更早入学，平均接受教育的年限更长。可见，在当时的社会中，教育与资本还是紧密结合在一起的。对于整体上贫困的乡村民众而言，缺少充足的资金将其限制在新式教育的门槛之外。

表2-12 定县东亭镇受教育之家庭与田地亩数关系表②

家中田地亩数	家庭数/户	受教育家庭数/户（占比/%）	平均每家学生数/人	平均入学年龄/岁	平均受教育年限/年
50亩以下	417	236（56.59）	1.08	8.81	3.92
50~99.9亩	80	79（98.75）	3.48	7.82	6.11
100亩及以上	18	18（100）	4.50	7.15	7.26
总和	515	333（64.66）	—	—	—

2.3.3 乡村教育与乡村社会完全脱节

乡村教育是扎根乡村地区的教育，所以就需要乡村教育与当地的生活发生关联，这样才能保证乡村教育能够发挥自身应有的作用，帮助乡民更好地适应社会生活。乡村社会里的学校，就要以乡村里面的一切问题为它的责任。本地的需要、儿童的需要及整个乡村生活，乡村教育都是要负责的。③传统教育之

---

①张宗麟.中国乡村教育危机[J].中华教育界，1933，21（2）：1-9.
②冯和法.中国农村经济资料[M].上海：黎明书局，1993：673.
③王士勉.乡村教育的研究[J].农学杂志，1929（5/6）：70-108.

所以可以融入乡村社会，主要归功于在长期的磨合中，传统教育与乡村文化相互适应，逐渐和谐共融。①民国时期推行的新式教育则是原封不动地抄袭西方教育，忽视了先进的工业国家与"经济已快破产，生计已濒绝境"的农业国之间的差别。时人有议："我国当下的教育制度和教育方法完全是移植西方工业文明的结果。在一个典型的农业社会嵌入工商业的制度，难免会出现不相适应的情形，所以教育没有效果也就不可避免了。"②事实证明，从西方移植过来的新式教育即使通过国家强制力强行嵌入乡村社会，也会因为与乡村社会脱节而出现不相吻合的局面。

2.3.3.1 乡村教育的课程设置与教学内容脱离乡村实际

作为全面移植的教育，民国时期，乡村教育无论是课程设置还是教学内容都表现出典型的城市化倾向，忽视中国乡村社会的特点，与乡村生产生活相距甚远。具体表现为："课程设置的科目是对城市的模仿，不符合乡村的需要；教材内容缺乏针对性，不能满足乡村生活的需要；过于重视知识的灌输而忽视对精神和身体的训练。"③民国时期的新式教育大体上遵循了全国统一的模式，通过对这一时期初小和高小课程设置（表 2-13 和表 2-14）的考察可知，修身、国文、算术、手工、唱歌等课程属于所有学生必须学习的基础课，专门针对乡村地区的课程只有高小阶段最后两年开设的农业课。与此同时，课程体系中却包括诸如英语这种与乡村社会关联不大又缺少实际意义的课程。杨开道指出："乡村教育既不能偏于农学，也不能偏重普通教育，而应是二者并重，因为要想培养一个完全的人，二者缺一不可。"④从民国小学的课程设置上看，并不能实现二者兼顾。学校里的课程并不适合乡民的需要，训练也不严格，所以培养的子弟只知分利，不知生利，接受教育在提升他们奢侈欲望的同时，更是让

---

①吴擎华.民国时期的乡村文化危机与乡村教育[J].学理论，2009（21）：113-114.
②吕达，刘立德.舒新城教育论著选：上[M].北京：人民教育出版社，2004：437.
③陈侠，傅启群.傅葆琛教育论著选[M].北京：人民教育出版社，1994：225.
④杨开道.归农运动[J].东方杂志，1923（14）：17-29.

他们抛弃了原有勤俭的美德，导致其毕业后因为缺少一技之长而不能谋生，所以他们格外轻视学校。[①]当时的民谣形象地描述了脱离乡村实际的教育带来的后果："三斤萝卜二斤葱，二年熬个毕业生，别的本事没学到，吃馋坐懒不想再劳动。"[②]课程是实现培养目标的重要载体，适应社会发展和人才培养需求的课程体系有利于培养目标的达成。通过分析下面的两张课程设置表（表2-13、2-14）不难发现，当时的课程设置显然不是为乡村培养人才，也无法服务于乡村教育的发展。

表2-13 初级小学课程设置表[③]

教科目	第一学年 周教授时数	第二学年 周教授时数	第三学年 周教授时数	第四学年 周教授时数
修身	2	2	2	2
国文	10	12	12	14
算术	5	6	6	5
手工	1	1	1	1
图画	—	1	1	男2 女1
唱歌	2	2	1	1
体操	2	2	3	3
缝纫	—	—	1	2
总计	22	26	27	男30 女29

表2-14 高级小学课程设置表[④]

教科目	第一学年 周教授时数	第二学年 周教授时数	第三学年 周教授时数
修身	2	2	2
国文	10	8	8

[①] 束荣松.中国农村教育的回顾与前瞻[J].江苏省小学教半月刊，1936，3（16）：3-5.
[②] 中国人民政治协商会议河北省涉县委员会文史资料委员会.涉县文史资料：第2辑[M].石家庄：河北人民出版社，1992：179.
[③] 璩鑫圭，唐良炎.中国近代教育史资料汇编：学制演变[M].上海：上海教育出版社，2007：706.
[④] 璩鑫圭，唐良炎.中国近代教育史资料汇编：学制演变[M].上海：上海教育出版社，2007：707.

（续表）

教科目	第一学年 周教授时数	第二学年 周教授时数	第三学年 周教授时数
算术	4	4	4
本国史地	3	3	3
理科	2	2	2
手工	男 2 女 1	男 2 女 1	男 2 女 1
图画	男 2 女 1	男 2 女 1	男 2 女 1
唱歌	2	2	2
体操	3	3	3
农业	—	2	2
缝纫	2	4	4
英语	—	—	—
总计	男 32 女 30	男 34 女 32	男 34 女 32

2.3.3.2 乡村教育的节律与乡村社会格格不入

城市化的新式教育与城市生产生活在节奏上保持一致，但这种节奏却很难适应乡村社会生产和生活的规律。当城市标准毫无征兆地与乡村社会发生关联时，就会因为不匹配而产生消极的效果。例如，天气对城乡学校的影响就明显不同。天气好，城市学校出勤率高；天气不好，出勤率则低。乡村学校正好相反。这是因为农业生产活动与天气关系紧密，天气好的时候，学生需要帮助家里做农事，而天气不济才是读书的好时光。新式教育忽视了乡村社会生产和生活的规律，规定的上课时间恰好和农忙冲突，农闲时又赶上假期，1 月到 4 月以及 7 月到 9 月这两个时间段是农事活动日历中的两段空闲时间，学校却选择在这个时间段放假，而到了人们忙于农业生产劳动的时段，学校却又开学了。①这样的安排显然不能使乡民满意，渐渐地，乡民就不再送子女进入新式

---

①费孝通.江村经济：中国农民的生活[M].北京：商务印书馆，2001：51.

学校了。另外，乡民对周末放假这件事也持有不同的观点，原本打算利用固定周末调整休息的新式教育也不敢违背乡民的意愿，于是便形成了"明修栈道、暗度陈仓"的情形。星期天，学生可以在教室里待坐一天，而教师却不上课。[①]这样规则化、标准化的新式教育对于城市学生没有丝毫影响，却令乡村学生产生不适之感，于是乡村子弟渐渐远离新式学校，新式教育就成了城市人的专属品。

新式教育设计中最大的问题就是忽略对乡村社会实际的考量，忽视对乡村民众需求的照顾，得不到乡民的拥护与支持，乡民不愿遣子弟入学。而在具体实施过程中，新式学校的城市化取向是以国家为依归的，体现出对乡村文化的排斥和批判。在乡村民众的生活结构几乎没有任何变化，而且也几乎看不到任何变化的情况下，新式教育与乡村民众的生活格格不入，完全像一个硬塞进来的东西。新式教育很难适应静止不变的乡村社会生活，乡村人民也很难接受新式教育。[②]在教学过程中，由于乡村教师自身职业素质和专业水平的限制，其往往采用传统的教学方法，"新瓶装旧酒"。在新式学校中采用旧式私塾的教学方法必然与新式教育的要求不符，在很大程度上影响新式教育的实施效果。新式教育从设计到实施都脱离了对乡村社会和乡村民众需求的关怀，最终使得其在乡村的推广并没有取得理想的预期结果，与新式教育大范围、大规模推广的初衷相距甚远。

2.3.4 乡村教育加重了乡村社会的负担

新式教育从踏上乡村社会的那一刻起就因为"排异"反应而遭遇种种困难，即使不断调整改变，也没有取得预期的结果。新式教育不仅没有推动乡村教育的发展，而且还在很大程度上成为阻碍乡村发展的元凶。这是因为新式教育明

[①]左绍儒.乡村小学实际问题十四谈[J].基础教育，1936（12）：37-60.
[②]朱汉国.转型中的困境：民国时期的乡村教育[M].北京：北京师范大学出版社，2016：99.

显的城市化倾向使得乡村子弟在接受新式教育后纷纷选择离村进城，乡村把子弟送来接受教育，结果连人都收不回。①人员的流失一方面减少了乡村社会主要劳动力的数量，另一方面，青年的离开造成了乡村文化传承主体的断层。可以说，新式教育不但没有帮助乡村子弟谋得好生计，而且还减弱了他们从事农业生产劳动的热情。有人曾讽刺新式教育是一种比八股更没有用的"新八股"，认为送孩子上学就是"上当"。一时间，乡村民众对乡村教育产生了迷茫。

2.3.4.1 乡村教育"离农化"导向加速了乡村青年离村进城的步伐

以农为主的乡村社会对教育的需求就是简单实用，务实是广大乡村民众对教育的最大要求。他们对于子弟的期待就是会识文断字，以便能够写借条和契约，再者就是掌握珠算和其他一些基本技能。②在学校学习后的乡村子弟可以掌握基本的写算能力，即可以写文书、写请帖、写信、算账等，从而更好地在乡村社会繁衍生活、世代相传，这也是乡村民众对子弟最大的期待。然而新式教育作为以升学为目的的教育，强调知识传授，不仅忽略对学生进行与乡村社会相关的技能训练，而且还使得学生在接受新式教育后一心想着继续向更高一层次求学。这是因为新式教育不断地暗示学生，只有走出去才会有出路，而且走得越远，出息越大，由此便吸走了大量的乡村精英。正如潘光旦先生所说："我们的教育早就应该转到以农村为中心，一切教学应以满足85%的乡村民众的生活安定为目的，但是最近这几十年的教育却一直加速乡民进城的步伐。当下的教育除了教给学生多识字之外，更多的是提高了他们对经济的欲望和不断增长的消费能力，完全忽视了乡村教育本应传递的那些与土地和动植物产生联系的知识。"③正是新式教育"离农化"的导向造成新学教育确立以来，农村中有知识和有志向的人不断地涌向城市，形成外县的往省会跑，外省的向首都

---

① 张冠生.探寻一个好社会：费孝通说乡土中国[M].桂林：广西师范大学出版社，2016：93.
② 吕达，刘立德.舒新城教育论著选：上[M].北京：人民教育出版社，2004：438.
③ 张冠生.探寻一个好社会：费孝通说乡土中国[M].桂林：广西师范大学出版社，2016：94.

第 2 章　陶行知、晏阳初和梁漱溟直面的改革困境

与通商大埠跑的局面。[①]《农情报告》称，20 世纪 30 年代全家离村率为 4.8%，青年男女离村率高达 8.9%。受传统"学而优则仕"的思想影响，学生接受教育以做官为目的，乡村无官可做，而县城不如省城，省城不如京城。于是学生毕业后，优先选择在京城谋事，如果谋不到，便前往省城，迫不得已也得留在县城，没有一个学生大学毕业后还愿意住在乡村，即使是在县城也不愿长住。[②]费孝通也曾形象地说明了这一现状："乡村教育像'采矿'一样，将大量的乡村社会精英吸走，蚕食了乡村社会发展的基础，所以不但没有起到推动乡村社会发展的作用，反而产生出阻碍中国教育现代化的负效应。"[③]人才的流失造成乡村社会的"空心化"，使广大的乡村地区变成一片文化沙漠，在文化贫瘠的土地上，乡民在面对各种现实问题时显得手足无措。

2.3.4.2　新式教育冲击乡村社会，造成乡村社会的无序和混乱

新式教育不断冲击着传统的乡村社会，形成了一系列负面效应。乡民子弟求学期间受到周围官绅子弟的影响，变得虚荣奢靡、盲目攀比、挥霍无度、不知节俭，求学几年学无所获，却养成了浮夸、懒惰的坏毛病，将传统乡村文化抛弃得一干二净；不仅品质出现了问题，上过学的他们还不愿意参加农业生产活动。古楳描述说："表现为学校多一毕业之学生，社会即增一失业之分子，家庭即少一有用之子弟。"[④]新式教育对乡村社会的破坏还表现在文化层面上。传统的乡村社会是一个礼俗社会，礼俗作为维系乡村社会正常运转的准则，具有重要的作用。传统的私塾教育除了教众多的农家子弟读书识字、珠算，以便应付在日常生活中记账、看文契外，还承担着乡村社会文化礼仪传承的功能。私塾培养出的知书达理之人不仅要懂得婚丧嫁娶的礼仪，更要参与到年节庆典

---

①孔力飞.中华帝国晚期的叛乱及其敌人：1796—1864 年的军事化与社会结构：修订版[M].谢亮生，杨品泉，谢思炜，译.北京：中国社会科学出版社，1990：238.
②马亮宽.何思源文集：第二卷[M].北京：北京出版社，2006：733.
③费孝通.乡土重建[M].北京：群言出版社，1999：359.
④古楳.乡村师范学校教科书：乡村教育[M].上海：商务印书馆，1935：46.

等社会风俗活动中，而这种知书达理之人显然不是新式教育能够培养出来的。①当新式教育带着科学、规则、制度等标签涌入乡村，企图全盘取代传统私塾教育的时候，就意味着乡村生态的破坏。这种破坏集中体现在乡村社会运转千年的礼俗规则和行为方式的紊乱，乡村社会失去了原有的调节机制，无法继续沿着固有的轨道运转和发展。而这种破坏对于乡村社会来说是毁灭性的，因为即使风俗依然存在，但灵魂已经丧失。大规模异质文化的输入，必定导致乡村文化的破坏，进而导致乡村社会的无序和混乱。

2.3.4.3 新式教育在乡村地区的推广进一步加剧了城乡发展的差距

乡村社会的封闭落后导致乡民不能正确认识教育的作用，在乡间存在着"一天不吃饭不可以，但是一天不念书大可以"以及"不缺吃、不缺喝，念书干什么"的腐朽观点。乡村民众本来对教育就不感兴趣，再加上新教育兴办几十年培养出一些"五谷不分、四体不勤"的"白面书生"，②更使乡民丧失了对"洋学"的信心。又因为"洋学"收费高，乡民认为与其送子弟入"洋学"，不如送其进私塾。所以，即使政府大力提倡新式教育，但在乡村地区却始终没有酝酿出适宜新式学校成长的土壤。根深蒂固的观念，导致家长从主观意愿上排斥新式学校，不愿意让子女去学校白白浪费时间。客观上的经济压力和负担，使乡民主动放弃接受新式教育的权利。长此以往，新式学校见不到乡村子弟的身影，也就将希望寄予城市子弟，以致新式教育渐渐远离乡村，最后逐渐成为城市的专属品。城市学校的林立蔚起与乡村学校的寥若晨星形成鲜明对比，由此带来城市失学的人越来越少，而乡村失学之人却日益增多。③乡村新式教育本以改良乡村社会为出发点，希望通过教育缩小城乡差距，实现共同发展。结果却事与愿违，新式学校虽取代了大部分私塾，却没有直接减少文盲的

---

① 张鸣. 教育改革视野下的乡村世界：由"新政"谈起[J].浙江社会科学，2003（2）：192.
② 朱汉国. 转型中的困境：民国时期的乡村教育[M].北京：北京师范大学出版社，2016：332.
③ 陈侠，傅启群. 傅葆琛教育论著选[M].北京：人民教育出版社，1994：74.

第2章　陶行知、晏阳初和梁漱溟直面的改革困境

数量，[①]同时还带走了大量的乡村精英。可以说，乡村社会人才的流失是导致乡土损蚀的起点，而人才之所以会流失则源于教育不当。新式教育渐渐远离乡村社会，城市知识精英越来越多，形成聚集之势，反观乡村社会人才大量流失，成为文化和人才的真空地带。乡村文化的荒漠化不能为乡村的发展提供强有力的支撑，这一发展趋势使得城乡差距越来越大，差异程度日益加深。

内忧外患、天灾人祸、经济破产、教育破败，可以说是对民国时期从国家到乡村社会再到乡村教育最为真实的描述。这一时期的乡村民众始终生活在水深火热之中，甚至有些人一直在生死线上徘徊。改变社会现状，过上自由民主的生活，是当时广大民众最迫切的愿望。辛亥革命的胜利曾经一度让中国人民看到希望，但当革命胜利的果实被封建军阀袁世凯窃取之后，所有美好的愿望都破灭了。中国不但没有走上民主之路，反而迎来了军阀间持续不断的战争。为了获取足够的军费，军阀加重了对百姓的剥削。名目众多且不断加重的苛捐杂税榨干了普通百姓的"血"，让很多家庭入不敷出。兵匪交错，乱象丛生，这种内忧让中国民众再次陷入绝望。作为帝国主义在华的代言人，军阀们为了能够获取支持以便在战争中取胜，他们心甘情愿放弃自身既有利益以讨好帝国主义，允许帝国主义在华开办工厂、修建铁路，这些行为使帝国主义势力自然而然地渗透进中国社会，在攫取各种利益的同时完成了全方位的侵略，外患的压力又进一步加重了百姓的负担。当人祸与天灾结合在一起，对于劳苦大众来说无疑是雪上加霜。民国时期，百年不遇的天灾严重影响了人们的生活。地震的爆发直接将村庄夷为平地；洪水则将整个村庄席卷而去，侥幸未被冲走的建筑也会因为久积不泄的洪水淹浸而崩毁倒塌；风沙造成的荒漠化无形中一步步缩小了人们的生存空间。而和城市地区相比，广大乡村地区由于发展基础、自身条件的限制，受到的影响要远远超过城市。"近年军阀与土匪并盛，一切压

---

①吉尔伯特·罗兹曼.中国的现代化[M]. 国家社会科学基金"比较现代化"课题组，译.南京：江苏人民出版社，1995：522.

迫掠夺所不敢施什一于都市者，骈集于乡村。"①无论是经济破产造成的乡村民众生活艰难，还是由于受到传统社会风俗影响导致的缺乏合作，都不利于乡村社会在内忧外患、天灾人祸的环境中有效抵御风险。乡村社会要面对的是经济破产、民不聊生的惨状。时文有议："当今国难日深，禹甸鼎沸，聚过震荡，社会经济日即于枯竭，所恃以最后挣扎者，唯旧有农村之基础，与多数刻苦之劳农耳。然而年来因政治不良，国家日陷于紊乱之状况，地方长处于颓败之状态。农产失其调节，乡民无计谋生，不能不寻别出路。少壮者铤而走险，盗匪日多；老弱者辗转呻吟，饿死沟壑；优秀者流入城市从事他种职业，驯至村户寥落，农田荒芜，此为吾人所亟宜注意之事。盖农村愈荒凉，则农业愈衰败，农产物更形减少，国计民生将愈穷困。其严重'不亚于国难'之农村衰落，不禁令人发生无穷烦闷矣。"②在如此艰难的环境中，在广大乡村民众为了生存痛苦挣扎之际，妄谈精神层面的追求是不切实际的，因此，当时乡民无知无识者多。"我国自兴学以来，近三四十年，而农民之不识字者，依然居十之八九。"③造成教育不发达的原因无外乎两个方面。一方面，新式教育高额的费用限制了广大乡村子弟求学，如梁漱溟所说："现在的教育，就快要成了少数人的高等享受，多数人都没有受教育的机会。"④另一方面，由于新式教育是从外国直接舶来的，没有考虑到中国乡村社会的需求，从形式到内容无不充满了"洋教条""洋八股"的气味，与乡村农业化社会形态存在一定的差异，不适合中国乡村人民的需要。综上所述，从国家层面到乡村社会层面再到乡村教育层面，可以说问题层层辐射。国家层面的问题导致乡村社会的问题，乡村社会的问题引发乡村教育的问题；反过来，乡村教育问题不解决就会阻碍乡村社会问题的解决，乡村社会问题的存在也会制约国家的发展。国家、乡村社会和乡村教育三者间是相互影响、相

---

①艾恺.最后的儒家：梁漱溟与中国现代化的两难[M].王宗昱，冀建中，译.南京：江苏人民出版社，1996：226.
②李文海.民国时期社会调查丛编：乡村社会卷[M].2版.福州：福建教育出版社，2014：136.
③陈其鹿.农业经济史[M].上海：商务印书馆，1930：181.
④梁漱溟.梁漱溟全集：第二卷[M].济南：山东人民出版社，2005：420.

第2章 陶行知、晏阳初和梁漱溟直面的改革困境

互制约的关系。一个问题的解决直接影响另一个问题的解决,所以要想解决当时的问题,需要找准切入点,找到解决问题的钥匙。

面对着国家内忧外患的严峻形势,审视乡村社会破败不堪的现状,尤其是看到乡村教育存在的种种弊端后,一群爱国的知识分子开始思考如何挽救乡村,如何拯救中国。作为教育救国理念的践行者,教育家们坚信推动教育发展是解决当时国家种种问题的有效途径,面对绝大多数中国人口生活在乡村社会的事实,他们更是将发展乡村教育、促进乡村社会进步看作推动国家进步的重要抓手。诚如梁漱溟所言:"只有乡村一般的文化能提高,才算中国社会有进步。"于是,一场以知识分子为主导的乡村教育运动轰轰烈烈开展起来了。当时的乡村教育问题重重,既有历史遗留问题,也有西方教育引入后产生的新问题。于是,以陶行知、晏阳初和梁漱溟为代表的教育改革者,从思想上决定将教育改革的重心从城市转向广大的乡村地区,从行动上决定将教育改革的战场从城市转移到乡村。他们用实际行动扎根乡村,在晓庄、定县、邹平开展了轰轰烈烈的乡村教育改革实践活动,以期实现他们教育救国的理想。乡村教育改革者面对着不可改变的社会环境,要想实现乡村教育改革的目标,更进一步实现通过改变乡村教育完成改造乡村社会的目的,首先需要转变自己的教育改革思路,改变既有的教育改革想法,形成正确、科学的想法。因为只有用科学的教育思维指导乡村教育改革实践,才能保证改革取得成功。通过对记录三位乡村教育改革者从事乡村教育改革活动文本资料的梳理与总结,发现他们的乡村教育改革具体实践背后隐藏着共性的教育思维,正是在这些教育思维的影响下,他们三位在不同的乡村教育改革实验区却有着相同或者相似的教育改革举措,而提炼三位教育改革者共性的乡村教育改革思维也是从新的角度对这段历史进行阐释。

第3章 陶行知、晏阳初和梁漱溟的乡村教育改革思维

面对着内忧外患的社会环境,面对着广大乡村地区贫困落后的现状,面对着绝大多数乡村民众愚昧无知的现实,一批怀有爱国情怀的有识之士开始思考中国的未来在哪里,开始思考从哪里入手来解决中国的问题。作为知识分子群体,他们受过良好的教育,享受过教育带来的种种福利,正是这种经历使他们不约而同地将乡村社会破败不堪的原因归结于乡村教育出现了问题。于是他们纷纷将目光锁定在乡村教育上,希望通过改革乡村教育实现教育救国的目的。陶行知早在1914年的大学毕业论文《共和精义》中就对教育的作用给予了高度的认可:"人民贫,非教育莫与富之;人民愚,非教育莫与智之;党见,非教育不除;精忠,非教育不出。"[①]之后他又结合国情提出中国是农业国,按照农民占全国人口总数85%的比例进行估算,当时中国乡村人口约为3.4亿,这么一个庞大群体的教育问题是值得被关注的。因为无论中国的乡村教育办得好与不好,都事关世界上1/5的人口。[②]1923年,晏阳初在中华教育改进社年会上大声呼吁:"中国不必亡,亡不亡全在教育界!教育界可以支配中国、支配前途、改造社会,有史可征。"[③]正是怀揣"教育救国"的理想信念,晏阳

---

① 方明.陶行知全集:第一卷[M].成都:四川教育出版社,2005:213.
② 方明.陶行知全集:第二卷[M].成都:四川教育出版社,2005:291.
③ 周洪宇.陶行知研究在海外[M].北京:人民教育出版社,1991:176.

第3章 陶行知、晏阳初和梁漱溟的乡村教育改革思维

初弃政从教,并以平民教育作为自己终生追求且可为其奉献所有的事业。梁漱溟也曾言:"只有乡村社会安定,才能够安辑流亡;只有乡村产业兴起,才能够收纳过剩的劳动力;只有农作物的产量增加,才可以增进国家富强;只有乡村真正实现自治,中国的政治才算有了基础;只有乡村一般的文化水平提高,才能说明中国社会有了真正的进步。可以说只有乡村有了办法,中国才算有办法,无论经济、政治还是教育,乡村发展都是国家发展的基础。"[①]由此看来,三位教育家对于解决中国问题,不能不顾及乡村,要想改变乡村现状又必须从乡村教育入手这个观点保持一致。于是,一场以知识分子为主导的乡村教育改革运动轰轰烈烈地开展起来了。其中,包括陶行知以南京晓庄为试验区的工作,晏阳初在定县实验区开展的工作,梁漱溟在邹平实验区开展的工作等。乡村教育改革者在各个实验区积极开展乡村教育改革实验,在此基础上推动乡村社会的改造与建设,均取得了一定的成效;但由于乡村教育改革者的教育思想不同,以他们为代表的教育团体政治倾向存在差异,导致不同实验区乡村教育的性质、内涵以及具体的工作方法各异其趣。[②]不能否认的是,他们都在积极探索中国乡村教育的改革发展之路,都在积极寻求中国乡村社会的改造之路。这些心怀国家和人民、拥有远大抱负的知识分子,怀揣"振兴农业""挽救乡村"的强烈愿望,纷纷走出"象牙塔",走进"黄土地",全身心地投入乡村教育改革和乡村社会改造与建设的活动中。[③]由此,拉开了20世纪二三十年代乡村教育改革的序幕。

所谓教育改革,可以理解为按照某种预期目标所作的改进实践的有意识的努力,包括制定同旧目标无关的新目标、新政策,或赋予过去的教育以新的职能,实质是对未来的反应。简单来说,教育改革就是按照一定的教育目的和要

[①] 宋恩荣.梁漱溟教育文集[M].南京:江苏教育出版社,1987:45.
[②] 田正平.中国教育通史:中华民国卷:上[M].北京:北京师范大学出版社,2013:81.
[③] 吴擎华. 民国时期的乡村文化危机与乡村教育[J].学理论,2009(21):113-114.

求，把教育活动中陈旧的不合理的部分改成新的，能适应一定社会政治、经济需要的一种实践活动。[①]通过教育改革的内涵可知，教育改革连接了教育理论与教育实践，在明确教育理论的基础上，用科学的教育理论指导教育实践活动的开展，以实现教育改革的目的。也就是说，教育改革需要在一定的理论基础上进行应用开发，寻求教育实践新的操作思路。这里的操作思路相较于教育理论更具有实践的品格，与具体的教育方案相比又具有了理论的色彩，包含着教育应该是什么和教育应该怎样做的问题联结，这就是教育思维。[②]教育系统自身的复杂性决定了教育改革的复杂性，任何一项教育改革的研究总是充满着一系列的难题。迈克·富兰指出："有成效的教育变革充满着似是而非和相互矛盾的现象，以及通常注意不到的同时出现的因素。"[③]因此，从教育思维的角度看，教育改革需要的是综合性、复杂性的思维，而不是线性或单向思维。纵观三位乡村教育改革者在从事乡村教育改革活动时的表现，会发现指导三个人开展具体的教育改革实践的思维并不是单一的，而是多种思维的交叉和综合。正是在这种复杂综合性思维的指导下，他们具体实践了一些教育改革举措，在一定程度上改变了乡村教育的状态，进而以教育改革推动乡村社会的改革与发展。通过梳理陶行知、晏阳初和梁漱溟在从事乡村教育改革时的具体做法，可归纳总结出他们共性的教育思维，具体来说，包括客观性思维、一体化思维、系统性思维、战略思维和通变思维。

3.1 乡村教育改革者的客观性思维

已至近代，中国教育界，或则拘泥于古法徒仍"旧贯"，或则慕于新奇专

[①] 袁振国.教育改革论[M].南京：江苏教育出版社，2005：24-25.
[②] 刘庆昌.教育思维论[M].广州：广东教育出版社，2008：3.
[③] 迈克·富兰.变革的力量[M]. 中央教育科学研究所，加拿大多伦多国际学院，译.北京：教育科学出版社，2000：12.

第3章 陶行知、晏阳初和梁漱溟的乡村教育改革思维

事仪型，否则思而不学悬空构想，一知半解武断从事，即不然，则朝令夕改偶尔尝试，所以近世发明史中，中国人迄今无所贡献。①

——陶行知

中国传统知识分子，埋首故纸堆，背诵经文注疏，以模仿古人和"抱着半部《论语》治天下"的迂腐学风和态度。近代以来的知识分子一味拜倒西方文化足下和盲目照抄照搬西洋教育制度。②

——晏阳初

过去中国教育之错误，核实言之，总不外误在一切抄袭自外国社会，不合中国社会条件，此为主要一层。其次为自己有所参酌变动之处，或失原意，或恰恰蹈袭中国旧弊，此为附属一层。③

——梁漱溟

3.1.1 客观性思维的内涵

所谓客观性思维，是指乡村教育改革者根据客观存在的事实，运用综合、比较等智性方式，形成科学认识，提出教育改革策略的高级认识过程。无论是"拘泥于古法""慕于新奇"还是"埋首故纸堆"，盲目照抄照搬西洋教育制度都反映出当时中国的教育"走错了路"，所以对于乡村教育改革而言，需要将其从错误的轨道上拉回来，进而在正确的轨道上发展；而正确的轨道则是符合中国社会发展实际和乡村教育需求的教育发展之路。基于这样的认识，陶行知、晏阳初和梁漱溟不约而同地建议将中国乡村教育放在中国乡村的土地上，基于中国乡村的现实发展属于特定时期中国乡村的本土教育。这样的认识无疑是客观准确的，当三位乡村教育改革者站在乡村社会的土地上思考乡村教育遇到的问题时，就表明他们做到了一切从实际出发，主观符合客观，这正是客观

---

①余子侠.中国近代思想家文库：陶行知卷[M].北京：中国人民大学出版社，2015：8.
②宋恩荣.晏阳初全集：第一卷[M].长沙：湖南教育出版社，1992：21.
③梁漱溟.梁漱溟全集：第六卷[M].济南：山东人民出版社，2005：384.

性思维的表现。

3.1.2 客观性思维的时代表现：不盲目袭古仿欧，乡村教育要符合乡村实际

无论是对传统知识分子迂腐的学风态度还是对新式知识分子盲目崇洋成为"民盲"的批判，抑或是对民国教育学习西洋而结果却事与愿违的评价，都证实民国乡村教育袭古仿欧的结果是失败的。无论是沉浸在传统教育的幻念里不能自拔，还是亦步亦趋地向西方学习而变得"趋重知识技能"，都因为没有从乡村实际出发，导致教育不但没有发展反而弊端尽露。之所以出现这样的问题，实源于对中国社会实际和中国乡村教育所需的忽视，没有从客观现实出发，没有意识到传统教育存在的问题，更没有察觉到西洋教育与当时中国的社会发展实际不相融合。用马克思主义哲学的观点看，表现为没有从客观实际出发，主客观相分离。所以，陶行知、晏阳初和梁漱溟开展乡村教育改革时，首先表现出客观性思维，他们要改变对传统教育原封不动的沿袭，以及对西方新式教育不假思索、全盘模仿的做法。他们从乡村社会需要出发，结合乡村教育发展的现状思考改革的方向，提出具体的改革举措，努力将乡村教育拉回到应有的发展轨道上来，真正实现乡村教育立足乡村社会、为乡村发展服务的目标。

3.1.2.1 乡村教育应立足乡村实际，不袭古仿欧

20世纪二三十年代的乡村教育在各种力量的交错影响下呈现出不同的形态。无论是沿袭旧法造成的墨守成规，表现出"徒执古人之成规"，然于今日问题之解决，"则圆枘方凿，不能相容"，还是仪型他国导致的盲目从洋，表现为"辄以仪型外国制度为能事"，"以误传误，为害非浅"，[①]都表明乡村教育"走错了路"。"它不惟不能帮助人在参加社会生活上有更多的能力，而

[①] 方明.陶行知全集：第一卷[M].成都：四川教育出版社，2005：93.

第 3 章　陶行知、晏阳初和梁漱溟的乡村教育改革思维

反使人成了废物。"①沿袭旧法和仪型他国的教育不符合乡村社会的现状，不能满足乡村社会的需求，这样的教育对于乡村社会来说是弊大于利的。乡村教育改革者认为要改变现状必须立足乡村社会，考察乡村需要什么样的教育，就把乡村教育变成什么样，只有乡村教育匹配乡村社会，满足乡村社会需求，才算真正将乡村教育拉回到应有的轨道上。

陶行知看到教育中存在这样的现象："有的一般人他们解决问题专本着研究古人解决问题的方法。可是，古时的问题有古时的解决方法，现在的问题有现在解决的方法，即使问题相同，而时间不同，环境不同，也不能拿在古时的方法解决现在的问题。有的一般人他们解决问题专仿效外国，外国对于这个问题怎么样解决，他们也就怎么样解决。如同我国办教育以先仿效日本，以后又仿效美国。但是日本有日本的问题，他们有他们的解决办法。美国有美国的问题，他们也有他们的解决方法。我国有我国的问题，我们就应当有我们的解决方法。若是完全采取他们的方法，仿效他们的方法，恐怕有的问题就不能解决了。"②"我国自从兴学以来，最开始的时候模仿泰西，后来又学邻国日本，民国四年的时候又将目光转向德国，而今年又生出了向美国学习的热潮，这些做法都不全面。学来学去总是三不像。"③于是他给自己规定的三大目标之一就是努力发展本国自己的教育，真正站在国家和乡村社会实际发展的背景下谈教育改革，而不是盲目模仿借鉴、全盘接受来自历史背景和现实条件不同的国家的教育模式。

在晏阳初眼中，所谓"新教育"，并不是全新的产物，而是从东洋或西洋抄袭过来的东西。"每个国家都有自己的教育制度和教育精神，都要体现自身的空间性与时间性，因此，千万不能盲目地直接拿来借用。中国人办教育如果

---

①梁漱溟.梁漱溟全集：第二卷[M].济南：山东人民出版社，2005：420.
②陈波.陶行知教育文选[M].杭州：浙江大学出版社，2014：77.
③方明.陶行知全集：第一卷[M].成都：四川教育出版社，2005：33.

不考虑中国的实际情形，就直接将外国的东西搬进来套用，好像一个人害病，不问他的病源，任意给他吃药，一定要弄坏的，所以教育办了几十年虽然政府一直在推广新式教育，对于中国本身没有发生什么好的影响。"①中国传统的古董式教育和国外舶来的西洋式教育不仅没有促进教育的真正发展，反而带来民族自杀、民族退化的悲惨结果，所以要想实现民族再造的历史使命，必须创造一种实验的改造民族生活的教育。晏阳初承认现代西方思想文化中的优点，所以主张从这些资源中汲取力量，但是反对完全抄袭和全盘移植。他主张在借鉴的基础上，扎根乡村实践创造出独有的发展道路。因为无论是抄袭中国的传统办法还是外国人的办法都不会取得好的效果，只有从一点一滴中创造出来的办法才能保证实效，才能成为我们自己的东西，才能真正解决中国的问题。②

梁漱溟指出，清末以来的新式教育因为是模仿西洋的教育，所以也可以叫作"都市教育"或者"人才教育"。这种不顾及国情的教育被全盘引入中国之后，弊端展现得淋漓尽致，不仅没有推动国家的发展，反而出现"反受其殃"的后果。所以他认为，中国应该"寻取自家的路走"，把西方民主和科学的智慧融入传统文化，以整合后的新文化去救活乡村，推动乡村教育全面发展，而不是"不探其本，务得其末"。③

三位乡村教育改革者的观点无不反映出这样一个观点：一个国家的教育制度、教育内容和教育方法，都不应当靠因袭，而应该根据本国的需要和精神，进行谋划创造。④中国教育的发展当然可以借用"他山之石"，但是却不能完全抄袭仿照，要根据中国的实情，选择合适的内容进行开拓创新。以往的许多教育和乡村改造之所以失败，一大原因就是"奴隶式的抄袭外人，漠视国情"，而要创造出新教育、新乡村，就必须开展实地的和彻底的研究，"彻底研究本

---

①宋恩荣.晏阳初全集：第一卷[M].长沙：湖南教育出版社，1992：465-466.
②宋恩荣.晏阳初文集[M].北京：教育科学出版社，1989：78.
③郑建锋.梁漱溟乡村教育思想的现代价值[J].山东理工大学学报（社会科学版），2018，34（2）：101-104.
④方明.陶行知全集：第二卷[M].成都：四川教育出版社，2005：216.

国的历史背景和文化环境,寻求开展公民教育的依据;对于外国的经验和做法,可作为一种参考,从而更好地迎合世界发展潮流"①。因此,立足乡村社会,一切从客观实际出发是乡村教育改革取得良好结果的前提和基础,任何不考虑客观条件的盲目袭古或仿欧、仿美都存在无穷隐患。

3.1.2.2 新式乡村教育要以培养符合乡村需要的人才为出发点和归宿

教育的作用是培养人,乡村教育自然也要以培养乡村建设人才为目标,然而当时的乡村教育要么如"老八股"一样,培养出一些满口"之乎者也"、满身"礼义廉耻"的学究,这些人不关心社会发展,不关注国家命运,他们眼中只有枯燥单调的文字;要么像"洋八股"一般,培养出一心想离开乡村奔向大城市的人,他们不愿扎根乡村,更谈不上为乡村建设服务。对于当时急需人才的乡村社会来说,这种浪费时间和金钱却没有效果的乡村教育是不合格的。乡村教育改革者要变伪知识为真知识。所谓真知识,就是迎合乡村社会需要,能够推动乡村社会改造和建设的知识。只有改变知识体系,培养乡村社会需要的人才,才能体现乡村教育的价值,因为"不在培养人才上做功夫,一切都是空谈"。②

陶行知认为,我国教育最大的缺点是教育与社会没有形成良好的配合关系。学校教的内容在社会生活中用不上,学生从学校毕业踏入"活"的社会后,那些"死"知识无法适应"活"社会的需求,不具备社会适应能力的学生一时间变得茫然不知所措。③具体到乡村教育则表现为培养的学生规格与乡村社会需求大相径庭,乡村青少年接受教育后不能为乡村建设服务。所以,陶行知从人才培养出发,提出改革乡村教育,寻求新的生路,按照从乡村实际生活产生"活"的中心学校,到"活"的乡村师范,再到"活"的教师,最后培养"活"的学生和国民的思路开展工作,使这些"活"的国民成为符合乡村需要的人,

---

① 钱理群.志愿者文化丛书:晏阳初卷[M].北京:生活·读书·新知三联书店,2018:27.
② 方明.陶行知全集:第二卷[M].成都:四川教育出版社,2005:354.
③ 方明.陶行知全集:第十一卷[M].成都:四川教育出版社,2005:308.

真正能够推动乡村社会改造与建设工作的开展。

在梁漱溟的眼中，传统四书五经讲授的内容以君子之道为核心。传统教育模式下培养出来的人虽未能迎合时代发展的要求，但能够遵循乡村社会既有的伦理本位，能够安心在乡村社会生产生活，发挥应有的作用。然而这种情况在近代却骤然改变。随着西方文明的传入，中国开始仿照西方，新式教育也以迅雷不及掩耳之势在中国广袤的大地上迅速铺开。和城市初步的工业文明相比，广大乡村依然停留在农业文明发展阶段，对新式教育存在一种天然的排斥感。当新式教育在极短的时期内完成对旧式教育的替代，学生们在学校接触的内容全部源自工业文明，教师在课堂中所讲的内容全是学生从来没有接触过的，中国教育本身的特点在这种变化中荡然无存，失败在所难免。[①]这种失败主要表现在所谓的新式教育培养不出适合乡村社会建设与发展需要的人，此时的教育不仅不能培养具有一定生产劳动能力的人，更可悲的是，培养了一些贪图享乐之人。欲求适合农村建设所需的人才，"环顾中国，实难其选"；但同时，大批"青年有志之士"又"苦于无献身之路"，找不到工作。所以乡村教育在培养人才的过程中要将乡村社会的需求放在突出位置，使学生在求学时代就做到生活农民化，这样毕业后可直接为农村服务，为农民服务。[②]

腐败的制度下不会产生新鲜的事物，这就好比在传统的中国乡村社会这块腐败的土地上直接移植全新的西式教育模式，不但不会成功，还会将新的东西变成腐败之物，这是乡村教育改革者的共识。伴随新制度而来的必是新的价值观、新的思想和新的行为模式，缺失这些因素不可能赋予新制度以真实的生命力，失败和畸形发展是不可避免的结局。[③]在西式教育的冲击下，乡村教育改革者没有一味地全盘接受，而是站在乡村社会实际发展的角度审视新式教育的

---

① 周祥林.梁漱溟乡村建设伦理思想与实践研究[D].长沙：中南大学，2011.
② 苗春德.中国近代乡村教育史[M].北京：人民教育出版社，2004：160-162.
③ 陈旭麓.中国近代社会的新陈代谢[M].上海：上海社会科学院出版社，2006：270.

利与弊，积极努力地将符合乡村社会的新内容、新方法、新模式融入乡村社会之中，以求最大限度改变乡村教育落后的面貌，真正发挥乡村教育在推动乡村社会建设与发展中的作用。三位乡村教育改革者能够认清乡村社会实际，从客观的角度寻求乡村教育与新式教育之间的关系，用客观性思维指导乡村教育改革，他们提出的教育改革方案在符合乡村社会的要求，焕发乡村教育新的生命力的同时，促进了乡村社会的整体变革。

立足乡村教育后，他们发现当时的乡村教育存在的很大问题就是学校是学校，社会是社会，乡村教育在自己限定的小圈子里自行发展，毫不关注社会的情形，也从不与社会发生联系；知识分子和广大乡村民众也没有联系；学校教育只顾知识讲授，不顾学生操作；理论与实践也没有联系。这种种问题的存在使得乡村教育家形成了一体化教育改革思维。

3.2 乡村教育改革者的一体化思维

一个乡下先生住在一个破庙里教死书，就好比是一只孤鸦。他无意也无暇与农人交接。他教他的书，对农人的一切是不能过问。他所办的学校是与社会隔离。学校不能运用社会的力量以谋进步，社会也没法吸收学校的力量以图改造，双方都失掉了互济的效用。①

——陶行知

乡村人解决不了乡村问题，因为乡村人对于问题只能直觉地感觉到，而对于问题的来源，他们不能了解认识……所以乡村问题的解决，第一固然要靠乡村人为主力；第二亦必须靠有知识，有眼光，有新方法、新技术的人与他们合起来，方能解决问题。近十年来知识界"到民间去"呼声的远振，便是根据这

---

①方明.陶行知全集：第三卷[M].成都：四川教育出版社，2005：212.

种需要而来。①

——晏阳初

当然是上层去接引下层，即革命的知识分子下到乡间去，与乡间人由接近而浑融……自始至终，不过是要乡间人磨砺变化革命知识分子，使革命知识分子转移变化乡间人；最后没有分别了，中国问题也就解决了。②

——梁漱溟

3.2.1 一体化思维的内涵

所谓一体化思维，是指任何事物或现象都与其他事物或现象联系在一起。世界上没有绝对孤立的东西，因此在思考教育改革时要将教育和其他相关因素结合起来，将影响教育发展的所有因素当作一个整体进行分析与思考。陶行知用"孤鸦"的形象比喻批判了当时乡村学校与乡村社会的隔离与脱节；而晏阳初则是从知识分子与乡村民众缺少互动的角度提出知识分子"到民间去"的口号；梁漱溟则认为将乡村民众变为"革命知识分子"，中国的问题也就随即解决了。三个人虽然出发点不同，但是核心要义均是打破教育和社会的隔阂。这种隔阂一方面体现在教育和社会的不相闻问，另一方面也表现为知识分子和乡村民众之间的毫无交集。打破隔阂就是普遍联系这一观点的生动表现。乡村教育改革者始终坚持联系的观点，这种普遍联系的观点渗透在这一时期乡村教育改革者的改革活动中，正是他们一体化思维的体现。

3.2.2 一体化思维的时代表现：打破隔阂，消除界限

哲学中指出，表面上物质世界是错综复杂的，但内在上任何事物与现象之间都有着紧密的联系，这种联系是普遍和客观的。欧文·拉兹洛在《微漪之塘——宇宙进化的新图景》中指出："世界是由其部分组成的无缝的整体，而且在这

---

①宋恩荣.晏阳初全集：第一卷[M].长沙：湖南教育出版社，1992：562.
②马东玉.梁漱溟传[M].北京：东方出版社，2008：65.

一整体中所有组成部分都不断地相互接触。"①导致民国乡村教育出现各种问题的一个原因在于，无论是教育内部各要素，还是教育与外部各要素之间都未能产生联系，忽略了教育作为有机体组成部分与其他要素的关联。学校与社会隔离，就不能发挥二者间相互促进的作用；有识之士与乡村民众不能结合，乡村教育无法改革，乡村社会也无法改造。所以面对孤立的乡村教育，教育改革者在改革时努力寻求事物间的联系，打破乡村教育和乡村社会的隔阂，消除城市知识分子和乡村民众之间的界限，推动知识分子从城市向乡村流动，承担改造乡村的重任。

3.2.2.1 乡村学校和乡村社会相融合

中国传统的教育是精英教育，接受教育更多是身份和地位的象征。因此，只有少数有权有钱人家的子弟才能够入学接受教育，对于绝大多数贫民子弟而言，他们是缺少入学求教机会的。为了保护受教育权能够一直被上层统治阶级掌握，传统教育内容表现出抽象、晦涩难懂的特点，不与日常生产和生活发生任何关联，由此带来了教育的封闭性，导致教育与社会之间形成一道无形的屏障。教育内容与社会发展不适应，人才培养与社会需求不适应，随即引发了一系列的问题，导致教育成为世人抨击和批判的对象。作为社会大系统中一个子系统的教育，应是一个开放的系统，学校各项工作的设定和落实都不能与社会需要脱节，学校永远不可能成为一个"独立世界"，所以教育要积极主动地融入社会发展过程中，要使自身的发展和社会的发展保持一致。在当时的社会环境中，教育适应社会的主要表现就是打破隔阂，以积极的姿态努力融入社会变化之中，实现教育和社会的协调发展，只有这样才能保持教育发展的活力，体现教育的价值。②

陶行知认为，举办教育的目的在于改良社会，造就改良人才，以达到推动

---

①欧文·拉兹洛.微漪之塘：宇宙进化的新图景[M]. 钱兆华，译.北京：社会科学文献出版社，2001：3-4.
②袁振国.教育改革论[M].南京：江苏教育出版社，2005：94.

社会发展的目的,所以如果教育不能和社会发生往来,是无法知晓社会需求的。陶行知认为,学校生活是社会生活的一个组成部分,从这个角度来说,学校必须与社会生活发生关联,[①]然而当时的教育与社会没有关联,学生求学后依然难有用武之地。陶行知用鸟在鸟笼里还是在大自然的森林里这一比喻,生动形象地说明了教育和社会分离的弊端。"老八股"和"洋八股"式的学校教育把学生圈在校园里,就好像小鸟被圈在鸟笼里一样,与外面的世界是隔绝的。隔绝的学校与实际生活无关,是为所谓的少爷、小姐和政客、书呆子们这类人服务的特殊场所,乡村民众是无法进入的。所以陶行知提出"社会即学校",即将社会看成范围更广的学校,使社会含有学校的意味。这种开放的教育观直接打破了传统意义上学校和社会的分界线,彻底将教育解放出来,使之与整个乡村、整个国家和整个社会相联系。陶行知指出,教育要关注民众的生活,教育内容要与乡村民众的生活相对应。教育的范围应随生活范围的扩展而扩展,从封闭的学校扩大到广阔的社会,打破学校和乡村社会的隔阂,促进二者产生联系。翦伯赞评价陶行知生活教育时说道:"这种教育和人们的生活紧密联系,学生获取知识的渠道除了书本还有实际生活,学习对象也不仅限于教师,而是包含普通百姓。对于青年来说最有效、最可靠的知识其实是来源于生活经验的总结,而只有真正满足人民大众需求的内容才是最有用的学问。"[②]

　　梁漱溟认为当时教育办不好的原因在于没有考虑生命自然的痛痒,是另外安上去而非自生自长的。中国几十年来教育的错误在于国家通过行政权力去推动教育,但却忽视了社会的需求,最终导致教育和社会脱离。[③]"假如从社会自己痛痒需要,而有所因革损益,绝不至于错到像现在这样。如果我们要把教育弄对,非反过来不可。乡村和地方尤其应该从自身实际情况和要求出发,办

[①]方明.陶行知全集:第二卷[M].成都:四川教育出版社,2005:252.
[②]江苏省陶行知教育思想研究会.纪念陶行知[M].长沙:湖南教育出版社,1984:47.
[③]梁漱溟.梁漱溟全集:第二卷[M].济南:山东人民出版社,2005:421.

理小学教育和民众教育，至于方法则应因地制宜。"①在梁漱溟看来，当时的教育与社会相距甚远，新式教育是建立在城市发展和工业化文明基础之上的，这也就意味着城市的土壤才是新式教育生长必备的条件，而乡村地区从一开始就不具备发展新式教育的环境。先天不足成为制约新式教育在乡村社会推广和发展的重要原因。后续新式教育以国家强制力的手段强行嵌入乡村社会，又由于缺乏对乡村社会的关照，使本就水土不服的新式教育与乡村社会渐行渐远，加重了乡村教育与乡村社会分离的程度，最终使二者成为两个毫无关联的封闭系统。它们在各自的体系内运转，没有交集，没有融合，不能形成合力，所以要解决乡村教育的实效性问题，首先需要将乡村教育置于乡村社会发展的环境中，打破乡村教育与乡村社会之间的隔阂，使乡村教育真正满足乡村社会的需求。

3.2.2.2 知识分子和乡村民众相结合

先秦儒家将人分成士、农、工、商四种不同的职业，因此有"四民"之说。余英时认为"四民"之一的"士"就是知识阶层，他们以仕为业，然而社会上并没有固定的职业等着他们。②士阶层由于读过书，有一定的知识和文化，因此有充分的可能性上升为社会管理阶层。作为当时社会中的读书人，士阶层有着农、工和商无法比拟的独特地位。孟子更是直接将职业人群划分为"劳心者"统治阶级和"劳力者"被统治阶级，二者之间是"治人"和"治于人"的关系。这种观点影响深远，以致长久以来在知识分子和乡民间始终存在一个巨大的鸿沟，这个鸿沟将人们分成两个毫无关联的团体。知识分子大多生活在经济富足的城市，享受着因获得知识而带来的高品质生活；而乡村民众缺少文化知识，生活在条件相对艰苦的乡村，挣扎在生死线边缘。城乡社会的发展都离不开人才，知识分子在城市发展中发挥着中流砥柱的作用；反观破败不堪的乡村社会，

---

① 梁漱溟.乡村建设理论[M].2版.上海：上海人民出版社，2011：262.
② 余英时.士与中国文化[M].上海：上海人民出版社，2003：15.

有数量庞大的群体,但却无法有效发挥推动乡村社会发展的作用。当时乡村社会有两类人:一类只顾自己佃租盈亏,不能也不会组织乡民开展乡村建设;另一类则是处在社会底层胼手胝足的农民,他们温饱尚不能满足,更不要指望他们参与公共事业。面对乡村地区教育改革与社会改造人才寥寥无几的现实,只依靠本地乡村民众的力量无法为乡村教育和社会发展提供足够的人才支撑,这就需要充分发挥乡村以外知识分子的作用。李大钊曾指出,知识阶层的离村是导致乡村问题的根本原因,他们都跑到城市中而不愿回到乡村,乡村因缺少知识阶级群体而始终犹如被埋在黑暗的地狱中一般。他呼吁青年到农村去,"让自己的生活简单些,无论劳心还是劳力,都要充分利用一天八小时的时间做一些对人对己有益的工作,剩下的时间就可以从事开发乡村,改善乡民生活的事业"①。和广大乡村民众群体相比,知识分子有知识、有眼光、有见识、有热情,他们肩负着乡村改造"前先锋"的使命。基于这样的认识,乡村教育改革者提出了知识分子下乡的创造性主张,鼓励他们走与乡村民众相结合的道路,力求打破知识分子和乡民的隔阂,时人将其称为"归农运动"。

陶行知批判了传统教育"单教劳心者,不教劳力者"的弊端,认为这种教育造成了劳心与劳力、劳心者和劳力者的隔离和对立,以致传统教育将学人培养成"书呆子",将农人培养成"田呆子"。为了解决这一问题,他认为既要教读书的人做工,使劳心者劳力;也要教做工的人读书,使劳力者劳心。②当一群青年从学府里跑到乡下去,和农人共同生活后,双方都有了惊奇的发现。青年们从学校里那个只能拿笔而手无缚鸡之力的人,变成既能坐而言也能起而行的人,他们的双手不仅可以做工种田,还能拿枪杆;而广大乡村民众也摆脱了传统思想的束缚,他们有了思想、学会了思考,发出"自己也有头脑"的感慨。这种双手与头脑的重新发现,其实是知识分子与乡村民众有机结合的

---

①陈旭麓.中国近代社会的新陈代谢[M].上海:上海社会科学院出版社,2006:414.
②方明.陶行知全集:第三卷[M].成都:四川教育出版社,2005:342.

结果，这种认识是非常重要的收获。①知识分子与乡村民众相结合，从本质上说就是脑力劳动和体力劳动相结合，这正是陶行知提倡劳心与劳力相结合的具体体现。

晏阳初"做新民"的目标同样要求学人和农人相结合。"新民"就是读书的要做工，做工的要读书。读书的不做工，做工的不读书，就会成为"半个人"。教育与生活打成一片之后，人人既有了科学的头脑，又有农工的身手，这才是"整个"的人，即"新民"。②学人和乡民的联合，有效地消除了两个群体间的种种猜疑，与此同时，也彻底打破了在中国历史长河中存在了几千年的阶层壁垒。③要为农民作贡献，就应当先把自己变成一个农民，懂得他的意愿，像他一样穿着打扮，了解他的特殊习惯、他的长处和不足，以及帮助他如何扬长避短。④要想有效地教育农民，必须与农民生活在一起，了解他们和他们的志趣，和农民打成一片。要做农民的先生，必做他们的学生。⑤

梁漱溟认为中国的乡村问题是由外部问题引发的内部问题，西方外来文化的入侵带来了本土乡村文化的破坏，中国被动地卷入世界潮流之中。西洋文化冲击引起了文化领域的变化，呈现出"文化失调"的样貌。既然是外部引发的问题，势必就要求对西洋文化有了解和认识的人才能着手解决，而这一重任就落在了接触过西洋文化的知识分子身上。"中国问题的解决，从发动到完成，都要依靠知识分子。"⑥梁漱溟将知识分子称为乡村改造的"主"，"宾"则是占据人口八成以上的乡村民众。无论从绝对数量，还是从相对数量上看，乡村民众都是一个不能被忽视的群体，是一股潜在的力量，只有乡民才了解他们

---

① 方明.陶行知全集：第四卷[M].成都：四川教育出版社，2005：300-301.
② 宋恩荣.晏阳初全集：第一卷[M].长沙：湖南教育出版社，1992：173.
③ 宋恩荣.中国近代思想家文库：晏阳初卷[M].北京：中国人民大学出版社，2013：9.
④ 宋恩荣.晏阳初全集：第二卷[M].长沙：湖南教育出版社，1992：433.
⑤ 宋恩荣.晏阳初全集：第二卷[M].长沙：湖南教育出版社，1992：401.
⑥ 梁漱溟.梁漱溟全集：第五卷[M].济南：山东人民出版社，2005：211-212.

切身的问题。虽然他们自己并不能解释、无法组织和有效分析经验材料,更不能得出系统的结论,但知识分子会对乡民的要求作出回应和解答。基于此,梁漱溟指出:"今后知识分子要想表现出解决中国问题的力量,就必须和乡民联合,为乡民发声,以广大乡民做坚实的后盾。"[①]二者的结合不仅是乡村建设的一股强大的势力,能够有力地推动乡村建设运动目标的实现,更重要的是,两个群体都能得到发展。知识分子走进乡村和广大乡民在一起,发挥自己的聪明才智,真实地了解乡村社会现状,深入理解国情,脚踏实地进行乡村改造与建设。如果真的能实现乡村民众与知识分子的相互影响,发挥各自的作用,那么中国问题的解决便指日可待。

当时的社会,无论是乡村教育与乡村社会的隔阂,还是知识分子与乡村民众的分离,都是阻碍乡村教育发展的重要原因。教育作为社会的组成部分,其内部也由不同的要素组成,所以需要教育与内外各种要素发生关联。乡村教育改革者勇于打破传统观念的束缚,将乡村教育与乡村社会联系起来,扩大学校的范围,使学校真正融入当时的乡村社会。这种思想既是对传统教育等级性的否定,也有利于乡村教育发挥应有的作用,同时更能打破知识分子与乡村民众泾渭分明的等级观念,避免人为地将"劳心者"和"劳力者"划分成两个截然不同的等级群体。引导知识分子从物质生活层面到精神生活层面逐步和乡村民众相融合,在融合的过程中,二者各取所需、相互促进、相互影响。正是在一体化思维的影响下,乡村教育改革者重新审视了影响教育发展的因素,在此基础上,他们看到了乡村教育与乡村社会发展的关联,于是便产生了系统性思维。

3.3 乡村教育改革者的系统性思维

办学和改造社会是一件事,不是两件事。一方面改造社会而不从办学入手,

[①] 梁漱溟.梁漱溟全集:第二卷[M].济南:山东人民出版社,2005:460.

便不能改造人的内心；不能改造人的内心，便不是彻骨的改造社会。另一方面，办学而不包含社会改造的使命，便是没有目的，没有意义，没有生气。①

——陶行知

在乡村办教育若不去干建设工作，是没有用的。换句话说，在农村办教育，固然是重要的，可是破产的农村，非同时谋整个的建设不可。不谋建设的教育，是会落空的，是无补于目前中国农村社会的。②

——晏阳初

我们的工作，也是藉着"乡农学校""村学乡学"这样形式而进行，自己回省起来也确乎就是一种教育工作。社会教育运动与乡村建设运动，殆已合为一流。国内各地乡村工作，统算起来，形式上当作一种教育而进行的居多数。我们虽原初没想谈教育，而至此也不得不谈了。③

——梁漱溟

3.3.1 系统性思维的内涵

系统论将世界视为系统与系统的集合，认为世界的复杂性在于系统的复杂性，研究世界的任何部分，就是研究相应的系统与环境的关系。其核心思想是整体观念，即任何系统都具有整体性、关联性、等级结构性、动态平衡性、时序性等基本特征，都是一个有机整体，而不是各个部分的机械组合或简单相加。所谓系统性思维，是指乡村教育改革者从事乡村教育改革实践活动时形成了这样的共识，即乡村教育改革不能孤立进行，作为乡村社会这个整体的有机组成部分，乡村教育需要和乡村的政治、经济、科技和文化紧密联系在一起，它们之间相互作用构成了一个更宏观的系统。因此乡村教育改革从根本上就是要促进广大乡村地区教育、科技、经济等的协调发展，建立乡村社会良性循环的运

---

①方明.陶行知全集：第二卷[M].成都：四川教育出版社，2005：352.
②宋恩荣.晏阳初全集：第一卷[M].长沙：湖南教育出版社，1992：246.
③梁漱溟.梁漱溟全集：第二卷[M].济南：山东人民出版社，2005：470.

行机制。纵观三位乡村教育改革者的改革历程，无论他们从何处着眼和入手开展乡村教育改革，最终他们都意识到了乡村教育改革和乡村社会改造之间关联的必然性，基于此，他们的乡村教育改革都成了乡村社会改造的重要动力和支撑。从系统性观点出发，教育本就处在社会大系统中，社会的发展变化会直接影响教育的发展，而教育的发展也会对社会的发展产生反作用。正是由于三位乡村教育改革者正确把握了乡村教育改革与乡村社会改造之间相互作用、相互影响的关系，所以他们不约而同地走上了以乡村教育改革助推乡村社会改造的道路，二者共同发展体现出乡村教育改革者的系统性思维。

3.3.2 系统性思维的时代表现："富教合一"，教育与建设"合流"

无论是以教育作为出发点开展乡村教育改革，随后将乡村教育改革与乡村社会改造自然地融为一体的陶行知和晏阳初，还是开始并不是从改造乡村教育入手，但最后却走上乡村教育改革道路的梁漱溟，他们无一例外地都走上了以乡村教育改革促乡村社会改造之路。原因在于他们在乡村改造中逐渐意识到乡村教育与乡村社会发展之间的关系，乡村民众的生活同样存在着连带且互相牵制的复杂关系，所以只是零碎地改善一个方面是于事无补的。[①]教育作为社会大系统中的一个子系统，必然会与政治、经济、文化和科技发生密不可分的联系，教育改革的推进也会在不同程度上对政治、经济、文化和科技产生影响。教育改革要想成功，就必须成为经济和社会改革的一部分。只有从整个社会的大系统出发，全面考虑问题，教育改革才能取得实效。[②]因此，乡村教育改革不能局限在教育领域内部，而是要和乡村社会改造与建设结合起来。用系统性思维对待乡村教育，将乡村教育改革和乡村社会改造联系起来，一方面将乡村教育改革作为一个重要的目标，实现乡村教育的适切发展；另一方面视乡村教

---

① 宋恩荣.晏阳初全集：第一卷[M].长沙：湖南教育出版社，1992：384.
② 袁振国.教育改革论[M].南京：江苏教育出版社，2005：96

育改革为推动乡村社会改造的重要手段与途径,通过乡村教育的改革助力乡村社会的建设与发展。

3.3.2.1 丰富和拓展乡村教育的职能

一切改造乡村的工作都可以称为乡村建设,从其着手或者实施来说又可以叫作乡村改进。乡村改进就是选定一个适当的区域,按照预设的计划,运用适当的方法技术,对乡村民众进行有针对性的指导和训练,从而改善他们的生活,由自给、自立、自治,到完成乡村全部的建设。从这个角度说,乡村改进必然包含乡村教育,必须发挥乡村教育的作用才能实现上述目的。因为和农民接触,无论采取何种形式,凡是促使他们发生行为反应,影响乡民生活的,都可以称为教育。[①]这就自然而然地使乡村教育和乡村改进、乡村建设发生作用,成为并行改进和发展的力量。当时的社会现实让很多有识之士深刻反思影响社会发展的基础性因素,作为知识分子的他们自然而然地将注意力聚焦在教育上,认为教育是推动社会发展的关键因素之一;而鉴于以农为主的国家现实,他们选择从改革乡村教育入手,逐步实现教育改革与社会改造的合流。乡村中设立的小学,在旁人眼中就是一个教育孩子的场所,殊不知这个小学能发挥更大的作用,比如帮助农家设计种种方案,指导乡村民众改进生活等。这样的学校突破了传统意义上民众对于学校的认知,扩展了学校的职能。从职能上看,是乡村教育改革和乡村社会改造合流的生动体现。

晏阳初认为,各种改造与建设的成功,都离不开教育,都需要经过一个教育的过程,教育的成功是其他一切改造与建设成功的基础。[②]教育者的工作范围不能仅停留在让广大乡民掌握知识和技能的层面,还要引导他们运用所学的知识和技能推动乡村社会的建设与发展,做到即知即行。乡村教育作为乡村建设的力量,对乡村社会的发展具有重要作用,乡村社会的建设与发展反过来又

[①] 古楳.乡村师范学校教科书:乡村教育[M].上海:商务印书馆,1935:178.
[②] 宋恩荣.晏阳初全集:第一卷[M].长沙:湖南教育出版社,1992:9.

给乡村教育提供了良好的环境。乡村教育和乡村建设相互促进、相互影响，互为因果，最终的目的都在于促进新民社会的实现。①此时的乡村教育已不再只是改造人的工具，而成为改造环境和乡村社会的工具。这种扩展乡村教育职能、丰富乡村教育内涵的想法，为乡村教育改革与乡村社会改造的融合提供了依据。

梁漱溟从文化重建的角度出发开展乡村建设工作，在工作中，他逐渐意识到乡村建设与乡村教育是分不开的。他始终坚持以宽泛的视角看待教育，无论是在学校读书，还是在家庭中习得生活技能，抑或是与朋友相处，在他眼中都是教育。所以，乡村建设运动实质上是一种教育工作，通过一点一滴的教育实现一点一滴的建设。他自觉地将乡村教育和乡村建设融合在一起，将传统学校教育的范围扩展为一种社会教育和民众教育，而后者在他看来就是乡村建设。梁漱溟认为，乡村教育在提升乡村民众生产和生活技能的基础上，改变广大乡村民众的生活状态，使其形成积极的人生态度，从而具备建设乡村社会的意愿和能力，实现通过乡村教育改革带动乡村社会改造与建设的目的，收到乡村教育和乡村建设虽异源却同流的结果。

3.3.2.2 以多形式的教育取代单一的学校教育

乡村教育作为专有名词产生的时间不长，但是乡村教育活动却有着悠久的历史。古楳认为："乡村儿童在一所挂着黑板，坐在一行一行的桌椅上来阅读教科书练习算数的，固然是乡村教育；就是在私塾里念三字经、百家姓，甚至背诵四书五经的，也是一种乡村教育；跟着父母在田里做工作的，又何尝不是一种乡村教育呢？再扩大一点来说，许多成人在茶馆里喝茶，谈天说地的，或者台前看木偶戏的，难道不是一种教育吗？"②他认为生活就是教育，凡是能够帮助人们经营乡村社会生活的，都包含在乡村教育的范畴之内。③乡村教育

---

①宋恩荣.晏阳初全集：第一卷[M].长沙：湖南教育出版社，1992：565.
②古楳.乡村师范学校教科书：乡村教育[M].上海：商务印书馆，1935：42-43.
③杨开道.归农运动[J].东方杂志，1923，20（14）：17-29.

第 3 章　陶行知、晏阳初和梁漱溟的乡村教育改革思维

内涵的丰富性要求我们不能将乡村教育等同于乡村知识教育，而应从多内容、多形式出发，实现乡村教育的全方位发展。

晏阳初主张乡村教育与建设要相依并进，互相影响与促进。①因为生活是整个的，不容割裂，乡村建设必须着眼于生活全体，否则顾此失彼，必多困难。"故生计教育与文艺、卫生、公民三种教育，分途并进。"②晏阳初从解决乡民愚昧的问题入手，以启发乡民智慧为目标开展文艺教育，从而培养乡民的"知识力"。后来他感觉乡民"愚"与"贫"之间有着密切的关系，乡民虽愚但是尚能在社会中挣扎活命，但是如果过于贫穷就有可能失去生存的机会，于是他提出生计教育，以培养乡民的"生产力"，保证乡民能够生存下去。再后来，人民体弱多病、死亡率高的现实让他开始担忧民族的前途，所以才有了卫生教育，以培养乡民的"强健力"。与此同时，他深感一般人因为自私导致生活散漫，乡民间不能团结合作，便着力推进公民教育，以培养乡民的"团结力"。③这样的认识过程反映出晏阳初从系统的观点出发，通过不同的教育内容和形式满足不同阶段乡民的需求，力求将乡村民众培养成为全面发展的人。根据乡村教育内容设计出学校、家庭和社会三种不同的教育方式，顺应了教育全方位发展的实际需要。从单纯的文化知识教育扩展到多维度教育，创新教育形式，充分体现了晏阳初的系统性思维。

梁漱溟从两个方面思考并论证了多形式发展教育的必要性。一方面，他从"教育宜放长及于成年乃至终身"的观点出发，认为学校教育只是教育中的一部分，对于整个生命来说，只有学校教育是不够的。他从社会发展知识的不断增长和更新，以及学生身心发展的不断成熟等角度论证了学习是一个持续的过程。他认为教育时间应放散而延长，只关注学生学龄期的学校教育是不够的，

---

① 宋恩荣.晏阳初全集：第一卷[M].长沙：湖南教育出版社，1992：18.
② 宋恩荣.晏阳初全集：第一卷[M].长沙：湖南教育出版社，1992：239.
③ 宋恩荣.晏阳初全集：第一卷[M].长沙：湖南教育出版社，1992：308.

不能持续促进学生的成长和发展。他提出要有成人教育的配合，使学生离开学校后也能够有学习的可能。成人教育更侧重于培养成年人生产和生活的技能，以更好地发挥其在乡村社会改造中的作用。另一方面，梁漱溟结合社会发展现状指出，在平常时期可重点发展儿童教育，加快未成熟分子的成熟速度，从而能够发挥他们绵续文化的功能，推动社会进步。在特殊时期，应重点发展成人教育，集中力量办好民众教育和社会教育，因为工作重心由绵续文化转向改造和创造文化。①所以结合社会所需，应以社会教育为重点，以成年民众为主要的教育对象，但这并不是说可以忽视未成年青年和儿童的教育。②乡村社会教育形式的出现还有一个很重要的作用，在于解决因为学校紧张而失学之人继续求学的问题，最终将其培养成为乡村社会发展服务的人才。

3.3.2.3 以乡村教育改革推动乡村社会改造

社会由政治、经济、文化、教育等各方面因素构成，这些因素彼此相关、互相依赖，任何一方面的成功都要靠其他几个方面的成功。③单方面地考虑和解决某一个因素存在的问题，而没有解决其他问题的成功不能算彻底的成功，这些遗留的问题不仅会阻碍问题的解决，还有可能转变形成新的问题，成为阻滞社会发展与进步的因素。④民国时期的乡村教育改革并没有停留在教育领域。随着教育改革的深入，以教育改革推动乡村社会改造与建设成为乡村教育改革者更高的追求，只有乡村社会发展了，才能真正实现国家的发展，完成他们教育救国的愿望。

陶行知在从事乡村教育改革时，意识到要远处着眼、近处着手，将教育作为社会改造主体，力求通过乡村教育改革进一步完成乡村社会改造，进而以乡村社会改造为基础，扩展到整个国家的改造。乡村教育改革与乡村社会改造之

---

①梁漱溟.梁漱溟全集：第五卷[M].济南：山东人民出版社，2005：436.
②梁漱溟.梁漱溟全集：第五卷[M].济南：山东人民出版社，2005：967.
③晏阳初，赛珍珠，宋恩荣.告语人民[M].桂林：广西师范大学出版社，2003：341.
④宋恩荣.晏阳初全集：第二卷[M].长沙：湖南教育出版社，1992：566.

间是相辅相成、相互配合、齐头并进的关系,并不是毫不相关的两件事。

乡村建设是平民教育深化发展的新阶段,这一阶段将同步推进对人的改造和对环境的改造。而教育在其中发挥着重要的作用,因为社会各项改造与建设工作都离不开教育。只有教育成功了,一切改造与建设才有希望。①教育与建设是一而二,二而一的关系。当教育改革持续发展,不断深化和拓展之后就上升到更高层次的乡村建设了。②基于以上认识,晏阳初认为:"乡村教育脱离乡村建设不会取得效果,破产的农村,非同时谋整个的建设不可。不谋建设的教育,是会落空的,是无补于目前中国农村社会的。"③"乡村整体建设要同时推进政治、文化、经济、卫生建设工作,不能有轻有重、有所侧重。工作中,要特别注意把握工作之间的环节,从整体性的观点出发统筹规划工作的落实。"④四大教育(文艺、生计、卫生、公民教育)的连锁进行也迎合了晏阳初"除文盲、做新民"的目标。在乡村地区开展文艺教育可以帮助乡村民众识文断字,其他教育可以使贫穷、孱弱、自私的乡村民众真正转变为国家公民。这种乡村教育改革始终围绕乡村社会改造推进和实施,乡村社会改造的过程自然而然成为全面提升乡村民众素质的过程。

在梁漱溟眼中,乡村建设和民众教育具有内在一致性,民众教育不与乡村建设联合就不会有效果,乡村建设不发挥民众教育的作用也无法推进。⑤乡村教育和乡村建设是辩证统一的存在,对人而言是教育,对物而言就是建设。物的发展有待于人的发展,所以乡村建设需要乡村教育的支持,二者共同发展是必然趋势。⑥他主张通过教育推动乡村组织的发展,改变乡村,再以乡村改造

---

① 宋恩荣.晏阳初全集:第一卷[M].长沙:湖南教育出版社,1992:9.
② 宋恩荣.晏阳初全集:第一卷[M].长沙:湖南教育出版社,1992:18-19.
③ 宋恩荣.晏阳初全集:第一卷[M].长沙:湖南教育出版社,1992:246.
④ 宋恩荣.晏阳初全集:第二卷[M].长沙:湖南教育出版社,1992:564-566.
⑤ 梁漱溟.我生有涯愿无尽:梁漱溟自述文录[M].上海:上海人民出版社,2013:50.
⑥ 梁漱溟.梁漱溟全集:第二卷[M].济南:山东人民出版社,2005:471-472.

为起点，最终扩展到整个中国的改造。后来的村学、乡学自始就承担着社会教育的功能，通过村学、乡学可以进行一系列的社会改进工作与社会建设事业。其中，包括产业振兴、经济发展、民智开发、风俗改善等。[①]社会教育与乡村建设共同发展是中国的社会问题，"乡土中国"的特征使得在社会上做一件事情，只要往前推进就必归到乡村。从事教育改革工作最后自然就要归到乡村社会改造与建设之中，从事乡村社会建设工作的人为了取得效果又不得不以教育为方法，与此同时，教育家的乡村教育改革也必然要归到乡村建设，在这个意义上，二者实现了合流。

随着乡村教育改革者教育改革实践的深入，他们明确了乡村教育与乡村社会的关系，认识到教育既是一种手段，又是一种以建设为任务的过程，只有教育成功了，一切建设才有希望。于是，他们不约而同地形成了将乡村教育改革和乡村社会改造联系起来的共识。无论是对教育职能扩展的思考，还是提倡多种教育形式并存、共同发展的改革思路，都是为了实现以教育改革推动乡村社会改造与建设的目的，最终实现他们教育救国的终极目标。这些思考和认识正是乡村教育改革者系统性思维的生动表现。乡村教育改革与乡村社会改造在当时的乡村教育改革者眼中有着不可分割的内在一致性，基于这样的认识，乡村教育改革者始终注重发挥教育改革推进社会改造与进步的作用。由此可以看出，乡村教育改革绝不是一件简单容易的事情，而要想实现从乡村教育改革逐步拓展到乡村社会改造并最终取得成效的目标，就需要乡村教育改革者思考如何有效地推进乡村教育改革。

3.4 乡村教育改革者的战略思维

这种新运动要想整个地实现出来，须分三个时期：第一时期——也可以说

---

①梁漱溟.梁漱溟全集：第五卷[M].济南：山东人民出版社，2005：489.

第3章 陶行知、晏阳初和梁漱溟的乡村教育改革思维

是最重要时期是试验期。在这一时期里，要设立各种试验学校去试验关于乡村教育种种方法和材料。第二时期是训练期。根据试验所得的结果，训练许多合于乡村生活的教师和其他有效的人才。第三时期是布种期。依据受过训练人才的多寡从事推广，使乡村学校可以布满全国。①

——陶行知

"凡事要从大处着眼，从小处入手。"予以为当此非常时代，必须有一种计划教育，教育之内容与方式以及一切的一切，均须有计划。②

——晏阳初

过去教育缺乏统筹规划，几乎各级教育自为谋，各地方自为谋，各科各项自为谋，乃至各学校自为谋而均不相谋。以致畸形发展，偏枯不均，重叠多费，其弊不可胜言。③

——梁漱溟

3.4.1 战略思维的内涵

所谓战略思维，是指思维主体（个人或集团）对关系事物全局的、长远的、根本性的重大问题的谋划（分析、综合、判断、预见和决策）的思维过程；包含主体对战略问题的思考和谋划，形成战略目标、计划和方针等战略思维产品，以及战略计划实施、反馈和修正三个重要的组成部分；具有长远性、前瞻性、整体性、关键性、重点性和复杂性等特点。上述三位乡村教育改革者提出的分期、计划、统筹规划等无不是他们对乡村教育改革活动推进的科学思考。鉴于当时乡村教育和乡村社会积弊已久的事实，在短时间内完成乡村教育改革和乡村社会改造的目标是不现实的，所以需要筹划每一个阶段的目标和任务，逐步推进工作的开展，以期取得预想的效果，这就是乡村教育改革者战略思维的体

---

① 方明.陶行知全集：第二卷[M].成都：四川教育出版社，2005：284.
② 宋恩荣.晏阳初全集：第一卷[M].长沙：湖南教育出版社，1992：367.
③ 梁培宽，王宗昱.中国近代思想家文库：梁漱溟卷[M].北京：中国人民大学出版社，2015：285-286.

现。也正是在这一教育思维的指导下，乡村教育改革逐步推进，效果逐步显现，而乡村社会也在乡村教育改革的影响下逐渐发生了变化。

3.4.2 战略思维的时代表现：按部就班，稳步推进乡村教育改革

改革是一个极其复杂的过程，这种复杂性决定了任何期望短期内发生奇迹的想法都是非常幼稚的。①改革的首要任务是确定目标，明确的目标能够最大限度地调动改革参与者的积极性，使他们自觉地献计献策，为实现目标作出贡献。②接下来，要根据目标设计具体的操作步骤，预估改革中可能遇到的困难，预想克服困难的各种方法。乡村教育改革要想取得成功，也要遵循改革的一般规律。改革方案的设计和具体实施工作同样需要正确目标的指导，以保证改革的效果。对于关系乡村教育改革结果的具有全局性、长远性、根本性的重大问题，更要进行认真谋划，这就要求乡村教育改革者具备战略思维。当时的乡村教育发展极度混乱，各种新旧问题层出不穷，乡村教育改革者认识到要想改革取得预期结果，从时间上说，要充分作好"打持久战"的准备，作好长远的规划与设计，保证改革的逐步推进；从空间上说，要考虑全局，尽量照顾到乡村教育的每个方面，整体推动乡村教育发展；从地位上说，要抓住乡村教育发展中的根本问题，集中力量解决关键性问题，明确改革的轻重缓急，理清工作思路。可见，在当时的社会环境下，战略思维要求乡村教育改革者要按部就班，稳步推进乡村教育改革，以期取得预期结果。

3.4.2.1 乡村教育改革应从全局出发通盘考虑

一个社会问题的发生与存在，绝不能用孤立的眼光来看它，社会中没有一个问题是孤立的。要想真正解决一个问题，需要将和这个问题相关的其他所有

---

① 张荣伟.当代基础教育改革[M].福州：福建教育出版社，2007：245.
② 袁振国.教育改革论[M].南京：江苏教育出版社，2005：91-92.

第3章 陶行知、晏阳初和梁漱溟的乡村教育改革思维

问题都解决掉。政治问题、经济问题以及教育问题的解决，都需要同时将另外两个问题解决掉。因为这三个问题相互影响、相互制约。问题的真相很难在问题本身得到全面体现，人们面对问题的时候，往往只注意问题的一个方面而忽略其他方面，忽视全局而仅对细枝末节进行探讨是不会有多大用处的。民国乡村教育存在的问题是复杂多样的，问题之间盘根交错又在很大程度上加重了这种复杂性。对于乡村教育改革者来说，需要立足乡村教育实际，整体把握乡村教育存在的问题，站在全局的角度上通盘考虑，谋划顶层设计，指导乡村教育改革工作的开展，力争整体推动乡村教育的改革与发展。

晏阳初认为生活是一个完整的有机体，不能将它划分成各自独立的部分，解决乡村社会的"四大病根"，就必须关注"病根"之间的相互关系。贫和弱之间有关联，因为贫穷会导致民众身体弱甚至患疾病，而体弱多病就意味着无法从事生产劳动，反过来又成为导致贫穷的原因。贫和弱很可能也是因为愚造成的。鉴于问题之间的相互交叉和相互影响，需要建立有人民参加的政治制度，否则难以彻底解决乡村民众愚、贫、弱的问题，也就不能保证文化、经济和卫生改革取得成效。对此，晏阳初提出："既是要谋整个生活的建设，就要开展针对生活缺点的教育。四大教育要在整体谋划下连锁进行，不同的教育要紧密相关，相互辅助。如果各自为政，单打独斗，则难以实施。"[①]四大教育从整体上照顾到乡村社会对教育的需求，体现出晏阳初对乡村教育改革的整体谋划与全面推进。

梁漱溟将自己提倡的乡村建设运动称为民众教育，从全局出发谋划乡村教育改革的计划和步骤，使每一阶段的乡村教育改革都能有效辐射乡村社会，从而带动乡村社会建设的步伐。从初到山东时倡导设立乡农学校，到后来创办村学、乡学，都是梁漱溟整体上把握乡村教育改革全局的重要表现。不同时期的乡村教育改革有不同的任务。梁漱溟认为，乡村教育改革初期的核心工作就是

---

① 李济东.晏阳初与定县平民教育[M].石家庄：河北教育出版社，1990：192-193.

启发乡民的理性，建设新礼俗，乡农学校须承担解决乡村社会矛盾纠纷、维护村民之间良好关系、提高村民思想道德素质和科学文化素质的任务。当乡村教育改革进入新时期，就要充分发挥乡村教育促进乡村社会发展的功能，于是他创办村学、乡学，以期实现这一目标。村学、乡学主要承担着社会教育的功能。作为集教育和乡村改造功能于一体的教育组织，村学、乡学通过组织开展一系列社会改进工作与社会建设事业，积极推动乡村社会的发展。纵观梁漱溟在山东的乡村教育改革不难发现，他主张以教育来"推动社会、组织乡村"的理念始终没变。在这种理念的指导下，他提出从全局出发，整体谋划乡村教育的改革方案，创造性地开展乡村教育改革实践活动，保证了乡村教育改革整体有序推进的同时，推动了每一个时期改革重点工作的有效落实。整体谋划乡村教育改革计划和步骤，明确每一个阶段的乡村教育改革目的和任务，这些都是梁漱溟战略思维的具体体现。

3.4.2.2 乡村教育改革要有长远的规划

改革是一个破旧立新的过程，新旧势力间的博弈给改革提出了挑战。改革不可避免地要触动既得利益和传统价值，[①]这就使得任何一项改革的实施都将经历一个漫长的过程，而不能一蹴而就。对于民国时期的乡村教育改革者来说，他们认识到乡村教育问题非一朝一夕形成的，即使他们对乡村教育改革持积极乐观的态度，也充满激情地投入乡村教育改革活动中，但内心却不奢望在短期内能够顺利完成改革的任务。所以，他们制定了长远的改革规划，规划了较为科学的分步骤实施路径，以期通过科学有序的组织与实施，最终完成他们乡村教育改革的目标。

陶行知在进行乡村教育改革的过程中，经过仔细研究和认真思考后，认为乡村教育改革要经历试验期、训练期和布种期三个相互衔接的时期，才能推动乡村教育改革持续推进。另外他指出，每个时期要有这一时期的主要目标和任

[①]陈旭麓. 中国近代社会的新陈代谢[M].上海：上海社会科学院出版社，2006：271.

务，例如：试验期要进行各种试验，在试验的过程中尝试全新的教育方法，验证各种教育材料的有效性；训练期则是根据前一个时期的试验结果，培养适宜的教师和其他乡村教育人才；布种期需完成研究成果的推广任务，使受训人员能够将新方法和新材料传播到更广泛的其他地区。从时间上看，三个阶段前后相依；从内容上看，三个阶段的内容逐步深化，依次衔接。三个环环相扣、缺一不可的环节，构成了一个完整的改革流程，体现了乡村教育改革过程的渐进性，也表明了乡村教育改革者在乡村教育改革过程中紧密围绕战略思维长远性的特点开展工作。对于如何解决乡村缺乏人才的问题，陶行知也有着自己清晰的认识。他深知人才培养周期的长期性，所以始终坚持逐步培养的理念，制定了切实可行的长远规划，期待培养的教师成为"一年能使学校气象生动，二年能使社会信仰教育，三年能使科学农业著效……十年能使荒山成林废人生利"[1]之人。

晏阳初在定县工作时同样制定了长期的发展规划，按照分期的方式逐步推进乡村教育改革工作。从改革整体来看，晏阳初将改革划分为准备和集中实验两个逐步递进的时期。民国十五年（1926年）冬到十九年（1930年）秋为准备期，注重一般的考察。经过四年的准备时期，进入集中实验期，就开始了全面的全县工作。[2]实验期内平民教育派以四大教育和三大方式推进乡村建设，因为这种方式是开创性的，是没有任何国内外经验可以借鉴和学习的，需要认真研究才能取得成功。经过论证后，提出按照研究实验、训练人才和表证推广三个循序渐进的阶段开展工作。表证推广是前两个阶段的共同目的，因为只有局部的工作推向全国，才能完成改造乡村的使命。前两个阶段工作只有顺利完成才能进一步表证推广，如果缺少研究实验，没有人才培养，也就谈不上有经验可以推广到全国其他的乡村地区。所以，无论是对整体改革进程的把握，还是具体到某一阶段的工作开展，晏阳初始终坚持长远规划、逐步推进、有序进

---

[1] 方明.陶行知全集：第三卷[M].成都：四川教育出版社，2005：83-84.
[2] 晏阳初，赛珍珠，宋恩荣.告语人民[M].桂林：广西师范大学出版社，2003：52.

行,在很大程度上保证了改革的成效。

3.4.2.3 乡村教育改革要集中力量解决根本问题

战略思维具有的关键性特征要求乡村教育改革者从事乡村教育改革时须集中力量解决根本问题,从而保证乡村教育改革的效果。民国乡村教育改革者在思考乡村教育改革时没有盲目地认为可以同时、同步解决所有问题,而是要从根本问题入手,集中精力解决根本问题,再逐步将工作重心转移到其他方面。这种思考符合用战略思维解决根本性问题的具体要求。

陶行知认为:"无如天下事没有这样容易,我们的精力也很有限。要想把一切问题同时解决,结果必定是一个问题也不能解决。倒不如按着自己的能力,看准一件具体的事,聚精会神地来干他一下。如果我们对于一件事肯专心继续努力干下去,一定有解决的希望。"[①]当时乡村社会存在很多问题,读书识字问题、卫生问题、生计问题、道德问题、娱乐问题种种,希望通过教育改革一下子解决所有问题是不现实的,所以需要从众多问题中率先解决基本问题,继而推动其他问题的解决。读书识字是一个基本问题,更是一个根本问题。识字问题能否得到有效解决,决定了其他方面工作能否顺利推进,所以陶行知提出要集中精力先解决乡村民众读书识字的问题。广大乡村民众能够掌握基本的文化知识,具备最基础的读书识字的能力,才能逐步解决诸如生计、道德等一系列问题。陶行知认识到乡村教育问题的广泛性,又能够集中精力解决根本问题,为后续工作的顺利开展奠定了坚实的基础。

晏阳初在推行四大教育的过程中认为四种教育是相辅相成的,但其中最紧要的是文字教育。因为当时许多中国人还没有掌握文字这一最低限度的求知工具,所以首要任务应是帮助民众学会最基本的技能,然后才可谈及其他。具体到识字教育的开展中,针对乡村绝大多数民众不认字的现状,最理想的状态是要三万万八千万人都能识字读书,但现实条件不允许所有人同步接受知识教

[①] 方明.陶行知全集:第一卷[M].成都:四川教育出版社,2005:496-497.

育。因为在这些人中，老的太老已经来不及，小的太小还够不上，只好先教14岁至35岁这些继往开来的男女青年。为此，晏阳初提出要将重点放在青年男女身上，因为潜藏着无穷力量的无疑是他们。作为"继往的好手"和"开来的良工"，青年农民凭借自身的年龄优势，经过教育与训练，可以逐步成为民族改造、挽救国家的骨干力量，从而更好地改造与发展乡村社会。由此可见，晏阳初的乡村教育改革同样需集中精力解决主要问题，无论是在重点开展文字教育上，还是文字教育对象的选择上都有所侧重，这些无不反映出他的战略思维。

梁漱溟设立村学、乡学的过程同样反映出他的战略思维。梁漱溟深刻认识到，由于国民世代被政府压迫，所以内心与政府存在隔阂，对于政府提倡的行动有着强烈的抵触心理，所以他在推进村学、乡学建设的过程中，没有强制性地要求同步进行，具体工作结合实际需要分轻重缓急：先设立与工作开展密切相关的乡学，以解决根本问题；对于村学，则可以逐步推广，不作时间期限上的硬性要求。这种分轻重缓急的改革思路，保证了乡村教育改革与乡村社会改造目标的有效落实。

百年前的乡村教育改革者在面对千疮百孔的乡村教育时，深刻感受到改革工作的复杂性和艰巨性。通过对乡村教育问题作进一步的梳理和思考，他们形成了战略思维，提出在乡村教育改革中应着力解决那些长远性、全局性、根本性的问题，从而保证乡村教育改革的顺利推进。事实证明，他们运用的战略思维有效保障了乡村教育改革取得实效，更好地发挥了乡村教育的作用，充分体现了乡村教育改革的价值。在按部就班推进乡村教育改革和乡村社会改造的进程中，乡村教育改革者们遇到了众多困难，如果不能有效解决这些困难，将直接影响乡村教育改革活动的推进；但是乡村教育改革者们并没有被现实的困境打倒，他们调整了改革的思路，以灵活变通的方式提出了很多具有创造性的想法和做法，于是便形成了乡村教育改革者的通变思维。

3.5 乡村教育改革者的通变思维

要教一切穷人都得到教育，就"必须发现穷办法，看重穷办法，运用穷办法，以办成丰富的教育"。

——陶行知

因为在中国办穷教育，必须要用穷的办法。一切计划、方案及方法，都要与他们共同商量研究，要使我们所掌握的科学道理与方法，与他们的实践经验及具体情况相结合。要做到因时制宜，因地制宜，因人制宜。①

——晏阳初

村学乡学的工作要因时地之宜。如果教员能够因时制宜，因地制宜，相机倡导，酌量办理，村学乡学的工作就活了。②

——梁漱溟

3.5.1 通变思维的内涵

面对穷国办穷教育的现实，乡村教育改革者没有停下前进的步伐，而是充分利用了乡村社会已有的条件和资源，做到因时、因地、因人制宜，创造性地提出了很多新的办法。这些办法有效缓解了当时乡村社会由于资源贫乏而影响教育改革进程的窘境，使每一位乡村教育改革者的改革举措在艰难的环境中得以贯彻执行。面对社会发展的复杂环境以及资源匮乏的乡村社会，乡村教育改革者没有气馁，而是充分利用现有条件继续践行他们的乡村教育改革理念，推动乡村教育不断发展。这正是乡村教育改革者通变思维的生动体现，也是列纳德·蒙洛迪诺谈到的"变通的能力"。③当时的乡村教育改革者已经深刻地认识到乡村的特点，看到了乡村教育改革的独特性，又加上他们三位开展教育改

---

①宋恩荣.晏阳初全集：第二卷[M].长沙：湖南教育出版社，1992：561.
②梁漱溟.梁漱溟全集：第一卷[M].济南：山东人民出版社，2005：674-675.
③列纳德·蒙洛迪诺.学习人类的弹性思维[N].张媚，张玥，译.文汇报，2019-08-16（W12）.

革的初衷不同、改革地点不同、方式方法不同，这就更要求他们进行乡村教育改革时充分考虑当地的特点，这也正是乡村教育改革者在进行教育改革时通变思维的具体表现。

3.5.2 通变思维的时代表现：因时、因地、因人制宜，酌量办理乡村教育

教育由于受到不同因素的影响和制约，会呈现出差异性，教育改革应根据具体条件的变化及时调整，灵活变通，以保证教育改革的效果。三位乡村教育改革者生活的时期，城乡社会发展差异显著，以工业化为基础的新式教育迎合了城市化发展的趋势，但却与乡村社会不相符合，这就导致当新式教育全面推广到乡村之后，并没有像在城市一样迅速发展起来，不但没能解决当时乡村教育既有的问题，反而加重了乡村教育和乡村社会之间的矛盾。这样的事实提醒改革者，面对如此巨大的发展差异，教育改革不能"一刀切"，不能强求一律，不能统得过细、统得过死。[①]任何教育改革都要留给不同地区充足的余地，允许不同地区根据自身的实际情况因时、因地、因人制宜，鼓励教育改革的多样化，凸显教育改革的灵活性。乡村教育改革者已经深刻地认识到乡村教育发展的独特性，加上他们开展教育改革的初衷不同、改革地点不同、方式方法不同，就更要求他们灵活地思考乡村教育改革的措施。

3.5.2.1 乡村教育的方式方法要灵活多样

教学方法强调"教学有法、教无定法、贵在得法"，这就表明没有特别完美的教学方法，所谓的完美其实就是最适合的。民国时期的乡村教育有其自身的发展特点，要想教学效果好，就要优化组合教学方法。虽然同属乡村地区，但由于我国幅员辽阔，不同乡村的发展基础和文化背景存在较大的差异，加之乡村教育改革者的改革切入点和主要内容有差别，更应该最大限度地考虑不同地区乡村教育的实际需求，探索灵活多样的教育教学方式和方法。

---

①袁振国.教育改革论[M].南京：江苏教育出版社，2005：96.

陶行知乡村教育改革方案的设计与制定建立在他对乡村社会深刻分析的基础上。作为一个农业国家，由于生产力发展水平落后，再加上帝国主义长时间的侵略和压榨，以及国内外战争持续不断的破坏，乡村经济衰败至极，民众生活异常艰辛。这样的现实要求乡村教育改革者能够有针对性地对乡村穷人开展教育，这种针对性就体现在发现、看重，并运用穷办法，办成富教育。所有的穷人在穷办法的指导下获得教育机会，接受教育，才算真正的"民主教育"。于是，他提出"生活即教育"和"社会即学校"的观点。针对有钱者可以把社会搬进学校，在校内受教育，而大众却无法接受教育的事实，他灵活变通，提出"生活即教育"，鼓励大众在社会生活中接受教育。他认为，大众可以向所有有专长的人学习，农夫、村妇、樵夫、渔人等都可以成为大众的先生。针对当时课堂教学不许生活进去，又只许人向后退不许人向前进的现状，他提出了"社会即学校"，即所有的生活场所均是教育的场所，虽然不能走进学校失掉了所谓的"鸟笼"，但是却在社会中收获了更为广阔的"森林"。[①]后来针对师资不足的现状创造性地提出了"小先生制"，也是他通变思维的体现。陶行知认为可以选择部分就学儿童，让他们担任失学儿童和成人的老师，以儿童教育带动成人教育，改变了对先生身份的限制，找到了解决师资不足的方法。对于读书认字的方法，陶行知也进行了变通。他提出乡村中十岁以上大多数儿童的教育以及成人教育都要从经济及娱乐两个方面入手，读书和识字要附带在这里面去干，[②]这样做能够最大限度地保证效果。

随着定县实验的开展，晏阳初对人民有了新的认识，这种全新的认识直接影响到教育方法的改变。从过去不管不顾地盲目抄袭到现在用心思考乡村民众的所需所求，体现了他的通变思维。晏阳初认为，乡村教育方法首先要"从简"，无论是教师的教，还是学生的学都要简单；其次要"经济"，时间上要经济，

[①]高奇.中国教育史研究：现代分卷[M].上海：华东师范大学出版社，2009：118.
[②]方明.陶行知全集：第二卷[M].成都：四川教育出版社，2005：354.

用钱也要经济，因为人民没有那么多时间也没有那么多钱。①在教育方式上，乡村青年教育与儿童教育是有区别的。针对儿童的基础教育要采取培养的方式，而对于乡村青年的教育更应注重开发他们身上无穷的潜力和能量，使其真正成为能够协助开展乡村建设工作的力量，所以从方式上看，应侧重开导的方式。②晏阳初在乡村教育方式和方法上的灵活改变是建立在他对乡村社会深刻分析的基础上的，这种变通也是为了达到更好的教育改革效果。

3.5.2.2 教学内容要顺应乡村社会需要

教学内容是教学活动的中介，也是学习者开展学习活动的载体。选择教学内容既要考虑社会发展的需要，实现促进社会发展的作用，又要符合人们的实际需求，达到促进个体发展的目标。面对不同时期、不同区域、不同层次的教育对象，需要选取不同的教学内容。当时的乡村教育整体上是落后的，乡村民众的素质是相对低下的，乡民的知识基础是薄弱的，他们对教育的需求是简单实用。这就为乡村教育改革者调整和改变教学内容指明了方向，要在满足乡村民众实际学习需求的基础上，充分发挥教育促进乡村社会发展的作用。

陶行知在乡村教育改革中主张打破传统的教育模式，要求教师要根据乡村地区的特点和学生的实际需求来选择教学内容，设计并开展教学活动。晓庄试验乡村师范教员姚文采曾回忆，当他拿着书本去给学生上生物课的时候，陶先生对他说不行，告诉他要随时教育、随地教育、随人教育，才能行得通。后来他带领学生采集标本，请挖草药的人教学生认识治疗蛇咬伤的草药，请种花木的花匠教学生种植花木的方法，请中国科学社的专家教学生如何辨别生物科别及定学名。③这样的教学内容符合乡村社会需求，学生喜欢，取得了良好的效果。

---

①晏阳初,赛珍珠,宋恩荣.告语人民[M].桂林：广西师范大学出版社,2003：328.
②宋恩荣.晏阳初全集：第一卷[M].长沙：湖南教育出版社,1992：11.
③王尚义.陶行知教育思想教程[M].北京：中央编译出版社,2017：33.

识字教育作为定县实验中的一项，是其他教育实施的基础，占有重要的地位。在教会乡民识字后乡村教育改革者发现，乡民如果识字而不用则很快就会忘记，识字教育的意义和价值也就烟消云散了。为了巩固识字教育的成果，他们提出为乡民提供看得懂的读物的想法。于是，他们从传统文化宝库中选择优秀的文学作品，并将文言文变为白话文作为读物，同时配合平民文学部开展故事和其他文学作品的创作工作，提供真正符合乡村民众基础、更容易被他们接受的学习内容，从而激发乡村民众深入学习的动力，在巩固前期识字教学成果的基础上，实现更高层次的拓展。由此可见，晏阳初真正做到了想乡民之所想，急乡民之所急，办乡民之所需，灵活调整教学内容，以满足乡民需求。

梁漱溟的村学要为实现乡村建设服务，因此，教学内容要与其他学校有所区别。他选用自编教材，采取教唱对人生有益或含有变革精神的歌谣形式，将地方文化融入教学中，以提高学生的学习积极性，帮助学生正确认识村学、乡学，为儿童成长打下良好的基础。与此同时，夜晚开设的成人部和妇女部也立足当地和群众需求。除必修课外，允许各村结合实际情况和需要设置不同的课程，教授不同的内容，充分体现教学内容的因地制宜。乡学作为比村学更高一级的学校，高级班的课程设置尤重视史地、农村问题与技术训练，希望接受训练之人能够从历史变迁中产生自觉意识，从乡村问题中发展解决之道，并从所具备的知识技术中找到独立从事乡村建设工作的具体方法途径。①

3.5.2.3 教学安排要依据乡村社会的运行规律随时调整

教学安排影响着教学效果，科学合理的教学安排能够有效保证教学活动的组织与实施，从而提高教学效果，反之，则不利于教育活动的顺利开展。当时借助外力强行嵌入乡村的新式教育没有得到乡民的认可，原因在于新式教育以工业化、城市化为依托，教学安排统一要求，完全不顾及乡村社会的特点，没有充分根据乡村民众的生产生活调整和改变教学安排，学校对于他们的需要和

---

①吴星云.乡村建设思潮与民国社会改造[M].天津：南开大学出版社，2013：146-147.

第3章 陶行知、晏阳初和梁漱溟的乡村教育改革思维

困难是毫无助益的。乡村教育改革者在进行乡村教育改革时，遵循乡村社会生产和生活节律，根据不同区域的实际情况随时调整教学安排，即使是同一区域，不同地点的教学安排也随着外在环境的变化而变化，最大限度满足受教育者的需求。

晏阳初在深入民间后意识到农民受限于农业生产劳动，没有大把空余的时间去接受完整的学校教育，他们不能像学龄儿童那样先进幼儿园再进入小学，也不能为了学很多东西而进高等学校。农民是忙人，他们没有时间系统地学，而只能学习精华。在教育改革中要考虑农民的作息，利用早上或者晚上的休息时间开展教育活动，使读书与休息相结合，更重要的是，要充分利用冬季农闲之时大做文章。这一教学安排既保证了乡民完成日常农业生产劳动的任务，也充分利用空余时间帮助他们朝着有知识、懂技术的现代化农民转变。

梁漱溟认识到全国各个地方社会发展和实际情况不同，而整齐划一的教育法令不能适应各地的实际情况，所以他提出了《社会本位的教育系统草案》以求矫正此弊，创造出一种因地制宜的"活"教育。他根据邹平地区的生产和生活规律调整教学安排，选取农忙时期晚上的闲暇时间安排成人课程，做到不影响乡民正常的生活节奏。课程由农民任意选修，不作强制性要求，希望能够尽量满足不同民众的需求，促进乡村民众的个性化发展。农闲时，为了更好地推动乡村成人教育的发展，整体上提升乡村成人的知识水平和综合素质，要求16~30岁的男性完成10周的短期课程学习，课程精选对生产和生活有帮助的内容，包括公民学、识字、基础知识、音乐以及军事技术。下午安排妇女学习，课程与上面提到的课程类似。考虑到妇女的特点，又加入了托幼、家庭经济方面的内容。①男女有别的课程安排也充分表明梁漱溟能够根据当时邹平的乡村实际情况酌情进行教育改革，体现出乡村教育改革的灵活性和实用性，用不同的安排满足不同群体的实际需求，以期最大限度地保证教育改革的效果。

---

① 艾恺.最后的儒家：梁漱溟与中国现代化的两难[M].王宗昱，冀建中，译.南京：江苏人民出版社，1996：257.

教育受到多种因素的影响而呈现出不同的特点。任何一个条件的改变都会对教育产生影响，这就要求乡村教育改革者从事教育改革时，要随时根据环境和条件的变化及时调整和改变改革事项，以获得更好的改革效果。陶行知、晏阳初和梁漱溟的乡村教育改革从方式方法、内容选择到教学安排都做到了因时、因地、因人制宜，这是他们从事教育改革时运用通变思维的表现。也正是因为他们始终坚持灵活变通，具体问题具体分析，才使得乡村教育改革实践活动能够顺利推进。

民国时期的乡村教育改革者深入乡村社会后，进一步加深了对乡村教育种种弊端的认识。他们意识到乡村教育改革刻不容缓，只有乡村教育改变现状，才能推动乡村社会其他领域的改革，进而推动乡村社会的整体发展。在思考乡村教育改革方向和改革方法的过程中，乡村教育改革者逐步形成了独特的教育思维，这些教育思维是他们对乡村教育改革深刻且富有见地的认识，也是他们后续从事乡村教育改革实践活动的指导思想。正是在科学教育思维的指引下，他们才能在乡村教育的改革实践中提出具有创造性的改革策略，为促进乡村社会发展奠定基础。虽然不同的教育家对乡村教育问题的思考有所区别，会形成不同的教育思维，但是面对相似的教育改革情境，他们的教育思维同样表现出一些共性。第一，立志改变乡村社会现实的乡村教育改革者，在面对乡村教育改革任务时，首先意识到乡村教育要和乡村社会紧密结合，要符合乡村社会的实际和乡村民众的需求，形成了尊重乡村社会实际开展乡村教育改革的客观性思维。第二，乡村教育改革者在改革乡村教育时，主张打破乡村学校和乡村社会的隔阂，培养适应乡村社会改造的全面性人才，鼓励城市知识分子和乡村民众共同努力，形成了促进乡村社会发展的一体化思维。第三，乡村教育改革者充分意识到教育是社会的一个组成部分。作为社会大系统中的一个子系统，教育要发挥应有的作用，以自身的变化带动整个系统的变化，最终实现系统的整体改造。这是乡村教育改革者改革的系统性思维。第四，无论是对乡村教育全

第3章 陶行知、晏阳初和梁漱溟的乡村教育改革思维

局性、长远性、根本性问题的思考，还是据此提出全盘谋划、分步实施的想法，无不体现出大处着眼、小处着手的智慧。他们既制定长期的教育改革方案分步实施，又在特定的时间段内突出重点，真正做到了点线面的有机结合，充分体现出战略思维。第五，乡村教育改革者改革的背景不同，出发点不同，具体开展的地域不同，面对的环境和条件也不同，这就使得每个人都面临一个具体而特殊的教育改革情境。这种个性化的教育改革情境要求教育改革者在开展教育改革时不断调整，以应对随时可能发生变化的环境。这种灵活的变化正反映出乡村教育改革者的通变思维。

结合乡村教育改革者从事乡村教育改革实践活动的具体表现，我们可以梳理出以上五种教育思维内在的逻辑关系。想要解决乡村教育的问题，首先要立足乡村社会实际，只有站在乡村社会现实发展的基础上谈教育改革，才能有的放矢。当他们走进乡村后，发现乡村教育与乡村社会隔离，知识分子与乡村民众分离是造成乡村教育停滞不前的一个重要原因。于是，他们认为应该打破学校和社会的壁垒，鼓励知识分子走进乡村，与乡村民众打成一片。当乡村教育改革者将乡村教育与乡村社会融合起来后，他们意识到教育作为社会存在的一种表现，应该与政治、经济和文化等方面的改革结合起来，单一地就教育改革谈教育改革不能取得好的效果，要将教育作为社会系统中的一个子系统来看，通过乡村教育改革的小目标实现乡村社会改造的大目标，通过子系统实现整个系统的转变。要完成从教育改革到乡村社会改造这一个大系统的变革，从当时整个国家所处的环境和乡村社会的实际状况来看，这将是一个任重而道远的过程。无论是乡村教育改革还是乡村社会改造，绝不是一朝一夕就能完成的，必须作好充足的准备，统筹规划工作节奏和步骤，按部就班推动实施。虽然乡村教育在当时的社会背景下有共性问题，但也存在个性问题。在逐步开展乡村教育改革活动中，不考虑各个地区的特点，盲目地"一刀切"会带来"水土不服"的后果。在乡村教育改革者眼中，要想更好地推进乡村教育改革，应该因时、

因地、因人制宜，因陋就简。五种教育思维环环相扣，相互交织，共同成为指导乡村教育改革者开展乡村教育改革的科学依据和保障。

也正是在科学的教育思维的指导下，乡村教育改革者采取了一系列行之有效的乡村教育改革策略，这些策略对于解决当时乡村教育发展过程中存在的问题、推动乡村教育的发展有着积极的影响和作用。虽然有些策略以现在的眼光来看缺乏科学性，但是不能否认的是，这些经过乡村教育改革者深思熟虑的乡村教育改革策略在当时那个特殊的时期是具有进步性与积极意义的。

第4章　基于教育思维的乡村教育改革策略

思维需要与实践活动结合起来发挥其指导功能，才能最大限度地体现自身的价值。如果一个教育家仅停留在对教育的理解和解释层面，而没有参与到具体的教育实践活动中，没有将教育理论与教育实践结合，那么他的教育理论就是空洞的，是没有归宿的。因此，对于乡村教育改革者来说，如何从教育思维过渡到教育实践，发挥教育思维指导教育实践的作用，具有重要的现实意义。客观性思维、一体化思维、系统性思维、战略思维和通变思维是乡村教育改革者对乡村教育作深度考察和反思后体现出的一致性认识，他们的乡村教育改革实践活动也一直以这些教育思维作为指导和依据。他们通过具体的教育改革实践活动，一方面证实了教育思维的科学性和正确性，另一方面也保证了教育改革实践活动的顺利开展。这些实践活动对当时的乡村教育和乡村社会产生了重要影响，在推动乡村教育发展的同时，也有力地促进了乡村社会的改造与建设。

4.1 立足国情和乡情开展乡村教育改革

乡村教育改革者认为长时间以来的乡村教育改革之所以没有效果，就是因为改革一味地袭古仿欧，不考虑社会和乡村环境的变化，盲目地全盘接受，导致既没有学会西方先进的经验和做法，反而把我国传统的优势弄丢了。在客观性思维的指导下，乡村教育改革者不约而同地发出了立足国情和乡情开展乡村教育改革实践的提议。他们提出辩证地看待传统教育和新式教育的利与弊，在取其精华、去其糟粕的基础上真正创造出符合中国乡村社会实际和乡村民众需要的教育。只有这样才能从根本上改变教育的种种弊端，彻底激发乡村教育的生机与活力，体现乡村教育自身的价值和作用。

4.1.1 明确为乡村社会培养适用性人才的乡村教育目标

中国传统教育生长在封建君主专制的社会土壤中，从本质上说是一种愚民教育，教育的目的在于培养一些为封建社会统治服务的人。即使这些人在外人眼中是肩不能挑、手不能提、面黄肌瘦、弱不禁风的"书呆子"，但在"劳心者治人"的时代里，他们却能够成为社会的统治阶级，管理着无知无识的"劳力者"，其中，乡村民众是受剥削和压榨的最大群体。所以很长时间以来，获得知识成为乡民的一种执念，他们认为掌握知识就可以改变命运，已经失去接受教育机会的老一辈乡村民众将希望完全寄托在子孙后代身上，这也为乡村教育目标朝着错误的方向发展提供了土壤。当时的乡村教育依然沿袭"读书人不去劳力，不去做工"的错误做法，导致培养的人不愿也不能从事农业生产劳动；而社会的发展要求教育培养出符合新时期乡村社会生产所需的人才，如果教育还陷于传统教育的旋涡中不能自拔，对于乡村社会的进步而言是毫无意义的。新式教育作为舶来品在当时农业化程度很高的中国乡村社会更是缺少生存的土壤。乡村中的西式教育不仅加重了农家的经济负担，更因为与乡村社会脱节导致学生不能学以致用，按照这种规格培养的人不能满足乡村社会的需要。无论是"老八股"还是"洋八股"，都不符合乡村社会需求。为此，乡村教育改革者先从人才培养的目标与定位入手，突破传统教育人才培养目标的偏差，力争实现人才培养的时代化和本土化，为乡村教育和乡村社会的发展提供实用性和适用性的人力资源。

陶行知的乡村教育改革提倡乡村教育要具有实用性，要求乡村教育培养的人能够顺利地适应乡村社会生产生活，体现出乡村教育独特的价值，为此，他

第4章 基于教育思维的乡村教育改革策略

提出了生活教育理论。"教育即生活"要求过什么样的生活就要受什么样的教育,只有符合乡村社会生活的乡村教育才能培养出适用的乡村人才。乡村社会过的是乡村生活,教育就必须体现乡村生活的特点。晓庄学校从招生时就要求学生具有"农夫的身手",教学安排涉及参加农业活动,体现出乡村教育对乡村社会的关照。在教育过程中会分配给每个学生一小块地,学习内容之一就是穿草鞋,戴草帽,挥着农具在地里干活,自己造茅屋、种地、挑水、洗衣、做饭。在乡村生活需要和农民打交道,所以和农民交朋友也成为晓庄学生的功课。他们向农民请教农事,与农民谈天说地,真正融入乡村生活。为了实现教育即生活的目标,打通学校和社会的隔阂,推倒学校和社会间那道无形的墙,学校向乡民开放,乡民走进学校,在潜移默化中受到学校的影响,反过来也影响学校的发展,使学校更清楚乡村民众的需求,更有利于将学生培养成乡村社会发展所需的人。

晏阳初认为,教育不当不仅不会实现"民族再造",反而会促成"民族自杀"或者"民族速死"。中国的教育要突出自身的特色,要结合实情制订解决中国问题的计划。[①]具体到乡村教育,要考虑乡情和村情,制定切实解决乡村社会问题的方案,设定为乡村社会改造与建设培养适用性人才的目标。生计教育作为晏阳初四大教育的核心,直接决定了其他三大教育目标的实现。为了更好地开展生计教育,切实提升乡民的农业生产技术和能力,平教会宣传讲解土壤肥料知识,介绍推广全新的果树品种和农作物品种,进行各种蔬菜水果的实验等。知识分子在这些活动中向乡民讲授农业生产知识,帮助乡民提升操作技能,不仅为他们更好地进行农业生产劳动奠定了基础,更重要的是,通过这种教育提高了乡民的收入,改善了他们的生活水平。除此之外,为提高乡村民众农业生产以外的能力,平教会还积极普及家畜疾病的预防与疗治技术,指导乡民改进传统手工工艺水平,积极提倡和推动多种副业发展,帮助乡民成立各种

---

① 宋恩荣.晏阳初全集:第一卷[M].长沙:湖南教育出版社,1992:21.

组织。①这些都是广大乡民需要的，也只有从与乡民生产生活利益直接相关的地方入手，产生好结果，才能得到乡民的认可，才能解决乡村教育和乡村社会的实际问题。以上种种都清晰地体现出乡村教育改革者开展乡村教育改革活动时对国情和乡情的重视，也是对他们立足乡村从事乡村教育改革的生动诠释。他们确立了乡村教育改革的目标，始终将培养乡村适用性人才放在改革的重要位置上，通过乡村教育改革使广大乡村民众真正受益，也使乡村教育体现出自身应有的价值。

4.1.2 扎根乡村社会，探索乡村教育改革之路

作为一种社会现象，教育的发展受到时代发展的影响，会带有明显的时代烙印。当时的乡村教育受乡村社会环境的影响，表现出独有的特点，也显现出特有的问题。要想从根本上解决乡村教育存在的问题，就需要了解产生问题的原因。"没有调查就没有发言权"，乡村教育改革者要找准"病因""对症下药"，从根源上解决问题。基于这样的认识，乡村教育改革者们不约而同地选择深入乡间、扎根乡村。他们希望借助生活在乡村的契机，切实发现乡村教育的问题，明确产生问题的原因，进而提出有针对性的教育改革对策，推动乡村教育的发展。这一举动不仅是乡村教育改革者客观性思维的重要表现，也显示出他们立志用实际行动实现乡村教育改革目标的决心。

陶行知认为，作为一个农业国，中国的绝大多数人住在乡村，平民教育运动就是到乡下去的运动。基于这样的认识，陶行知于1926年辞去大学的职务，与志同道合的伙伴共同扎根乡村，在实践中探索他的乡村教育改革之路。从最初创办晓庄试验乡村师范学校，到后来由此孵化出的五所小学，再到后来开办的燕子矶幼稚园，他的每一步乡村教育改革实践都是对乡村社会需要的真切回应。这些不同层次的学校解决了当时乡村教育体系不完整、学生出路不明确的

---

①张志增.晏阳初及其主持的定县乡村平民教育实验[J].中国职业技术教育，2016（34）：117-123.

第4章 基于教育思维的乡村教育改革策略

问题,重燃了乡村民众接受教育的热情,也清晰地规划出了年轻一代乡村子弟成长的路径。

晏阳初在推行平民教育的过程中认识到中国以农业立国,85%以上的人民是农民,普及教育必须将工作重点转向农村。要想解决乡村教育的问题,就要深入乡间,了解乡村民众的需求,从乡民的实际生活里去找问题、找材料、求方法,而不能待在大都市、蹲在图书馆里去讲求乡村教育。脱离乡村实际谈乡村教育无异于闭门造车、隔靴搔痒,无法有效解决中国的教育问题。[①]1924年,晏阳初和傅葆琛一起去保定宣传和提倡乡村平民教育。1929年,他举家迁居定县,正式拉开了定县乡村建设实验的序幕。平教会从系统的乡村社会调查入手,以家庭为单位,对人口数量、受教育程度、职业、田地数与农作物产量、养殖和手工业现状等基本信息展开调查,整体上把握了定县农民的生产和生活情况。《定县社会概况调查》是中国知识分子将西方社会学方法运用到实地调查的典型案例,是定县实验中一个重要的实验成果,为后续开展实验工作奠定了科学的基础。通过调查,晏阳初将定县乡村问题归纳为"愚、贫、弱、私",这也成为乡村教育力争解决的问题。文艺教育针对乡村民众实际,编写适合他们的浅显易懂的教科书,加入农民日常生活中惯用的词汇和语言,解决了文字教育脱离实践的弊端。生计教育侧重于教授农业生产改良技术。另外,他们还积极引进新品种,从而提高农业生产效率。卫生教育教授农民基本的医疗保健和预防知识。定县实验中的教育改革举措无不建立在以晏阳初为首的知识分子团队扎根乡村、身体力行的基础上,正是他们立足乡村实情,才保证了所提出的教育改革策略有的放矢。

---

① 宋恩荣.晏阳初全集:第一卷[M].长沙:湖南教育出版社,1992:10-11.

4.2 实现乡村教育价值取向由"离农"向"为农"转变

当时的乡村教育出现了一个奇怪的现象,那就是接受新式教育的乡村子弟不仅没能成为乡村建设的主力,反而渐渐远离农业生产劳动,成为"无用"之人,导致乡村教育失败。这种失败不仅表现为没有将学生培养成符合社会标准的人才,更重要的是,抹杀了他们参加劳动的动力。这样的乡村教育忽视了乡村社会的需求,完全是一种脱离乡村社会的教育,表现出典型的"离农"倾向。乡村教育为乡村社会服务的前提就是要时刻保持和乡村社会的联系。乡村教育改革者意识到错误的价值取向不仅导致乡村教育发展受限,而且还会阻碍乡村社会的进步。改变错误的乡村教育价值取向,将乡村教育和乡村社会结合起来,实现从"离农"向"为农"的转变,使乡村教育成为名副其实的"为农教育",成为民国乡村教育改革的重要任务。

4.2.1 建立乡村教育与乡村社会紧密联系的关系

中国农业社会的属性要求教育为农业生产和生活服务,但是由于当时的教育走错了路,不仅没能和乡村社会联系起来,未能起到推动乡村社会发展的作用,反而成为腐蚀乡村社会根基的一股隐藏力量。要改善乡村教育的负面影响,真正激发乡村教育的正向作用,乡村教育改革者提出,乡村教育要时刻保持与乡村社会的联系,根据乡村社会的变化而变化。

陶行知认为,乡村教育没有实效的原因在于教育没有与农业联合,二者相互分割,不相闻问。要改变这种局面,就必须使"教育与农业携起手来",用四通八达的教育来创造四通八达的社会,实现从"离农教育"向"为农教育"的转变。乡村学校和乡村民众的实际生活产生联系,等于拆除了学校和社会之间的围墙,在很大程度上扩大了学校和教育对象的范围,打破了长期以来少数统治者对学校教育的垄断，使教育从封闭走向开放。[①]20 世纪 20 年代末，美国教育家威廉·赫德·克伯屈参观晓庄后评价说："这学校，是我这几年天天所思而想要看到的一所学校，这所学校负有特殊的使命。只有这种教育才是合乎乡村需要的教育，也只有这种教育才能引导乡村适当地发展。同时要使这种教育传播到全国，引导全国学校采取适合乡村发展实际和需求的教育，以改变他们的生活。"[②]

梁漱溟强调乡村教育是为乡村建设服务的，所以教育内容的选择要与乡村社会紧密相关，使广大乡村民众学习后能够有所收获，既能促进生产发展，也能改善生活的条件。因此，邹平的课程设置与当地生产、生活紧密相关。匪盗严重的乡村开设农民自卫课程，组织村民进行武装训练，以维护当地治安；南部山地较多的乡村开设植树造林课程，进行植树造林的知识传授与技能培养；养蚕和产棉区开设养蚕和棉类种植的课程，积极引进科学技术，推广优良品种，帮助农民选种优育，指导种植方法。这些课程的开设，加强了乡村教育与乡村社会的联系，向农民传授生产和生活必需的知识与技能，一方面提高了生产的效率，增加了产量，另外一方面也增加了乡村民众的收入，提升了他们的生活水平。正是乡村教育与乡村社会主动联系，才使得乡村教育改革得到了乡村民众的认可，为后续深入推进改革活动奠定了良好的群众基础。

4.2.2 提升乡村教育满足乡村社会需求的能力

乡村教育要做到为农服务，就必须将乡村社会以及乡村民众的实际需求放在突出的位置，体现出乡村教育的适切性。如果乡村教育不能体现乡村特色，不能满足乡村民众的需要，就不会取得乡民的信任，与他们因为不信任新式学校而不愿把孩子送进学校是一样的。乡村教育要赢得乡民的信任，就需要尽可

[①]周洪宇.平凡的伟大：教育家陶行知、杨东莼、牧口常三郎的生活史[M].福州：福建教育出版社，2016：128.
[②]金林祥.20 世纪陶行知研究[M].上海：上海教育出版社，2005：19-20.

能地贴近他们的生活，提升乡村教育满足乡村社会需求的能力，使乡民接受教育后能够切实感受到教育在生产、生活中的作用，赢得乡民的信任。

陶行知在晓庄的乡村教育改革措施无不体现出与乡村社会的紧密结合，满足乡村社会的实际需求。在课程设置方面，为了使学生毕业后能够更好地融入当地乡村，所有的课程内容都与乡村地方性知识有关。作为未来的乡村教师，今后的工作和生活都在乡村，所以必须学习和掌握与农业生产相关的知识。为此，学校特别设有农业课，为学生实践提供农场和基地，最大限度地保障学生进行农业生产实践活动的条件。除此之外，"改造社会环境"课程也是为了让学生更好地适应乡村社会需要而开设的。这类课程主要有乡村自治、民众自治、合作组织、乡村调查和娱乐。在学校功能方面，当时的小学不仅承担着教育的功能，同时还是一个开放的场所，供全体乡民使用。小学可以作为信用合作社和农业产品展览的场所，也可以为村民武术会和结婚提供场地。学校没有围墙，保证了乡民可以随时进入休憩、喝茶、聊天，更好地实现了陶行知打破学校和乡村社会隔离的初衷。在社会教育方面：建立民众夜校和图书室，以《三字经》《百家姓》《论语》等为教材，教民众识字，在识字的基础上教乡民掌握与乡间生活紧密相关的技能；开办乡村卫生所，除了开展卫生常识的宣传工作外，还承担起为乡民看病治病的职责；开办茶馆，内置书籍和各种娱乐设施；创办信用社，解决困扰乡民的贷款问题；筹建农业展览馆，展示农作物改良品种，推广新式生产技术。①除了上述内容外，学校还组织乡村民众与学生合作开展各式各样的活动。在师资培养方面，着重培养教师的三种能力：一是"干农事"的能力。教师除了要掌握耕地、浇水、种植等农业技能外，还应懂得养殖技术，熟悉当地的风俗以及气候，了解当地的重要农谚。二是科学操作的能力。乡村教师要能捕捉昆虫及小动物并将其制作成标本；了解最基本的科学原理、日常食物及用品的性质和机械原理等；懂得科学的生理卫生知识以及一般的常用药

---

①王尚义.陶行知教育思想教程[M].北京：中央编译出版社，2017：42-43.

品知识，能够进行紧急救治，参与疾病预防工作。三是艺术能力。具备绘画、音乐等方面的技能，能够办板报，指导儿童欣赏艺术作品等。具备这些能力不仅能够帮助教师更好地开展工作，还能为乡村社会带来益处。

  晏阳初强烈表达了对当时教育将人培养成"四体不勤，五谷不分"的书虫，只顾读书无人再肯去做农工的不满。尤其是当他看到一些农家子弟在接受教育之前还肯帮父兄从事一些生产劳动上的事情，而一旦踏进学校，学成出来便成了废人的现象后，①更坚定了他坚持乡村教育必须和乡村社会紧密联系的理念。晏阳初准确地把握了乡村教育与乡村社会的关系，充分认识到乡村教育"为农"取向的意义，从而更好地采取措施推动乡村教育改革的落实。他倡导的四大教育以满足乡村民众的实际需求为出发点：文艺教育根据乡民的文化基础制定了通用字表、基本字表，推行简笔字，建立农民剧团，编演话剧，让农民用话剧的形式表现自己的真实生活；生计教育紧密结合当地乡民的生活，从提高生产率的角度出发，引进优良品种，改进生产技术，有力地促进了生产力的发展；卫生教育针对当时乡村缺医少药的事实，通过建立三级保健制度，及时进行疾病的预防与救治，最大限度地为乡村民众消除后顾之忧；公民教育培养乡村民众的团结力和公德心，培养乡村自治人才，组织乡民自治。四大教育是晏阳初针对当时乡村社会存在的"愚、贫、弱、私"四个问题提出的，真正做到了有的放矢。

4.3 知识分子欲要"化农民"须先"农民化"

  传统的中国社会将人分成"劳心者"和"劳力者"两个群体。劳力的人受人制裁，劳心的人愚弄无知，以致出现"劳心者治人，劳力者治于人"的现象。只劳动而不思考，则不会有变化，不能有所创新；只思考而不劳动，则会导致

---

① 宋恩荣.晏阳初全集：第一卷[M].长沙：湖南教育出版社，1992：428.

思想玄之又玄，无法指导实践。无论是只劳力还是只劳心，都不是真正的"做"。真正的"做"必须二者兼顾，实现在"劳力"上"劳心"。①改变数千年来"劳力"与"劳心"不相联系的现状，就要求乡村工作者转变思想立场，摘下外来的眼镜和都市的眼镜，换上一副农夫眼镜，真正到乡村社会中，以农人的视角去观察问题，去思考，进而去解决问题。总之一句话，欲要"化农民"，须先"农民化"。在深入民间的过程中，晏阳初、陶行知均提出过"农民化"的口号，要求乡村教育工作者从外表到思想，从衣食到语言，都要和农民保持一致。当知识分子和广大乡村民众结合后会发生意想不到的化学反应，这种反应对于双方来说都具有前所未有的重要意义和价值。乡村教育的改造，要最大限度地实现知识分子和乡村民众的结合，激发各自的内在力量，实现合力。

4.3.1 鼓励知识分子积极主动地融入乡村社会中

民国时期知识分子集中生活在经济发达的城市地区，他们衣食无忧，生活优越；乡村民众生活在相对贫穷落后的乡村地区，缺衣少食，生活艰难。城乡间巨大的发展差异使得一直生活在城市的知识分子很难切身感受乡村教育存在的问题，所以为了做好乡村教育改革工作，知识分子要真正走进乡村，从而感同身受。知识分子下乡的过程不仅是平复心理落差的过程，更是掌握开展乡村工作具体方法的过程。乡村教育改革者鼓励城市知识分子积极主动地融入乡村社会，有利于提升乡村教育改革的效果。

陶行知认为，来到乡村工作的人，要放下原有的架子，脱掉书呆子的蛇壳，和乡民站在一个队伍中，和他们同甘共苦。陶行知主动融入乡村生活的决心在他立志从事乡村教育改革之时就已经表露无遗。最初，他和同行四人考察校址的时候，由于天色已晚，便决定到一位熟悉的陆姓农家借宿，吃过简单的农家饭后，他们便在堂屋休息。有意思的是在他们身边卧着一头水牛，不声不响地

---

①中国陶行知研究会.陶行知教育思想理论和实践[M].合肥：安徽教育出版社，1991：47.

陪着这些远道而来的客人一同休息。在这样的情形中，陶行知创作了一首饱含农家特色的诗句："一闻牛粪诗百首，风花雪月皆变色。"[①]这些来自城市的知识分子没有不适应，反而苦中作乐，展现了他们融入乡村社会的决心。晓庄校歌《锄头舞歌》的诞生也是知识分子融入乡村生活的生动体现。一次，陶行知和晓庄指导员邵仲香路过农田听到乡民的歌声后，感觉到这种山歌很有战斗性，于是便请来乡民唱，他们把曲调记录下来，还邀请其他乡民提意见，更是在填好词后请乡民教所有晓庄的学员演唱。在他们看来，用山歌的曲调来作校歌是最合适不过的。因为师生每次唱起这首歌都会想着乡民，而乡民唱起这首歌又能得到教育。[②]陶行知深知乡民的痛苦和心愿，并且始终怀有一颗"农民甘苦化的心"，所以他才能果断放弃优渥的教授生活，谢绝多个大学校长的盛情邀请，脱去西装革履，穿上草衣布鞋，告别城市的繁华，满怀热情地投身于乡村教育运动之中。一位晓庄试验乡村师范学校的学生回忆说："在犁宫（晓庄试验乡村师范的大礼堂）第一次见到陶师的时候，钦佩之情油然而生。陶师是美国留学的博士，东南大学教育系主任，著名教育家。按照通常的想法，他一定是位西装革履、洋派十足的人物，但是他却穿着粗布的学生装，赤着脚，穿着草鞋。陶师态度和蔼，平易近人，毫无一点学者的架子，倒像个朴实的农民。他讲起话来，滔滔不绝，生动，风趣，幽默。"[③]陶行知的这种形象不仅存在于学生的印象中，同为乡村教育改革者的梁漱溟对其评价也是一副脱去西装革履、穿起布衣草鞋的形象。陶行知不仅这样要求自己，还将这种理念贯彻到晓庄。晓庄试验乡村师范学校成立后，他要求学生入校后脱掉长袍、换上短衫，穿草鞋、打赤脚。他用实际行动给周围的知识分子树立一个融入乡村生活的榜样。在他的影响下，知识分子们也开始真正融入乡村。

[①]王尚义.陶行知教育思想教程[M].北京：中央编译出版社，2017：21.
[②]王尚义.陶行知教育思想教程[M].北京：中央编译出版社，2017：28.
[③]智效民.民国那些教育家[M].成都：四川文艺出版社，2013：101.

晏阳初指出，广大的青年不在都市，而在很穷很苦很臭的乡村中，为了训练他们，教育他们，须得先了解他们的生活，因此要到乡村去。如果毫不清楚他们的生活实况，那么所制订的计划和办法，都只是闭门造车、纸上谈兵。1926年，晏阳初身先士卒，他带着年轻的妻子和尚在襁褓中的婴儿离开北京，扎根定县。在定县的八年里，晏阳初一边熟悉乡村社会的种种情况，一边积极鼓励那些与自己有着相同责任感和使命感的同人"走出城市，扎根乡村"。作为倡导者，晏阳初真正做到了以身作则：形象上向乡民靠近，身着土褂毡帽，骑着毛驴，东奔西跑；习惯上靠近乡民，从不抽烟的他会在田间地头拿起农民的旱烟管猛吸，吸完后还不忘对其味道进行一番称赞，甚至还学会了用当地的土腔与农民说话。①这样做一方面能够接近乡村，考察乡民的真实情况，为后续的改良工作作准备；另一方面躬亲垄亩，从衣食住行方面尽量做到农民化，践行他倡导的知行合一。主持调查工作的李景汉教授几十年后回忆起初到定县时的情景，仍然记忆犹新。"初到瞿城村时，去考察一户农家，农家主人为了表示对客人的尊敬，又是烧水，又是泡茶，还拿出了很久没用且积了一层厚厚灰尘的茶壶和茶碗。主人用一条又黑又脏的毛巾反复擦拭，烧开水后泡了一杯茶。如果从卫生学的角度看，里面不知得有多少细菌，但是要想从事社会调查工作，就必须和乡民打成一片，这杯茶如果不喝，也就不用开展调查工作了，可以直接收拾行李离开这里了。一番思想斗争之后，还是一口气喝了下去。"②来到定县的知识分子们积极主动地融入乡村生活，保证了他们的调查活动顺利进行。李宗黄在考察定县平民教育试验区后也发出感慨："令人钦佩者即平民教育人员，尤其那些饱尝物质文明生活的留学生和大学教授，能脱离城市扎根乡村，为乡村教育谋出路，这种精神尤其值得钦佩。"③

---

①赵锋.民国教育[M].太原：山西教育出版社，2015：91.
②李济东.晏阳初与定县平民教育[M].石家庄：河北教育出版社，1990：449.
③中国第二历史档案馆.中华民国史档案资料汇编：第五辑 第一编 教育[M].南京：江苏古籍出版社，1994：767.

邹平实验中的乡村服务人员训练部对学生的外在形象也有严格的规定,要求学生坚持艰苦朴素的风格,合乎乡村地区的民风,不许穿好的衣服,不许留长发。其目的是使训练部培养的人能够真正融入乡村社会之中,以便在将来更好地开展乡村改造与建设工作。

4.3.2 提倡知识分子与乡村民众打成一片

传统教书之人的手总是不肯拿出来使用,他们习惯性地把手往袖内一插。现在的新学辈身着洋服,因洋衣袖太窄插不进去,他们便把手插在裤袋里。这一形象的动作生动地展示了知识分子不屑与乡民合作的心理。[①]传统社会士、农、工、商的四民划分,导致知识分子与乡村民众较少产生交集,但这并不影响他们在各自的圈层生活。然而到了民国,社会情形发生了显著的变化,乡村社会百业待兴,土生土长的乡村民众即使知道问题所在,却不能找寻原因,更谈不上有效地解决问题,单靠乡民自身的力量不足以推动乡村社会进步。而知识分子虽然怀揣知识,但却缺乏对乡村社会的认识,在全新的环境中有种空有一身本领而无用武之地的感觉。基于这种现实,乡村教育改革者提倡知识分子在融入乡村社会的基础上,要进一步与乡村民众打成一片,为后续更好地开展乡村教育改革工作奠定良好的群众基础。

陶行知始终坚持人民第一的主张,他尊称农民为农友。在晓庄,他要求学生要与农民交朋友,为此创造了"会朋友去"制度。陶行知要求每个师生都应该结交几个农民朋友,在与他们聊天的过程中真正了解他们,感受他们的困惑,并选择在恰当的时机向他们传递新观念,讲授新知识。学校层面每周制定合适的主题,选择适当的时间为师生广交乡民朋友提供方便。当知识分子与乡民交朋友之后,他们能够更好地运用自己的知识为乡村民众服务,平时为乡民代笔写信,过年为乡民写对联,积极参与到他们的日常生活中。杨效春就经历了从

---

①方明.陶行知全集:第三卷[M].成都:四川教育出版社,2005:431.

青年教师到做农人朋友的过程,和他一样,很多在晓庄的知识分子,都是随着乡村生活的深入而逐步与乡民建立起朋友关系的。当越来越多的知识分子被广大乡民认可,双方打成一片后,改革工作就会得到更多支持。陶行知指出,乡村规模不大,想找到几位有心思和他们合作的领袖的想法是可以实现的,以点带面,逐渐扩大合作群体的范围,就能事半功倍。

晏阳初曾一针见血地指出知识分子下乡并没有发挥多少作用,也没有为乡村的发展、乡民谋取福利出力。这是因为他们没有真正了解乡民所想,没有和乡民打成一片,因此他提出从事农业科学研究的科学家和学者,要有"科学的头脑"和"农夫的身手","和村民们一起劳动和生活",打成一片,这样的知识分子才能明了农民生活的一切,从而更好地为他们服务,也才能使自己的学问产生价值。毕业于康奈尔大学的冯锐博士,是农业专家和农村经济学专家,受过良好的农、林业训练。接到晏阳初的邀请后,冯博士回复:"我回国至今已有4年,在大学里教农业课,迄今为止,我连一个农民都不认识,我要接近我们的农民,要了解他们。"到了定县后,信心满满的冯博士开始进行自己的专业试验。他用15亩地尝试特大白菜的种植,但第一年没种好,他很难堪,农民都笑他。经过反思,他意识到失败的原因在于自己所学的知识不能有效地嫁接在乡村社会广阔的土地上,于是他天天与老农为伍,虚心向乡民请教,悉心观察研究农人的种植方式,再结合自己所学不断摸索。第二年,他的工作开始有了起色。到了第三年的时候,他种的白菜非常好,农民们见状又拨给他65亩地。[①]这样的经历使他从一名学者变成了地道的乡村农业专家。这个经历使他更加坚定了要向农民学习的决心,他也深刻理解了欲要"化农民"须先"农民化"的含义。冯锐博士的转变只是个案,和他一样的知识分子无不是在与乡民的不断融合中转变了思想,获得了收获,从而坚定了与乡民共同生活、共同解决问题的决心。来到定县的知识分子也从最初的66人发展到82人,后又增

---

①晏阳初,赛珍珠,宋恩荣.告语人民[M].桂林:广西师范大学出版社,2003:311.

加到 204 人，直到 1935 年达到鼎盛的近 500 人。持续增加的数字也充分反映出知识分子怀揣底层关怀意识，真正与广大乡村民众打成一片。

4.3.3 形成知识分子启发、引导农民成为乡村建设主体的机制

哲学中内外因的观点表明，内因是事物变化的依据，外因是事物变化的条件，外因通过内因起作用。对于乡村教育改革者来说，改革的成效在很大程度上取决于乡民的参与程度。因此，除了他们自身发挥作用外，更重要的是要激发乡村民众的自觉能动性，帮助他们成为乡村改造的主力军。这是参与式发展的体现，既承认外部支持的重要性，又强调提高当地人自我发展的能力。乡村教育改革者虽然采取的具体措施不同，但是核心要义都是最大限度地激发乡村民众的内生动力，使他们积极主动地参与乡村改造，成为乡村建设与改造的主体。当知识分子和乡民打成一片后，就要发挥知识分子更深层次的作用，形成知识分子启发引导乡民成为乡村建设主体的作用机制，完成从外部"输血"到内部"造血"的质变。

对于知识分子和乡民如何开展合作，陶行知认为，看民众干和替民众干都把自己放在一个旁观位置；只有加入他们之中，成为其中的一分子，和他们一起干，才能真正取得实效。"承担改造中国乡村任务的乡村教师必须能够融入乡村生活中，成为乡村民众中的'人中人'，和农民打成一片是开展乡村工作的不二法宝。"[①]陶行知在谈到改造社会的方法时指出："普通人在改造工作过程中，无论是劝别人干，还是替别人干都是表面工作，无法起到实质性的效果。就像劝别人戒烟戒酒、戒赌，或是爱国，自己说出来便要求别人照做，一定不会有效果。这点和到农场、工场参观后带来一点意见相似，都是无可厚非的，但是要想实现真正的效果还是需要靠自己切身的行动。改良依靠教育，所以必须让学生做自己的先生。有些人见别人没有多大效果，便改变方式，替人

---

① 方明.陶行知全集：第二卷[M].成都：四川教育出版社，2005：132.

家干。如果受替的人不感到惭愧，便会发生依赖，久而久之，更不会有好结果。"①不难看出，陶行知认识到，乡村社会的改造更多地要依赖乡民的自我行动。对于知识分子来说，他们的作用在于启发乡民，使其主动参与其中，而不是一味地劝干和替干。晓庄成立的"联村自卫团"就突出了乡民的主体性地位。1928年8月，由陶行知倡议，冯玉祥赞助成立"联村自卫团"，成员包括晓庄学生及附近百余名18岁以上的农民，他们承担着戒严、查夜、放哨等保卫乡村的基本任务。后来冯玉祥赠送部分枪支弹药并协助自卫团进行军事训练，自卫团便增加了维护地方治安、保护附近乡民免受土匪骚扰的职责。除此之外，陶行知还发起成立了"联村救火会"，宗旨是"本互助精神，预防火灾"。在知识分子的引导和鼓励下，乡村民众积极参与到这些与自己生活息息相关的团体中，他们的加入使团体不断发展壮大，从而更好地取得实效。

晏阳初鼓励知识分子到乡村去，他指出知识分子回去后的职责是"启发教育农民，激发调动乡民的主人翁意识，培养乡民自发自动的精神"，而不是一味地"包办代替"，真正使乡民成为自己的主人。②在实践中，晏阳初积极倡导的"表证农家"的参与式农业推广方式就是启发、引导乡民积极性的重要举措。他们除了选择平民教育学校的毕业生外，还从乡民中选出一部分识字者，充分利用春、夏、秋三个季节，开展动植物生产改进训练；而在农闲的冬季则开展农村经济和工艺训练。一年的训练完成以后，从中选择成绩优良的学生作"表证农家"，当众表演证明成效，让乡民亲眼看到科学的作用，这种方式比传统的"示范"更有效果。③示范的主体在乡民眼中是外人，而"表证农家"则是自己熟悉的身边人，属于自己人的范畴。身边人的成功更能激发乡民的积极性，鼓励更多乡民参与其中。当越来越多的乡民积极参与到"表证农家"之

---

①方明.陶行知全集：第三卷[M].成都：四川教育出版社，2005：472-473.
②宋恩荣.晏阳初全集：第二卷[M].长沙：湖南教育出版社，1992：568.
③刘晓敏，陶佩君."定县实验"中的表证农家与现代参与式农业推广方式探究[J].古今农业，2004（2）：55-59.

中，就会形成一种自觉自动的机制，知识分子在日后只需要做好指导工作，而乡村民众成了行动的主体。在推动乡村经济和工艺发展方面同样如此，当乡村经济增长，生活水平提升之后，乡村民众自然会将注意力和主要精力放在推动乡村社会的全面发展上。

4.4 建构完整的乡村教育体系

系统论的基本思想是把研究对象看作一个整体来对待，[1]整体中任何一个组成部分的变化都会对整体产生影响。乡村教育作为乡村社会的组成部分，其发展变化在某种程度上影响着乡村社会整体的发展变化。民国时期，乡村百分之八九十以上是文盲，乡村学校必然成为乡村的文化中心。为此，乡村教育应该找准定位，不应以培养造就高深的专门人才为目标，而是要多地设置义务小学和通俗教育机构，统筹兼顾儿童教育和成人教育，传授科学知识，帮助他们改善生活，促进他们提升自治能力。[2]乡村教育具有的实际职责要求乡村教育改革者从事乡村教育改革时，摆脱只关注学校教育的传统观念，将学校教育和社会教育共同放置在乡村教育体系中进行考察，从而丰富乡村教育内涵，建构系统的乡村教育体系，推动乡村教育整体发展，最终带动乡村社会的改造与建设。

4.4.1 突破束缚，丰富乡村教育的内涵

民国时期，乡村教育的范畴相对狭窄，过多关注男子教育而忽略女子教育，过度关注儿童教育而忽略成人教育，整体看是一种不系统的、片面的教育。乡村教育改革者意识到这一问题后，他们力求在改革中扩大受教育对象的范畴，让更多的乡民获得受教育的机会。由于当时乡村社会的发展需要能从事乡村改

---

[1] 吴畏，李少元.农村教育整体改革研究[M].太原：山西教育出版社，1990：121.
[2] 李文海.民国时期社会调查丛编：乡村社会卷[M].2版.福州：福建教育出版社，2014：150.

造与建设的人，所以相较于普通教育，社会教育在这一时期更应被重视。乡村教育改革者认识到了这一点，他们着力发展社会教育，做到基础教育与成人教育沟通，甚至打通，将学校教育和社会教育作为教育系统同等重要的两个组成部分，给予同样的关注和支持，促进两种教育共同发展，从而构建完整的乡村教育体系。

陶行知曾言："我们若不跳出学校的圈套，则普及现代教育在中国是不可能的。"[①]他认为在当时乡村社会特殊的发展背景下，不能只寻求传统学校教育的发展和改进，也要发挥社会教育的作用，丰富乡村教育的构成要素，以更好地实现教育的普及，为乡村社会的改造与建设提供足够的人力储备。陶行知在乡村教育改革中注重乡村教育系统的整体发展，既关注对普通教育的改革，也注重推动社会教育的发展。他积极成立民众学校，对农民进行识字教育。除在校本部设立民众夜校外，他还在神策门、三元庵以及万寿庵等地设立民众学校，吸引了数百名乡民前来学习。中心茶园作为另外一种社会教育形式，承担着对农民进行休闲教育的任务。中心茶园和普通茶馆的主要区别在于中心茶园的墙壁上会挂一些图表，并备有乒乓球和象棋等。除了说书演讲外，还组织开展一些有益的娱乐活动。陶行知积极推动"晓庄剧社"的组建，组织师生为乡民表演自编自导的节目，从而丰富乡村民众的精神文化生活。为了使乡村妇女有接受教育的机会，成立乡村妇女工学处，招收乡村青年妇女在农闲时期上课，有效地解决了妇女教育的问题。多种形式的社会教育如火如荼地进行着，配合着晓庄试验乡村师范学校，逐步改善了传统教育的弊端，给乡村教育的发展带来了一丝生机和活力。

梁漱溟一直以来积极提倡学校教育和社会教育的融合。他认为，无论是教育机关还是学校，都要承担区域内的教育职责，教育对象则是区域内所有的成年男女和青年儿童，至于采用哪种方式都可以。这个教育机关要同时完成学校

---

① 中国陶行知研究会.陶行知教育思想理论和实践[M].合肥：安徽教育出版社，1991：210.

教育和社会教育两种工作。一旦涉及社会教育，就需要有相应的形式，所以当时提倡社会教育的教育改革者都希望突破单一学校的限制，因为相较于学校教育，社会教育更能起到积极有效的作用，更有利于他们实现乡村社会建设的目标。梁漱溟倡导成立的村学在日常工作中便承担着本村禁缠足、戒早婚等社会改良运动的责任，也服务于兴办合作社等各项社会改进事业，其目的在于逐步改善乡村民众生活，逐步提高文化程度，最终实现社会的整体进步与发展。在他的观念中，村学承担着双重任务，除了普通学校的任务外，还应积极推动社会改良，所以从这个意义上说，村学一直承担着社会教育的任务。

4.4.2 协调处理好乡村教育各要素间的关系

乡村教育改革者始终将教育置于一个系统中进行考虑，在实际开展教育改革实践活动时，他们重视不同教育形式之间的相互影响和促进作用的发挥，协调处理好乡村教育各要素之间的关系，不断推动不同教育形式的协同发展，真正实现了教育合力。

在定县，晏阳初创造了四大教育和三大方式。他的四大教育中，文艺教育属于典型的传统学校教育形态，而其他三种教育则更侧重于社会教育形态。在具体实践中，晏阳初并没有将改革的全部精力放在文艺教育这种类似传统学校教育形式的改革上，而是全面发展四大教育，通过不同教育之间的相互影响和促进，整体上提升乡村教育改革的效果。这种认识上的变化源于晏阳初早期的平民教育实验。当时的工作重心在识字教育上，在这些海归的知识分子眼中，以为平民有了文化知识就可以从愚昧中走出来，但事实证明，重视识字教育确实有助于"除文盲"，但是却不能助其完成"做新民"的任务。[1]于是，定县实验区的工作由识字教育转到以社会教育为主的乡村建设阶段，这也标志着平民教育运动进入了一个全新的发展阶段。如果说前一个阶段是通过识字教育帮

---

[1] 宋恩荣.晏阳初全集：第一卷[M].长沙：湖南教育出版社，1992：16.

助乡村民众获得求知工具，人人识字以实现"除文盲"的目标，那么发展农村建设之后，就要求将改造人与改造环境结合起来，以培养未来社会发展所需的具有知识力、生产力、公德心和健康体魄的"完整的人"，从而实现"做新民"这一更高级的目标。由此可见，晏阳初的定县实验将乡村教育系统内的各个要素进行协调组合，使不同的教育要素在教育系统内发挥各自的作用，并对其他教育要素产生积极的影响，在这种和谐互动的状态下，实现了乡村教育改革的整体推进。

梁漱溟刚到邹平便积极倡导建立乡农学校，以期通过这种形式发挥知识分子的引导作用，组织农民，推动乡民自觉地建设乡村，使乡村各个方面的工作步入正轨，最终解决社会问题。梁漱溟认为："乡村建设等同于民众教育，民众教育如果不能回归到乡村建设，效果就要落空，乡村建设若不取道于民众教育，也无法推进。"[①]看得出来，梁漱溟主张依靠教育改进乡村，进而以乡村改造为起点扩展到改造全中国。后期他创办的村学、乡学在发挥文化教育功能的基础上，还承担着产业振兴、经济进展、民智开发、风俗改善等社会改进工作，发挥着社会教育的功能，有效地促进了乡村社会的发展。相同的组织承担不同的职责，发挥不同的作用，充分体现出普通教育与社会教育的有机结合，在教育系统内完成各自的任务，最终实现整体一致的目标，助力乡村教育的整体改革。

4.4.3 推进乡村教育改革，助力乡村社会改造

乡村教育改革者视乡村社会为一个整体，乡村综合性改革要跳出就教育论教育的圈子，要从整体上推动建设事业的发展。[②]促进乡村社会的发展必须整体发挥要素组合的作用，充分利用乡村教育改革的成效，带动乡村社会各个方面的发展，完成对乡村社会的整体改造。

---

①梁漱溟.我生有涯愿无尽：梁漱溟自述文录[M].上海：上海人民出版社，2013：50.
②晏阳初，赛珍珠，宋恩荣.告语人民[M].桂林：广西师范大学出版社，2003：70-71.

第4章 基于教育思维的乡村教育改革策略

陶行知批判将教育改革和社会改造分开的做法,指出这种做法没有厘清教育改革和社会改造之间的关系,将二者看成两件事而非一件事。他进一步提出乡村教育没有实效的原因就在于教育与农业不相闻问。所以说,只有植根在乡村社会的土壤中,时刻与乡村社会发生联系,中国乡村教育才算真正找到了适合自己的发展道路。[①]基于这样的认识,他的乡村教育改革始终坚持将教育改革和社会改造结合起来,推进教育和社会并行发展。陶行知在晓庄试验乡村师范学校建立了社会改造部,并亲任部长。社会改造部下设总务、教育、卫生、农林、交通、水利、自卫、经济、救济、妇女、编辑、调查等十二个股,以便能够更好地开展工作,推动社会改良。这表明了晓庄全面改造乡村社会的意图,这一做法早已超出单一教育的范畴。[②]后来陶行知又开办了"中心茶园",一周内三个晚上讲《三国演义》,三个晚上讲《精忠岳传》;农民边喝茶,边听戏,边接受文字知识的教育。他把故事中出现的人名、地名、物名写成方块字,引导乡民在休闲娱乐的同时识字、写字,[③]这是典型的通过识字教育提升乡村民众道德品质的做法,作为社会教育的一种表现形式,也包含着以教育改革推动社会改造的意味。

生计教育在定县四大教育中最具特色。和其他三种教育相比,生计教育最能满足当时乡村民众生活上的迫切要求,可以推动乡村农业生产力的发展,实现乡村家庭经济收入的增长,改善乡村民众穷困潦倒的生活状况。在当时乡民生活水平普遍低下、温饱尚未解决的情况下,晏阳初感觉到只进行精神层面的文字知识教育是不够的。这样做虽然可以在一定程度上解决文盲的问题,点燃乡村民众对生活的激情和希望,但是并不能从根本上改变他们的生活窘境。基于此,晏阳初将改善乡民生活水平作为重要目标,从提高生产力入手开展生计

---

① 李清华.陶行知与乡村教育[M].福州:海风出版社,2007:2.
② 王尚义.陶行知教育思想教程[M].北京:中央编译出版社,2017:43.
③ 王尚义.陶行知教育思想教程[M].北京:中央编译出版社,2017:25.

教育。在农业生产方面，向广大乡民传授科学生产知识，对选种、园艺、病虫害防治等关乎乡民生产生活的内容加以指导。在经济金融方面，通过建立自助社、合作社等形式使乡民团结起来，加强合作，以此来抵御金融风险，保证自身利益最大化。在乡村工业方面，积极提倡多种副业，注意乡村工业的培植和推广。[①]生计教育解决了当时乡村民众最关心的生活问题，也在很大程度上改善了乡民的生活条件。这种教育形式突破了传统文化知识教育的限制，扩大了教育的内涵。向民众传授更适合乡村社会的教育内容，提升了乡村民众的生产能力，显著地改善了乡村民众的生活条件，推动了乡村社会的发展。

梁漱溟的乡村建设运动是要把整个乡村都办成一个大的教育机构，主张建立社会本位的乡村教育系统。从教育方式上说，乡学以社会教育为主。这就表明村学和乡学从本质上说是一种"以教统政，政教合一"的机关，除承担着普通教育职责外，还负责指导各乡、各村行政自治与社会改革工作。[②]也就是说，村学、乡学包含普通教育和社会教育的双重功能。普通教育中的文化知识教育是必要的，识字教育使多数不识字的乡村民众能够识字，这是普遍的课程，也是学校教育课程的主要内容。社会教育主要向乡民讲授农业改良技术等与乡村社会实际紧密相关的知识和技能，提供农业改良品种，帮助他们深切感受乡村社会的问题之痛，引导乡村民众发现并解决问题。可以说，社会教育承担着更为重要的作用，因为社会教育与乡村社会更为贴合，更能解决当时乡村社会的问题。当乡村社会的问题迎刃而解之后，才能有效推动乡村建设目标的实现。

4.5 制订逐步推进乡村教育改革实施的计划和步骤

无论是晓庄、定县还是邹平，都是乡村教育改革者不断尝试和摸索乡村教育改革的实验场，均表现出典型的试验性。乡村教育改革者从事的乡村教育改

---

① 张金金.晏阳初、梁漱溟乡村教育思想比较[D].新乡：河南师范大学，2015.
② 郭云凤.梁漱溟乡村教育思想的特点及启示[J].内蒙古师范大学学报（教育科学版），2008（9）：75-77.

革是前所未有的，是没有任何前人经验可以学习和借鉴的；他们改革的每一步都是基于自身对乡村教育的认识，以及对乡村教育发展方向判断而提出的；因此，他们的改革实践是点状的。随着改革的推进，乡村教育改革者不断总结和反思，逐步推广，以期实现以点带面、层层推进的效果。考察乡村教育改革者改革推进的步伐不难发现，虽然每一个独立的乡村教育改革实验区的改革实践都有独特的运行规则，但无一例外地都体现出了乡村教育改革要在切实可行的计划指导下稳步推进，正是这样，才保证了乡村教育改革方向的正确性和结果的有效性。

4.5.1 循序渐进地开展乡村教育改革实践

民国时期，乡村教育问题积重难返，乡村教育改革任重而道远，也意味着实现乡村教育现代化注定是一个长期且艰巨的过程。对于乡村教育改革者来说，乡村教育改革不能急于求成，要作好循环反复的心理准备。对于重叠交叉、错综复杂的问题需要逐个解决，这样才能"拨开云雾见月明"。乡村教育改革者在改革中循序渐进地开展乡村教育改革实践活动，坚持"大处着眼，小处着手"的策略，实现了乡村教育改革从量变到质变的飞跃。

由于城市教育工作开展受阻，陶行知便将注意力转移到广大的乡村地区，以点带面，积极推动晓庄试验乡村师范学校的建设，以期培养符合要求的乡村师范人才，实现教育火种的燎原之势。[①]以此为基础，实现"培养一百万名教师，创办一百所学校，改造一百万个乡村"的宏伟目标。在当时的环境和条件下，要想实现这样的目标必须作好"打持久战"的准备。陶行知从整体上设计了教育改革的步骤，将改革分成三个连续深化的时期，即试验期、训练期和布种期。[②]每一个步骤都是经过精心设计的，每一个环节都是经过认真思考的，

---

①刘锐.陶行知传[M].北京：北京时代华文书局，2016：45.
②方明.陶行知全集：第二卷[M].成都：四川教育出版社，2005：292.

可以说，陶行知的乡村教育改革实践活动就是在这种仔细认真的思考与规划中有序开展起来的。"他深知从半殖民地半封建到自由平等之境要有一个继续展开的教育计划，逐步地引导我们前进"，①而要实现一百万名教师的培养，一百所学校的创办以及一百万个乡村改造的宏伟目标，则更需从长计议，逐步实现。

"民为邦本，本固邦宁"是晏阳初的核心思想，他一生追求的都是帮助普通民众改善生活。他积极投身教育事业源于在法华工的识字教育经历，回国后也主要从事城市平民的识字教育工作。随着工作的深入，他发现占中国人口绝大多数的乡村民众不识字，于是果断地将平教运动从城市转到乡村，开始着力解决乡村民众文化贫瘠的问题。在他本人及其团队的努力下，定县的文盲率有了大幅度的降低。定县844个识字班分布于416个村，注册人数总计21 170人，其中男性14 080人，女性7 090人，大多数人年龄在14至25岁之间。数据直观反映出减少文盲的成果是显著的，达到了晏阳初预期的"除文盲"的目标，但是距离他更高层次"做新民"的目标还尚有差距。于是，他将工作重心从单一的识字教育转移到全方位的乡村改造上，以期培养更全面的乡村建设人才，这才有了文艺、生计、卫生和公民四大教育的连锁。为了更好地推动四大教育目标的落实，家庭式教育、学校式教育和社会式教育三种教育方式应运而生。纵观晏阳初的定县实验，他始终围绕人民需求开展工作，从最初的扫盲教育到实现乡村民众全方位能力的培养，都表明了他能够整体谋划乡村教育改革，制订清晰的乡村教育改革计划，逐步推进乡村教育改革目标，从而实现"除文盲、做新民"的终极教育理想。

4.5.2 逐步培养乡村改造与建设人才

"十年树木，百年树人"说明了人才培养的长期性，乡村教育的发展现状决定了人才培养的艰巨性。一方面，乡村改造与建设人才本身是全方位的，既

---

① 中国陶行知研究会.陶行知教育思想理论和实践[M].合肥：安徽教育出版社，1991：27.

要有基本的文化知识，也要具备改造乡村的工作能力，这种全面性就决定了人才培养的周期长。另一方面，当时的乡村教育尚不发达，不具备批量培养人才的能力，所以需要随着乡村教育改革的逐步推进来实现乡村人才的规模化培养。无论是质上的要求还是量上的需求，都表明乡村改造与建设方面的人才的培养是一个复杂的过程，也是一个需要逐步实现的过程。为了保质保量培养乡村改造与建设的人才，需要逐步训练，逐步培养。

晏阳初认为乡村运动成功的基本条件之一就是"造人"，造就具备热诚的信仰和牺牲精神的从事乡村工作的人。他根据人才类型差别提出了不同的培养方式。乡村社会发展所需的技术专门人才，要实地到乡村做乡村生活改造的学术研究与实验；所需的技术推广人才要实地到乡村，领导乡村民众做改造生活的事业。训练内容除了改造乡村生活的知识和技能外，还包括对他们的精神、人格、态度以及阅历经验进行训练。晏阳初训练人才是从技能到精神逐步进行的。在他心中，只有知识技能而缺乏乡村改造与建设态度的人，不能踏实从事乡村工作，不是他所需要的。为了达到更好的训练效果，晏阳初还特别挑选那些曾经深入民间、躬亲田舍、吃土尝粪若干年的先进人员作为训练者。他们把实际工作中一点一滴的辛苦经验、知识技能传授给学生，使其对乡村建设工作有一个初步的感性认识。随后，要求学生在实际工作中以身作则、现身说法，时刻牢记乡村运动的使命，[1]激发他们的理性认识。从感性认识到理性认识的过程也就是逐步培养人才的过程。在定县，晏阳初提出的"表证农家"就是其逐步培养乡村人才的具体体现。"表证农家"的"表证"即表演证明，要求农民用自身成功的经验教育其他普通农户，让普通农户感受到周边人的成功，从而加深他们对现代农业技术的认识。从个体到群体的变化是"表证农家"最大的成果，这也是创造性地以个体乡民带动周围群众进步的典型做法。

梁漱溟要培养的乡村建设人才是具备综合素质的人，为此他为乡村人才训

---

[1] 宋恩荣.晏阳初全集：第一卷[M].长沙：湖南教育出版社，1992：301-302.

练部设定了"实际服务之精神陶炼、为认识了解各种实际问题之知识上的开益、为应付解决各种实际问题之技能上的指授"目标。为了更好地实现这些目标，他从课程设置上入手，针对教育、军事、农业、合作、文学五个不同方向，除了开设共同的"中国民族自救之最后觉悟"课程之外，还会根据各自方向的需要设置个性化的课程。除了理论知识学习之外，还特别重视对实践能力的训练，并要求所有学生在结业前必须到乡村或实验场进行一至三个月的实践活动。从共性化课程到个性化课程，从重视实践到将其作为结业要求，无不体现出梁漱溟对乡村建设人才的高要求。高要求就意味着培养的艰巨性，从最基础的知识学习到技能训练，不断强化理论指导实践的能力，最终让受教育者成为合格的乡村建设人才。显然，这样的训练需要逐步进行。乡学为了把青年农民培养成乡村事业的干部人才，在唱歌、军事训练以及精神讲话课程的基础上，还特别加入了对史地和农村问题的研究，目的在于帮助学习者深刻理解历史的变迁和现实的问题。这样做能够更好地应对当前的环境，为创造未来作准备，同时加深了对问题的认识，从而找到解决问题的方法。[①]梁漱溟希望乡村建设人才具备多种能力，从掌握知识到掌握解决问题的方法，逐步成为具备综合素养的乡村建设人才。

4.5.3 推动乡村教育改革，渐进式助力乡村社会改造

乡村教育是乡村社会的组成部分，乡村教育改革者的改革无不为乡村社会改造作着准备。无论是培养乡村改造人才，还是扩展乡村教育职能，终极目标都是教育救国。通过乡村教育改革解决乡村教育问题，促进乡村教育的现代化。以乡村教育改革推动乡村社会改造与建设，助力乡村社会现代化。乡村教育改革者在开展改革实践活动时，通过持续不断的积累沉淀，反思改进，以乡村教育改革量的积累最终实现乡村社会改造质的飞跃。

[①] 梁漱溟.梁漱溟全集：第五卷[M].济南：山东人民出版社，2005：355.

第4章 基于教育思维的乡村教育改革策略

晏阳初提出四大教育的最终目标是使中国人转变成为有知识、有生产力和有公德心的"新民"。"有知识"意味着要对乡民进行识字教育,他的成人教育起步于识字教育,以帮助成人掌握读写能力为目标。但事实上,读书识字并没有从根本上改变乡民的生活,与吃饱饭不饿肚子相比,读书在乡村民众心中并不占主要地位。[①]在当时的乡村社会,还需要关注乡民生产力和公德心的训练与养成。为此,晏阳初开展了生计教育,传授先进的科学生产知识,帮助乡民增产创收。他还实施了公民教育,整体上提升了广大乡民的道德素质。纵观晏阳初及其团队在定县的实验不难发现,他在推进四大教育的过程中,从解决乡民愚入手,先进行最低限度的文字教育,因为只有乡民识字,具备接受先进知识和科技的基础后,才能发展生产力,以解决贫穷的问题,提升乡民的生活水平。当生活改善后,乡民们才会有意识地改善卫生环境,走向团体生活,基于此,卫生教育和公民教育就应运而生了。晏阳初形象地将这种先识字再谈旁的教育称为从"窝窝头"的教育到"燕窝鱼翅"的教育。当四种环环相扣的教育逐步推进实施后,引发了乡村社会的发展变化,这也有力地证实了乡村教育改革对乡村社会改造与建设具有积极作用。

1933年,邹平被划为山东省第一个县政建设实验区后,梁漱溟设置村学、乡学取代原来的乡村公所。村学、乡学不仅是一个教育机关,而且还是行政机关,具有政教统一、以教统政的含义。形式上,村学分为不同的部门,成年农民编入成人部,中年以下妇女编入妇女部,儿童编入儿童部,有一定知识基础的青年农民编入高级部。多个部门的设置最大限度地保证了全体村民能够接受符合其自身定位的教育与训练。教学内容上,主要对民众进行三民主义教育、乡村良好道德礼俗教育、良好卫生习惯教育、农业科学知识教育以及各方面的技能教育。选用的教材大部分是研究院老师自编的,具有实用性,更符合当地乡村民众的需求。从本质上看,村学、乡学是一种内涵丰富的社会教育,通过

[①] 吴相湘.晏阳初传:为全球乡村改造奋斗六十年[M].长沙:湖南岳麓书社,2001:164.

这种社会教育扩大了受教育对象的范围，普及了文化知识，减少了文盲的数量，提高了当地乡村民众的文化素质和道德素质，发挥了教育应有的作用。更重要的是，当广大的乡村民众有了科学的头脑和良好的道德品质后，他们能够更好地参与到当地的社会改造中，成为乡村建设的主力军，推动乡村建设有序、顺利开展。梁漱溟的村学、乡学首先完成了普通教育的目标，进而涉及了更广泛意义上的社会教育改革的内容，这样一来，村学、乡学便具有了教育和行政的双重职能。通过乡村教育改革逐步为乡村社会改造提供人力资源支撑，最终整体上推动乡村建设与改造目标的实现，促进了乡村社会的发展与进步。

4.6 采取灵活多样的改革措施应对乡村教育多样化的情形

教育的发展受到多种因素的影响，不同环境下的教育会存在一些差异。这种差异不仅体现在由地域和区域的不同而造成的区别，也反映在不同的需求上。当外在的环境和条件发生变化时，教育必须随之调整和改变，否则就会成为阻碍社会发展的因素。从地域上来说，中国不同地域之间差别大，所以必须做到在不同的地域内进行实验，最后综合各地的实验结果才能科学地制定方案，保证方案的实用性。①从区域上来说，彼时城乡之间发展程度差异明显，城市教育可以模仿西方工业化国家的教育，而发展落后的乡村更需要省钱、省时间以及通俗的教育。因为省钱意味着无钱乡民也有机会接受教育；省时间意味着没有空闲的乡民也能抽出时间求学；通俗要求简单易懂，即使没上过学的乡民也能产生兴趣。②这种特殊性就要求乡村教育者采取灵活多样的措施应对不断发展变化的乡村社会情形，做到因时、因地、因人制宜，从而探索出适合乡村民众的"新教育"。

---

① 宋恩荣.晏阳初全集：第一卷[M].长沙：湖南教育出版社，1992：489.
② 中国陶行知研究会.陶行知教育思想理论和实践[M].合肥：安徽教育出版社，1991：27.

4.6.1 创造新的教育形式迎合乡民需求

乡村社会长久的封闭性决定了乡村民众的保守性和落后性，他们不愿进取，不要新奇，看见进取和新奇的方法与手段便会反对。这就提示乡村教育改革者在改革时，切忌一股脑地用全新的内容取代传统。乡村民众难以接受突如其来的变化，排斥任何大规模或全盘的变化，因为这种变化与他们长期以来安于现状、不求变化的心理会发生冲突。对于当时的乡村教育而言，不能一味模仿西式教育的固定化、制度化形式，要适当调整和变通。

由于当时教育尚未普及，所以广大乡村地区的民众绝大多数是文盲。从教育的角度来说，识字教育最为重要，这一结论成为乡村教育改革者的共识。陶行知在认可文字教育重要性的同时，提出文字教育不可以离开生活。生活的符号必须和生活联系起来，否则便与书呆子的教育无异。[①]因为他深知文字对于乡村民众的真正意义是什么，只有让文字在乡村社会"活"起来，才能被乡村民众掌握，也才算是发挥了文字在乡村社会中的作用。可见，对于乡村民众来说，文字只有与他们的生活结合才会产生价值并发挥实效。所以，陶行知提倡在日常生活中教乡民识字，让文字和实际生活发生紧密的联系。这种识字的方法和传统私塾以及西方教育相比有其独特性，正是这种独特性带来了更好的效果。上课时间过于固定和刻板不利于乡民坚持下去，规定晚上7点上课，那么晚饭没吃完的不能来，没有刷碗洗锅的不能来，有小孩子要看护的不能来，伺候婆婆抽烟的不能来，做生意的不能来，守牛但牛不舒服的不能来……所以开始的时候尚能够济济一堂，但是时间不长，就变得七零八落了，直到最后只剩几个人。[②]针对这一问题，陶行知提出不能来学者送教上门的主张，他看重"小先生"时间的伸缩性和灵活性，于是积极倡导培养"小先生"，利用"小先生"这一充满热情的群体，很快就解决了长时间困扰乡村社会的问题，推动了乡民

---

① 方明.陶行知全集：第三卷[M].成都：四川教育出版社，2005：217.
② 方明.陶行知全集：第三卷[M].成都：四川教育出版社，2005：211-212.

识字教育工作的普及与发展。

晏阳初在定县建成了多所具有独特形式的学校,这种独特性首先表现在开课时间上。乡村社会与城市最大的区别在于生产生活与农业生产紧密相关,节奏相对固定,于是他们将课程安排在农闲的秋冬季节,保证绝大多数乡民有充足的学习时间。其次,在教学地点的选择上,摆脱固定安排学习场地的限制,很多课堂直接设在农家院里,很大程度上免去了乡民去固定地点上课的不便性,减少了由于路途遥远造成的失学。最后,在教学方式上,通过编写歌谣教乡民们唱的方式,让乡民唱出他们的工作和生活方式,歌咏他们劳作的艰辛和为社会作贡献后的坦荡与自豪。比起在教室里枯燥地学习书本上的理论知识,这种教育方式更加灵活,也更容易让乡民接受。[①]虽然这样的教育与严格意义上的教育有所区别,但恰恰是这种别具一格的教育形式取得了意想不到的好结果。在定县,晏阳初还创造了同学会这种全新的继续教育形式,以防止乡民出现学过就忘的现象。他们一边用粉笔在刷黑了的墙上写重要新闻,一边创办《农民周报》,设立广播站,宣传关于改进耕作技术、改善家庭情况、儿童保育、合作社和卫生指导等实用知识。通过以上种种教育形式的改革,创新了乡村教育工作的思路和方法。这种从各个方面都尽量符合乡村民众习惯、顺应他们生活节奏的教育形式,在很大程度上提升了乡村民众接受教育的积极性,促进了乡村教育的发展,使乡村教育真正取得实效。

4.6.2 设置符合乡村社会需要的课程和教学内容

课程设置和教学内容选择是最能判断乡村教育改革是否真正将教育与乡村社会融合在一起的指标。当乡村教育真正做到关注乡村生活的时候,乡村教育的课程自然就会体现乡村社会的需要,具有较强的乡土性,这种乡土性也会随着地域和需求的不同而有所差别。

---

①赵婕,刘杨.当教育界群星闪耀时:民国教育家小传[M].北京:中央广播电视大学出版社,2013:70.

第4章 基于教育思维的乡村教育改革策略

晓庄的课程从实际生活出发，具有条理性和适应性。早晨5点开始有一个5到10分钟的寅会，筹划每天应进行的工作，随后是武术课。上午大部分时间为阅读，阅读的书分为学校规定的和自己喜好的。下午的时间主要安排农事活动、简单的仪器制造，另外就是到民间去。平民夜校以及做笔记和日记等则被安排在晚上进行。这样的课程安排完全符合乡村社会生活节律，目的就是将学生培养成具有"农夫的身手、科学的头脑和改造社会精神"的人。对于教学内容，陶行知也有自己的认识。他指出虽然要课本，但教员不能过于依赖课本，要多增加其他多样性的材料，从而满足实际需求。晓庄的教学内容体现出典型的乡土性，最典型的例子就是陶行知引导姚文采如何选取生物课的教学内容。姚文采是晓庄的生物老师，陶行知请来捉蛇老师，指导学生掌握捉蛇的技巧，最后连最胆小的女孩子也敢捉蛇了。陶行知通过这一事件告诉他应该如何开展教育，以及如何选取教学内容。这样的经历启发了姚老师，后来他重新选择了教学内容，而新内容无不与乡村社会紧密相连。满足乡村社会需要的生物课生动活泼，教学内容更是因为符合乡村社会的特点，更易于学生接受并且学生也乐于接受，真正做到了"随时教育、随地教育、随人教育"。

平教会除了承担教乡民读书识字这一重要的教学任务外，还努力满足乡村民众的教育需要。当时的定县卫生基础条件差，很多流行病缺少有效的预防和治疗手段，由此造成比较恶劣的后果。针对这一事实，平教会便在天花流行时教人们如何种牛痘，大大提高了教育内容的实用性。生计教育方面同样如此。到了种棉花的季节，他们就教乡民一些有关棉花种植的新知识，帮助乡民提高生产量，增加他们的经济收入。生计巡回训练的内容也随着乡村社会生产生活重心的转变而灵活调整，训练时间以一年为一个单位，在不同的阶段安排不同的教学内容：第一期在3、4月，为植物生产训练；第二期在8、9月，为动物生产训练；第三期在11月至来年2月，为农村工艺及合作训练。这样的安排保证每一期都有训练的重点，更重要的是，每一期的教学内容安排都与乡村社会紧密相关，具有很强的针对性和实用性。

梁漱溟的村学、乡学课程有"同有的功课"和"不必相同的功课"两大类：前者是固定的课程，如识字、音乐和精神讲话；后者是无定的课程，指各地"因时因地制宜的功课"，以更有针对性地解决当时当地的问题，促进当地事业的建设和发展。在治安欠佳的地方设自卫组织和自卫训练；地多荒山且群众以不能保护林木为苦的，开设造林、护林课程；产棉区设棉花种植、棉花运销合作课程。这些因地制宜的课程更符合每个地区的特点和需求。另外，成人教育、妇女教育和儿童教育也都尽量满足乡村需要，回归乡村本土生活。儿童教育内容突出实用性，选择识字、一般科学、农业知识、卫生常识以及公民学作为主要内容。之所以作这样的安排，是因为梁漱溟认为："有必要通过扭转乡民的思想，让他们愿意送子弟入学。"成人教育根据当地需要选择课程内容，不能出现诸如小麦产区讲养蚕技术这种所学不匹配生产实际的问题。

4.6.3 安排符合乡村农业生产劳动特点的假期

假期安排作为乡村教育的组成部分，同样需要符合乡村社会的特点。乡村地区的假期要以适应农业生产活动的周期性和季节性为原则，不能盲目模仿城市学校固定的假期安排。过多的假期不仅不利于学生学习的持续性，而且不完全顺应乡村学生的实际生活规律。"有人以为寒假暑假是在避冷避热，但乡村儿童绝不怕冷天的风雪和热天的太阳，所以寒假暑假都不需要。春假是在游春踏青，到郊外去欣赏自然，而乡村的儿童天天在大自然的怀抱里，也不需要假期。星期日是做礼拜的日子，乡村儿童大都不是教徒，更不需要。其余纪念日假使含有教育作用的，也不必放假。反过来说，乡村儿童在农忙期间，多数需要帮助家庭操作，而学历中没有农忙假，许多令节在乡村社会是很重要的，如中秋节、冬至节、清明节、端午节等，而学校仍需要儿童上课，照这样来看，

第4章 基于教育思维的乡村教育改革策略

乡村学校的学历不适合乡村小学的需要。"[①]这一论述体现了当时乡村学校假期安排的不合理性。

学校教育是生活教育的一部分,理所应当要根据乡村实际生活的需要进行调整。农忙的时候必须给学生放假,让学生回家帮助家里做农活,学校绝不应该强迫学生回学校上课。反过来说,乡村儿童不忙的时候,学校也不应该放假。本来当时乡村儿童上学尚存在动机不足的问题,如果学校经常放假,就会导致学生更不愿意去学校了。另外,从降低经济成本的角度看,也不应该让过多的假期占用学生更多的学习时间。陶行知的生活教育提倡教育和生活之间的联系,要求打通学校和社会的壁垒,体现在假期上便是可弹性安排。家庭希望儿童能够在家帮助生产时,学校应当许可,这一点可效仿唐朝田假的做法,给予适当的假期。考虑到当时中国的实际情况,最终还是变更为三个学期这样的安排。[②]这种安排与西式教育两个学期和两个假期的安排有所区别,是满足中国乡村社会需要的一个合理化选择。

梁漱溟设置乡村服务人员训练部的目的在于培养吃苦耐劳、坚韧不拔,具备解决实际问题的知识和技能的人,课程设置也是紧密结合培养目标设定。训练部的课程以一年为期限,其间没有假期,不仅没有寒暑假,而且连平时的周末和一切纪念节假都没有。一方面,因为课程多而时间短,不得不加紧。另一方面,训练部培养的是服务乡村之人,乡村生活的一个特点便是除农暇外没有放假停工一说,如果按照固定的时间安排假期是不合农业社会习惯的。[③]对乡村服务人才的培养要完全遵从农业社会的生产和生活习惯,从假期安排上能明显地感受到山东乡村建设研究院对乡村社会实情的关注与重视。至于儿童教育部,除农忙季节外要求学生每天上课。总体来看,梁漱溟在邹平希望用最短的

---

① 古楳.乡村师范学校教科书:乡村教育[M].上海:商务印书馆,1935:114-115.
② 方明.陶行知全集:第十一卷[M].成都:四川教育出版社,2005:253.
③ 梁漱溟.梁漱溟全集:第五卷[M].济南:山东人民出版社,2005:236.

时间完成对教师和学生的培训，因此课程安排相对较为紧张。与课程节奏紧凑相对应的就是假期的减少，无特殊情况是没有假期的，有假期也限于让学生从事农业生产。作为家里的主要的劳动力之一，学生需要参与农业生产劳动，这种安排体现出农业社会的人文关怀。

4.6.4 创造性地运用多样化的教学组织形式和教学方法

对于民国时期的乡村教育来说，师资短缺是一个突出问题。学生间显著的差异性也给教师的教学活动带来很大的影响。面对不同的学生，教师应采取和选用不同的教学方法。为了解决这一问题，乡村教育改革者在乡村教育改革过程中创造性地提出了一些较有成效的教学方法。

陶行知在教育普及过程中为了解决师资短缺的问题，创造了"小先生制"，组织失学儿童，采用大孩子教小孩子，会的孩子教不会的孩子的方式，扩大传播知识的队伍，有效应对师资不足的现实问题。"小先生"不仅要承担教学生的责任，更重要的是，他要教学生做"小先生"和"传递先生"。只有一个个"小先生"组成"小先生团"，才能充分发挥力量。做好普及教育工作需要"小先生"，他们可以联合更多的人和更多的力量冲锋陷阵，攻破愚昧无知的阵线。[①]面对当时很多人对"小先生"的质疑，陶行知还特别做了一首诗来回应："人人都说小孩小，谁知人小心不小。你若小看小孩子，你比小孩还要小。"[②]陶行知深知小孩子身上蕴藏着无穷的能量，让他们作普及教育的主要力量在当时的社会中是经济实惠、效果较好的选择。陶行知的小儿子在家里教祖母识字，祖母可以读懂来信，这一事情更坚定了陶行知推广"小先生制"的决心。"小先生"就像一根根连接各个村子的电线，他们努力地将光明输送给各个村庄，照亮了村庄前进的方向。也正是在"小先生"的努力下，普及教育得以有效地发展起来。

---

①方明.陶行知全集：第三卷[M].成都：四川教育出版社，2005：197-198.
②方明.陶行知全集：第七卷[M].成都：四川教育出版社，2005：87.

第4章 基于教育思维的乡村教育改革策略

为了更好地推广识字教育计划,晏阳初及其团队创建了一种全新的制度——导生制。充当导生者有三类人:一是小学里年龄稍长的儿童,二是刚刚识字者,三是村中那些老学究们和在识字运动开端看笑话的绅士们。[①]选择一所平民学校的一个班,按照班上有50名学生计算,在50人中5选1,最终选出10名比较聪明的学生,这10人就是导生(第一类导生)。被选为导生后,他们需要承担双重职责。在校期间他们有责任帮助其他同学,扮演教师助手的角色。放学回家后还得教自己的家里人,或在邻居那里再组织一个班,类似于让学生当"小先生"。[②]为了解决工作中遇到的难题,扩大学习知识和技能的群体范围,晏阳初还创造了导生传习法,即在教给学生知识的同时,还要求学会知识的学生将知识进行传递,进一步教会别人,所以"教的人应该站在学生的地位教,而学的人则应站在教人的地位学"。晏阳初认为这种方法最经济、最迅速,不仅有计划、有组织,而且能持续、自动推进,可以帮助普及当时最急迫的男女老幼大众教育。

梁漱溟邹平实验区建设过程中倡导全民皆为学众,但是由于实际条件的限制,有些穷人家的孩子需要照顾家庭,或者帮助家里工作,不能按时入学接受教育。于是,乡村建设者们就谋划着建立一个全新形式的组织,以解决这一问题,即共学处。所谓共学处,就是教师将学校内的学生进行分组,由学生发动自己身边不能入学接受教育的同伴,利用午饭后或者早饭前这一空闲时间,在村头、树下等地点组织学习的一种教学形式。这些小老师被称为导友。每一个共学处的两位导友的工作包括开展每次60至90分钟的教学,目的在于帮助失学儿童掌握读书写字等基本技能。这种大胆的尝试创造性地解决了穷苦学生不能入学求教的问题。对于导友来说,经过知识的即知即传,不仅加深和巩固了自己对所学知识的理解,更能和所教的学生一起进步和成长,实现了"教学相

[①] 宋恩荣.晏阳初全集:第二卷[M].长沙:湖南教育出版社,1992:331.
[②] 晏阳初,赛珍珠,宋恩荣.告语人民[M].桂林:广西师范大学出版社,2003:319.

长"。由于导友是经过严格选拔的,后期要对他们进行严格的培训和考核,这使得他们工作极为认真严谨,因此也取得了不错的效果。共学处十分符合乡村社会的实际,各地纷纷成立,为教育普及工作的开展奠定了良好的基础。

4.6.5 采取就地取材的方式解决教学设施和设备不足的问题

民国的乡村社会百废待兴,乡村教育改革者面临的不仅是师资短缺的问题,更有教学设施与设备不足的难题。这些短时间内无法解决的问题需要教育改革者转换思维方式,充分利用现有资源争取获得最优的效果。于是他们因陋就简,灵活地将现有的条件转换为有助于推动教育改革的条件,用变通的方法解决实际问题。

结合乡村社会的实际条件改造教室已成为民国时期乡村教育改革者的共同做法。在校舍方面,晓庄学校"以青天为顶,青山为帐,师生自己动手建校舍"。草舍的修建采取就地取材的方式,取山林中的树木作房架,上面盖上稻草和蒲草编织的厚草帘防水,所有草房的围墙涂成淡黄色,周围种植树木和花草。[①]生活教育以社会为学校,教室的范围自然不是在房子里,而是在天地间,更好地实现了教学和实践相结合。研究农事时,旷野就是教室;研究工业时,工厂就是教室;研究商业时,市场就是教室;研究社会时,十字街头就是教室。生活教育没有局限在房子里,而是以研究的便利性和深化为出发点,随时选择和调整教室。

晏阳初的 227 所平民学校校舍只有约 0.9%是自建的,剩下的教室大部分是借用小学、民房、庙宇、祠堂等已有建筑。其中,借用小学作为校舍的平民学校占比为 53.47%,民房占 23.32%,庙宇和祠堂合计占 7.41%。由于农村地区保守,妇女和女孩的教学都在家中完成。虽然这些地点看似与教室风马牛不相及,但是在当时的环境下确实发挥了重要的作用。之所以可以因陋就简,是因为晏阳初始终坚持"一切只求实用,不重外表,则乡村教育之普及,自非难

[①]陈波.陶行知教育文选[M].杭州:浙江大学出版社,2014:2.

事矣"①的观点。

梁漱溟的研究院在选址时坚持就地取材的原则，采用充分利用现有房屋取代新建校舍的办法，所以邹平地区的校舍有些是沿用原来乡村内的学校校舍，有些则是改建原有的庙宇或者较为宽敞的民房而成。如第二乡学设在青阳县的万寿寺，这里原为村高级小学所在地，留有教室20余间，另外还借用了万寿佛殿50间僧舍作为教学场所。

硬件的学校校舍问题解决之后，还需要考虑的就是读书识字需要的纸笔，这些易耗品对于很多乡村家庭来说是一个沉重的负担。陶行知深知中国是一个穷国，国之穷已经到了农村破产、民不聊生、农民连饭都吃不上的地步。拿富国的办法引到中国来，无疑是让乡下人吃大菜。他从穷人的实际出发，想出用穷办法来办穷教育。在乡下买不到纸笔，就用筷子当笔，用桌椅当纸；柳条为笔，泥地为纸，也可以书写，就是不容易考核而已。②"在手掌上默写，手掌便成了纸。有机会在桌上用点水练练字更好，桌是纸，水成了墨，还有指头永远是不花钱的笔，随身带着自来笔。"③穷出穷主意，富出富主意。穷人办教育样样都得带点创造性，充分利用现有条件进行变通。至于没钱买教科书的问题，陶行知认为可以让小学生在写字课上抄大众读本，一个月以后，就有书供大家使用了。可以将饭店招牌当作课本，教学生认识招牌上的字，这就是免费的书，可以不花钱拿来读。另外，上课最好安排在白天，以节省灯油。这些看似简单的方法却能够解决当时由于经济紧张造成的种种难题，能够保证乡村教育顺利开展下去，这种就地取材的做法完全符合当时乡村社会的条件和实际，保证乡村教育改革能够持续有效地推行下去。

百年前的乡村教育陷入盲目袭古仿欧的旋涡中不能自拔，从培养目标到课

---

①宋恩荣.晏阳初全集：第一卷[M].长沙：湖南教育出版社，1992：409-410.
②方明.陶行知全集：第三卷[M].成都：四川教育出版社，2005：214.
③方明.陶行知全集：第四卷[M].成都：四川教育出版社，2005：347.

程设置与教学内容安排，再到教学方式方法的选择与运用，无不充斥着工业文明的教育理念。当西式教育大肆传播之际，传统教育也没有退出历史舞台，他们隐蔽地藏在角落里影响着乡村新式教育的开展，使其始终未能完全摆脱传统保守的影子。无论全面复古还是全盘西化，都不利于乡村教育的发展，要想改变现状，乡村教育改革者提出必须立足国情和乡情，让新的乡村教育在民国乡村社会的土壤中破土而出。乡村教育改革者首先明确了为乡村社会培养适用性人才的乡村教育目标，只有确保方向正确才能保证乡村教育改革有效，进而他们提出要扎根乡村社会探索乡村教育改革之路。随着探索的深入，他们发现人才短缺是制约乡村教育改革和乡村社会改造与建设的因素，他们又不约而同地采取借助内力和外力的方法，双管齐下培养乡村改造与建设的人才。培养人才不完全等于留住人才，要想人才真正扎根乡村社会，乡村教育需转变价值取向，完成从"离农教育"向"为农教育"的转变。传统教育从价值取向上看，是名副其实的"离农教育"，学生接受教育后纷纷选择离村进城，名义上是乡村教育，实际上却在为城市发展培养人。这些乡村学校培养出的学生与城市学校的学生存在一些差距，他们"高不成，低不就"，既无法在城市安身立命，又不愿回归家乡。乡村教育改革者在进行乡村教育改革时牢牢把握乡村教育与乡村社会的关系，在人才培养的过程中始终保持教育和社会的联系，使培养出来的人能够更好地适应乡村社会的需求，整体上提升乡村教育满足乡村社会需求的能力。乡村教育要满足乡村社会的需求，需完成乡村教育价值取向的"乡村化"。价值取向的转变单靠乡村民众是无法完成的，乡村教育改革者应以身作则扎根乡村，同时鼓励知识分子积极主动地融入乡村社会，与乡村民众打成一片，进而建立知识分子启发引导乡民成为乡村建设主体的机制。通过启发和引导乡民，将他们培养成自觉的乡村建设工作者。在具体的工作中，乡村教育改革者发现仅关注乡村普通教育的改革与发展只能解决一小部分人的受教育问题，而不能解决大多数人的受教育问题，所以他们建构完整的乡村教育体系，丰富乡

第4章 基于教育思维的乡村教育改革策略

村教育内涵，协调处理好乡村教育各要素间的关系，力求实现以乡村教育改革助力乡村社会改造的目标。无论是乡村教育改革还是乡村社会改造与建设，在当时的环境下都不能一蹴而就，而要经历一个漫长的过程。为此，乡村教育改革者制订了逐步推进乡村教育改革实施的计划和步骤。他们渐进式地开展乡村教育改革，逐步培养乡村改造与建设人才，从而为工作开展提供较为充足的人力资源。面对多样化和个性化的乡村教育需求，乡村教育改革者在改革过程中采取灵活多样的改革措施，以应对乡村教育多样化的情形。他们创造新的教育形式满足乡民需求，设置符合乡村社会需要的课程和教学内容，安排符合乡村农业生产劳动特点的假期，创造性地运用多样化的教学组织形式和教学方法，采取就地取材的方式，解决教学设施和设备不足的问题。

在科学、正确的教育改革思维的指导下，乡村教育家开展了卓有成效的乡村教育改革实践活动，一场旨在以乡村教育改革为抓手，进而推动乡村社会改造的活动在乡村社会轰轰烈烈地开展起来了。正是在一系列乡村教育改革活动的影响下，越来越多的个人和群体开始关注乡村社会，开始重视乡村教育，乡村教育改革和乡村社会改造日益成为人们关注的重点，进而越来越多的人亲身参与其中，形成了影响深远的乡村教育思潮，对当时的乡村社会乃至中国社会产生了重要的影响。整体来看，这些具体的举措在实现乡村教育近代化以及推动乡村社会近代化的过程中产生了实际的效果，对教育近代化和社会近代化都有积极的意义。乡村教育改革者的改革实践活动，不仅有效推动了当时乡村教育的改革与发展，而且在此基础上也实现了乡村社会的改造与建设。乡村教育改革者基于教育救国的理念开展乡村教育改革，同时希望借此机会能够实现中国乡村教育现代化，虽然由于认识层面的偏差，最终未能彻底改变中国乡村教育的面貌，但是经过一系列的教育改革举措，乡村教育改革取得了一定的成效是个不争的事实。无论是乡村教育的变化，还是乡村社会的改变，都在当时引起了世人的强烈反响，从这个意义上说，乡村教育改革者的乡村教育改革活动是成功的。

第5章 教育思维指导下的乡村教育改革成效

民国时期的乡村教育改革，是一些心怀国家的有志有识之人力求教育救国的一次努力尝试。他们立足乡村社会实际，深入思考乡村教育存在的问题，明确乡村教育改革的方向，形成科学的教育思维，在教育思维的指导下亲自进行乡村教育改革实验，形成了独具特色的乡村教育实验区。无论是陶行知创办的晓庄试验乡村师范学校，还是晏阳初的定县实验、梁漱溟的邹平实验，都见证了他们乡村教育改革的成效。虽然由于种种原因，他们的乡村教育改革尚有一些需要反思和改进的地方，但这并不影响他们的乡村教育改革对乡村教育和乡村社会现代化产生的深刻影响。乡村教育改革者将乡村教育从错误的轨道拉回到正轨上来，保证了乡村教育发展方向的正确性；打通学校与社会、知识分子与乡村民众的联系，实现了教育与社会的联系，更好地实现了二者的相互影响和相互促进；制订了逐步改造的计划，明确了乡村教育每一个发展阶段的目标，有力地推动了乡村教育科学化发展；因时、因地、因人制宜开展乡村教育改革，实现了教育的个性化发展。以上种种有力地推动了民国乡村教育的现代化进程。除此之外，大教育观的践行也将教育和社会发展紧密结合在一起，在推动乡村教育改革的同时，促进乡村社会的改造。乡村教育改革最基本的作用在于培养了一大批立志从事乡村改造工作的青年，为乡村教育的持续发展奠定了人力资源基础。当乡村教育改革与乡村社会改造与建设的重要性凸显出来后，扎根乡村社会、系统推进工作成为乡村教育改革者的共识。他们身体力行，用实际行动吸引了更多的知识分子主动加入，和他们一同走进乡村、扎根乡村，形成了风靡一时的"博士下乡"运动，产生了深远影响。这一次，知识分子主动与乡民结合，两个群体经过不断磨合迸发出新的火花。知识分子成为有理论、能实践、会指导的知识分子，乡村民众成为新时期、新样态、新形象的乡村民众。在知识分子的指导和帮助下，广大乡民改善了生活环境，树立了科学的理念，提高了生活水平，提升了文化自觉和自信。探究乡村教育改革对乡村教育发展和乡村社会发展的作用具有重要意义。考察民国时期以教育救国为出发点和落脚点的乡村教育改革的影响，既要从乡村教育本身出发，明确乡村教育改革的直接影响，即乡村教育现代化的重要意义，同时也要明确乡村教育改革对乡村社会改造与建设的间接影响，探索乡村教育改革在推动乡村社会现代化过程中的重要作用。

5.1 乡村教育改革对乡村教育的直接影响

乡村教育改革最主要的目的在于解决当时乡村教育存在的种种问题。乡村教育改革者用科学的教育思维指导乡村教育改革实践活动，做到立足乡村教育实际，保证乡村教育发展方向正确，借助种种针对乡村教育弊端的改革举措，力求实现从部分到整体的全面变革。这些做法对乡村教育产生了重要的影响，促进了乡村教育的发展，加速了乡村教育现代化的进程。

5.1.1 显著地减少了乡村地区文盲的数量

陶行知指出，当时中国教育是不平等发展的，是畸形的教育，一方面有大量的博士和硕士，另一方面则有一大群无知识的农民。[1]乡村教育改革中重要

---

[1] 方明.陶行知全集：第三卷[M].成都：四川教育出版社，2005：453.

的一项任务就是最大限度地实现乡村民众文化知识水平的提升。由于当时师范学校的力量有限，面对普及教育的重任，陶行知创造性地提出了"小先生制"，这种方法不仅解决了当时乡村教育师资短缺的实际困境，更是攻破了普及教育道路上的"先生关""娘子关""买卖关""衰老关""饭碗关""课本关""纸笔关""学校关"等，收到了较好的效果。在他的倡导下，"小先生制"快速发展，截至1935年，已推广到全国23个省市，并且取得了成效，在很大程度上解决了文盲的问题，使更多的人通过读书识字摆脱了文盲的身份。

晏阳初的定县实验也在很大程度上解决了文盲问题。从整体上看，1928年，定县平民学生数量是1 125人，到了1929年，就增加到了5 839人，增长了近4.2倍。从个案看，定县第一乡区的入学人数从1928年的995人增加到了1930年的1 995人，年均增长近500人。1930年，定县7岁以上的有330 300人，其中文盲有274 150人，约占83%，12至15岁的青少年有95 800人，其中文盲有70 890人，约占74%。经过数年的努力，到1934年6月，全县14至25岁的青少年中，文盲有32 550人，约占总人数的40%。男青年文盲约占10%（表5-1）。1935年，男青年文盲数实现了彻底清零。[①]

表5-1　定县1934年文盲情况统计数据[②]

统计范围	文盲人数/人	文盲占比/%	识字人数/人	识字人数占比/%
全县青年	32 550	40	49 450	60
全县男青年	4 406	10	39 054	90
全县女青年	28 144	73	10 396	27

梁漱溟在邹平的扫盲工作也取得了较好的成绩，直接表现在学校数量和学生数量的较大幅度增加。据统计，1931年邹平共有小学288处，学生8 379人，到1934年增加到322处，学生9 653人。截至1937年1月，全县乡村小学，

[①]河北省地方志编纂委员会.河北省志[M].北京：中华书局，1995：723.

[②]宋恩荣.晏阳初全集：第一卷[M].长沙：湖南教育出版社，1992：408.

乡村高小部，村学儿童部、成人部、妇女部，二部制小学合计566所，在校生达到21 789人；共有472处共学处，学生5 468人；全体学生共计27 257人。按照当时邹平全县16万人口计算，学生数几乎占到人口总数的1/5。社会教育在这一时期同样扩展明显，截至1935年，全县村学有男子部116个班，学生3 455人，妇女部29个班，学生558人；全县251个村中，有青年义务教育训练班271个，学员8 602人。到1937年，全县有成年部271处，学生12 091人。[①]

5.1.2 有效地培养了乡村社会需要的"无贝之才"

教育作为一种培养人的活动，与民国乡村教育改革者的乡村教育改革有机结合，产生的重要成效之一就是在一定程度上使乡村社会摆脱了"无贝之才难求"的困境，为乡村教育和乡村社会的发展提供了适合的人才。这些立志从事乡村社会改造与建设的人成为推动乡村社会发展的重要力量，正是因为他们的努力和付出，才使得乡村社会逐步朝着现代化的方向发展。

晓庄试验乡村师范学校第一批虽然只招收了13名学生，但是经过三年的发展，先后共培养出230名学生。后来由于种种原因，晓庄试验乡村师范学校未能继续培养更多的有志之士，但是所有经过晓庄精神熏染的学生都最大限度地发挥了自身的作用，成为助力乡村发展的"无贝之才"。这些学生中的一部分原本就是社会上的翘楚，他们从城市来到乡村，用自己的实际行动践行着对乡村和乡民的关注，这样的人才在当时的社会中是千金难求的。在晓庄试验乡村师范学校首批13名学生中，包括清华大学二年级的学生操震球，上海中华书局编辑所图书馆主任程本海，以及上海爱国女校的教师李楚才和季时贤等。这些人从原来相对安逸的生活环境中来到晓庄，积极投身到乡村教育的改革事业中，就是为了用自己的力量改变乡村社会的面貌，而他们也真正成了乡村社会需要的"无贝之才"。除此之外，还有部分学生由保送和推荐而来。这些学

---

① 梁漱溟乡村建设理论研究会.乡村：中国文化之本[M].济南：山东大学出版社，1989：228-229.

子积极投身于晓庄试验乡村师范学校,系统学习生活教育理论和农业生产技能,之后他们带着自己的所学所得积极投身于中国乡村社会的改造与建设工作中,造福乡邻。①

"农建前途发展愈速,愈无人才以资因应,这是最危险最可忧的事情。"②当人才的重要性与紧缺性同时出现的时候,晏阳初便着手创办学校,培养乡村建设人才。1929年,晏阳初在定县翟城村创办育才学校。1935年,他又创办了以培养乡村建设领袖人才为目标的农村建设研究院。翌年,又在湖南创办衡山乡村师范学校,以培养乡村小学教师和乡村领袖人才。1940年,在北碚创立了中国乡村建设育才院,后于1945年扩建为中国乡村建设学院。③这些在晏阳初的努力下筹办的学校,着实为乡村建设培养了一批人才。

邹平实验也特别重视对乡村建设人才的培养,注重训练那些能留在当地的乡村建设人才。梁漱溟很早就认识到"外来满足人们要求的办法都无法真正解决问题",就好比给缺衣少食的人提供衣食,当下确实可能会有一些效果,但实际上却不是长久之计,也不能彻底解决层出不穷的问题。④基于这种事实,培养乡村建设人才就显得格外重要。"单靠乡村以外的人是救不了乡村的,必须乡下人自己想办法,才能把乡村救好,并且这个好才能保得长久。"⑤实现从输血到造血的转变,是从长远的角度为乡村社会的发展作准备。梁漱溟创办的山东乡村建设研究院的研究部开设两年制高级干部培训班,招收受过高等教育或具有同等学力的人进班学习。在1933年结业的33人中大多数留院,或者在邹平、菏泽两县的县政府或乡农学校担任重要职务。训练部于1931年开始招收山东各县具有中学水平的学生,学生毕业后除留院工作外,大多数都到邹

---

① 朱汉国.转型中的困境:民国时期的乡村教育[M].北京:北京师范大学出版社,2016:426.
② 宋恩荣.晏阳初文集[M].北京:教育科学出版社,1989:91.
③ 苗春德.中国近代乡村教育史[M].北京:人民教育出版社,2004:161-162.
④ 梁漱溟.我生有涯愿无尽:梁漱溟自述文录[M].上海:上海人民出版社,2013:68.
⑤ 梁漱溟.梁漱溟全集:第一卷[M].济南:山东人民出版社,2005:617.

平、菏泽两县或者回家乡担任要职。到 1937 年，训练部招收过三届毕业生，共有 1 040 人毕业，加上短期培训以及其他方式训练的人员，则可能超过 4 000 人。①这些乡村建设干部后来成为邹平乡村社会建设的中坚力量。

5.1.3 有力地推动了乡村多种教育形式的融合发展

乡村建设所需的人才是多种多样的，正如费孝通所言："要解决农民贫困问题，除了必须控制人口增长外，还要充分利用乡村现有的劳动力，鼓励他们积极参与到除农事之外的各种生产劳动中，以期通过合作更好地发展乡村工业。"②为了推动对乡村多样化人才的培养，乡村教育改革者始终坚持"大教育观"，除了学校教育之外，其他形式的教育同样得到了发展，这也为不同群体接受教育提供了便利和保障。在当时的乡村社会中，不分年龄、性别、贫富和种族，人人都有受教育的机会。③这样做扩大了教育的受众范围，有利于提升教育普及率。

家庭式教育、学校式教育和社会式教育是晏阳初在定县实验中推行的三种教育方式。定县的社会教育与通常意义上通过学校外的一切教育设施和机构对少年儿童和成年人开展教育活动的社会教育不同，它特指解决农民尤其是平教会毕业生毕业后的继续教育问题的教育形式。社会教育的中心组织为同学会。同学会原则上每个村子一个，内部设委员长一人，根据四大教育的内容各设置一名委员。通过积极推动四大教育的方式，促使乡民参与到各种提升自我的运动中，最大限度地发挥社会教育在带动乡民接受教育、提升生活质量方面的作用。晏阳初与赛珍珠交谈时指出："同学会的成员分布在 400 多个村子里，这些接受过教育的青年男女构成了一股不容忽视的力量。"④截至 1932 年，比较健全的村同学会有 72 处，乡联合会有 4 处，同学会成员用实际行动让社会教

---

① 景海峰，黎业明.国学大师丛书：梁漱溟评传[M].南昌：百花洲文艺出版社，2015：110.
② 费孝通.江村经济：中国农民的生活[M].戴可景，译.南京：江苏人民出版社，1986：200.
③ 苗春德.中国近代乡村教育史[M].北京：人民教育出版社，2004：309.
④ 晏阳初，赛珍珠，宋恩荣.告语人民[M].桂林：广西师范大学出版社，2003：318.

育生动起来,实现与普通教育的融合发展。

晓庄试验乡村师范学校通过创办中心茶园、联庄自卫团、救济会等,扩大社会教育的影响力,与学校教育有机结合,实现多种教育的共同发展。邹平的村学、乡学因地制宜,举办各种有利于乡村社会发展的社会改良事业,用社会式教育促进乡村社会的进步。

无论哪种教育形式都以培养新型乡村建设人才为目的,乡村建设人才的全面性和综合性对乡村社会教育提出了更高的要求。社会教育不仅要承担普通学校的职责,还要承担推动乡村社会改造与建设的任务。乡村建设人才最基本的素质就是能识字、会写字,所以各地的乡村教育改革都将识字及写字作为一项基础工作。除了基本的文化知识教育外,乡村教育改革者还非常重视对乡民生产能力的培养。通过开设农业生产、农村经济、乡村工业等与乡村地区发展有关的课程,帮助广大乡民掌握现代农业科学知识和技术,以谋农业的进步。经济发展之后,乡村教育改革者着手培养乡村民众积极向上、团结合作的精神。其中,梁漱溟的"精神陶炼"是典型代表。经过这样的熏陶,广大乡民明确了作为公民的职责,改变了过去自私自利的想法,提升了团结力和自治力,在实现经济发展的前提下,逐步实现乡村民主。乡村社会教育有效地培养了乡村建设人才,与普通教育共同发展,发挥合力作用,为全方位改造乡村社会服务。

5.2 乡村教育改革对乡村社会的间接影响

乡村教育改革者怀揣教育救国理想实施乡村教育改革,他们的目的是希望通过发挥教育独特的作用,改变当时落后的国家状况。教育作为社会大系统中的一个重要的组成部分,一方面受到政治、经济、文化和科技等因素的制约,另一方面也会在某种程度上对这些因素产生反作用。可以说,乡村教育改革者以乡村教育改革作为切入点是经过深思熟虑的。他们扎根乡村开展乡村教育改革实验,最直接的目的就是促进乡村教育发展。他们通过实施具体的改革策略,尝试解决乡村教育与乡村社会脱节的问题，改善乡村教育毫无生机与活力的状态，使乡村教育紧密联系乡村生活，回到应有的发展轨道上，更进一步彰显了乡村教育的作用，体现了乡村教育的价值。更重要的是，通过乡村教育改革，进一步推动了乡村社会的整体改造与建设。因此，在研究乡村教育改革者乡村教育改革策略的影响时，不仅要从乡村教育本身出发，关注乡村教育的发展变化，还要从乡村社会出发，明确乡村教育改革策略对乡村社会发展产生的深远影响。

5.2.1 引发了乡村社会改造与建设运动的高潮

中国社会的乡村属性决定了乡村始终占有重要的地位，乡村社会问题是中国社会的核心问题，只有解决了乡村问题，才能有效解决中国问题。由于发展受限，乡村逐步成为被大多数人遗忘的角落，无论是教育还是社会发展，人们更关注城市。当一群怀揣爱国情怀的乡村教育改革者深刻认识到乡村在中国社会的地位和重要性之后，他们从乡村教育改革入手，逐步开启了乡村社会改造与建设事业，长期以来被世人忽略的乡村再次进入大众的视野，引起了更多有志之士的关注，众多个人和团体纷纷投身乡村改造与建设工作中，引发了乡村改造与建设运动的高潮，使乡村社会迎来了重生。

乡村教育改革者深刻认识到知识分子在推动乡村社会发展中的重要作用，纷纷将关注的焦点从城市转向乡村，开启了他们乡村教育改革和乡村社会改造之路。改革者们希望通过自己的努力，帮助广大乡村民众摆脱无知无识的现状，实现整个乡村社会的教育普及，达到"除文盲"的目标。当广大乡民具备了基本的文化知识后，下一步工作就是提高乡村的自救能力，于是知识分子群体便扩大活动领域和范围，从改造乡村教育逐步扩大到推动乡村社会的改造与建设，以实现乡村社会的全面发展。晏阳初和当时来到定县的博士们不仅努力实现"除文盲"的目标，更是将帮助乡村民众"做新民"放在重要的位置上。他们指导乡村民众识文断字，提高生产生活技能，实现经济收入的增加以及生活质量的提升。这一系列做法改变了乡村民众的生存状态，带给他们无限的希望。可以说，知识分子是较早注意陷入绝境的乡村社会，并用实际行动尝试改造乡村社会的群体。正是在他们的努力下，越来越多的人加入改造乡村社会的行列中。

梁漱溟指出，乡村建设运动的开展使得社会人士认识到了乡村建设的意义，无形中形成了一种风气，使一般学者渐渐趋向于实际工作。同时，造成了一种舆论，认为建设乡村不仅是民族复兴的根本工作，还是国防建设的基础工作。这种舆论不仅推动政府投入力量保障乡村建设，还激发了普通民众对乡村建设的关注，号召他们着眼于广大偏远地区开展调查和研究工作，从而推动农业技术的改良。①改革乡村的呼声此起彼伏、渐渐起势，大众也将视线转向乡村。有头脑、有智慧的人经过否定怀疑和痛苦挣扎后，也领悟到中国模仿西方必不会成功。"我们成立的社会组织，自有其独特之处，我们开辟民族前途的道路自应按照这个路径前进。从乡村开始创造人类正常文明，要依靠绝大多数乡村民众，让他们自觉地肩负起这一责任。"②由此可见，广大知识分子下乡引起了社会的强烈反响，也吸引了更多的有志之士来到乡村，他们用自己的实际行动践行为乡村社会发展服务的理念，引发了乡村社会改造与建设运动的高潮。

5.2.2 开启了乡村民众与知识分子联合改造乡村的新模式

旧的士大夫，自居四民之首，然而他们不辨菽麦，不务稼穑，整天将"村夫""农夫"挂在嘴边。新的士大夫留洋归来，一样地不屑讲农村建设，以"麻木不仁"作为训斥乡民的理由。他们无论讲什么都不涉及乡村，他们实在是瞧不起农民，也因此抹杀了中国的基本问题。从数量上看，当时的知识分子在全体人民中仅仅是一

---

① 晏阳初，赛珍珠，宋恩荣.告语人民[M].桂林：广西师范大学出版社，2003：75.
② 仲安.乡村运动与乡村运动者[J].乡村建设，1932，2（9）：7-9.

第 5 章　教育思维指导下的乡村教育改革成效

小部分，乡村民众的人口数量依然在全国占有绝对比例，所以引导知识分子发挥其应有的作用，鼓励知识分子群体更好地帮助乡民群体，成为乡村教育改革的一项重要工作。正是在乡村教育改革者的积极努力下，拉开了知识分子与乡村民众联合的序幕。

陶行知意识到现代办教育的人总要在城里热闹，冷静的乡村没有人过问，[①]于是他辞退了东南大学的职务，一心一意扎根乡村，开始了他卓有成效的乡村教育改革。在晓庄试验乡村师范学校创办初期，陶行知聘请吕镜楼、杨效春、邵仲香、朱葆初等名人、学者担任辅导员，[②]这些人也成为最早一批扎根乡村社会、从事乡村教育改革和乡村社会改造的知识分子。随后在他们的影响和带动下，越来越多的知识分子服务乡村，与乡民联手共同建设乡村，打破了知识分子与乡村民众不相闻问的传统，开启了知识分子联合乡村民众改造乡村的新模式。

当晏阳初认识到 85%以上的中国人生活在乡村的时候，便毅然决然地将工作重点从城市转移到乡村。1926 年，平教总会选取河北省定县作为实验中心。在晏阳初的影响和感召下，有些知识分子不再选择留学深造，而是毅然决然地走向乡村，他们也不再像旧式士大夫一样排斥乡民，而是全心全意地为乡民服务。下乡知识分子的数量实现了从个别到小规模再到大规模的发展（表 5-2），1935 年的数量是 1926 年的近 7.6 倍。这些知识分子给定县带来了全新的思想观念，带来了先进的科学和技术，彻底改变了定县民众的生产和生活状况，促进了定县的建设和发展。

表 5-2　1926—1935 年定县实验区知识分子数量

年份	数量/人
1926	66
1928	82
1929	204
1935	500

[①]周勇.20 世纪二三十年代教育学者的乡村转向与地方行动[J].探索与争鸣，2021（4）：25-27.
[②]辛元，谢放.陶行知与晓庄师范[M].南京：江苏教育出版社，1986：7.

对于定县知识分子下乡曾有过这样一个生动的描述：1930年深秋的一个夜晚，在定县的一个村庄里，突然响起了热闹的锣鼓声和唢呐声，突然响起的声音让乡村民众纷纷走出家门，一探究竟。映入眼帘的是一支由多人组成的队伍，走在这支队伍前面的是一些文化模样的知识分子，后面跟着一群吹吹打打的乡民。猛一看有点像结婚时迎亲的队伍，其实却是由大博士、大教授组成的队伍。这个独特的队伍走街串巷，吸引了所有人的目光。他们举着灯笼，灯笼上没有画上图案，取而代之的是用笔写成的"春、夏、秋、冬"几个大字，这几个大字照亮了漆黑的夜空，后来就有了"博士下乡"这一说法。[①]虽然其中不乏由于各种原因半途而废的人，但最终仍有约2/3的人选择留下，后续也有人前来从事平民教育工作。[②]来到定县的海归博士们（表5-3）抛掉了欧美的书本学问，到乡村做研究。他们改变了传统，在乡村社会广袤的土地上开启了一段具有特殊意义的人生旅程。

表5-3 平教会定县实验区部分博士情况一览表[③]

姓名	职务	毕业学校	专业	原来单位及职务
晏阳初	干事长	锡拉丘兹大学	法学	中华平民教育促进会总干事
谢扶雅	秘书主任	哈佛大学	哲学	岭南大学教授
瞿菊农	总务主任	哈佛大学	教育学	政法大学教务长
汤茂如	学校式教育部主任	哥伦比亚大学	教育学	政法大学教授
陈志潜	卫生教育部主任	哈佛大学	医学	南京行政院卫生署公共卫生处主任
熊佛西	戏剧委员会主任	哈佛大学	戏剧	国立戏剧学校校长

---

①赵锋.民国教育[M].太原：山西教育出版社，2015：81.

②赵婕，刘杨.当教育界群星闪耀时：民国教育家小传[M].北京：中央广播电视大学出版社，2013：68-69.

③冯杰.博士下乡与"乡村建设"：以20世纪二三十年代河北定县平教会实验为例[J].河北大学学报（哲学社会科学版），2007（5）：47-50.

（续表）

姓名	职务	毕业学校	专业	原来单位及职务
刘拓	乡村工艺部主任	艾阿华大学	农学	北京师范大学教授
傅葆琛	乡村教育部主任	康奈尔大学	教育学	法国华工青年会干事
冯锐	生计教育部主任	康奈尔大学	农学	东南大学教授

注：晏阳初为荣誉博士，汤茂如修完了博士课程，所以二人为博士。

梁漱溟认为知识分子是中国问题从发动到解决必须依靠的群体，[①]但是因为知识分子数量相对较少，所以他们不能成为解决问题的唯一力量，必须与其他群体结合才有希望。在当时的中国社会中，农民占总人口的八成以上，这样庞大的群体如果能和知识分子结合起来，从人数上就占据了绝对优势。乡村当时最大的问题是民众愚昧闭塞，最令人遗憾的是乡民有口难言，但是如果知识分子能够对乡民进行引导与教化，那必然会为乡村扩增耳目，增添喉舌，添了脑筋智慧。[②]为此，梁漱溟鼓励知识分子下乡和广大的乡村民众结合起来，发挥各自的优势。知识分子为乡民说话，使得下层动力得了头脑眼目；乡民拥护支持知识分子的工作，仿佛上层动力有了基础根干。两个群体合作解决中国的经济问题、政治问题，进而实现乡村的改造。邹平实验区培养的3 000多名乡村建设研究人员，与当地乡民合作开展工作，对促进当地的经济文化发展和风俗的转变起到了积极的作用。

5.2.3 丰富了乡村社会与城市合作的形式与内涵

农村社会学家顾复很早就认识到了城市工业的发展是带动农村经济发展的动力，他指出："我国历来工业不发达，农村人口过剩导致耕地面积减少，造成乡民生计困难。所以应该提倡发展工业，以工业发展带动乡村剩余劳动力

[①] 梁漱溟.乡村建设理论[M].2版.上海：上海人民出版社，2011：291.
[②] 梁漱溟.梁漱溟全集：第五卷[M].济南：山东人民出版社，2005：227.

就业，从而调节人口过剩的问题。工业的发展能够供给家庭小工业生产所需的原料，从而可以改善乡村的经济状况。同时城市中工业的发展也能够促进乡村原材料的生产，激发乡村的活力，使乡村动起来。"①城乡的发展本身就是相互促进和制约的，城市的发展会带动乡村的发展，乡村的停滞不前也会抑制城市的进步。在当时的社会环境下，充分利用城市特有的优势带动乡村社会发展是一个正确的选择，实现城市反哺乡村，有利于推动乡村更好地发展。乡村教育改革者用实际行动诠释了乡村社会与城市合作的新形式与新内涵。

  乡村教育改革者号召城市知识分子走入乡村，本身就是乡村与城市合作的一种形式，同时也是城市反哺乡村的重要表现。中国的知识分子往往不能摆脱旧观念的影响，出现与实际问题相距较远的问题，就像是戴有色眼镜看人却始终看不清，知识分子与乡村民众间形成了不可逾越的鸿沟，②所以搭建桥梁跨越知识分子与乡村民众之间的鸿沟成为当时的一项重要任务。陶行知始终未曾忽视乡村的发展，他深知，只有提高乡村民众的受教育水平，才能从整体上提高国家的教育水平。他同样深爱着乡村民众，告诫城市人，乡下人是他们的衣食父母。③定县实验区聚集了一大批洋博士、教授、作家、戏剧家、农艺师和社会学专家等爱国知识分子，他们舍弃了仕途和优越的生活条件，全身心地为乡下人服务，虚心地向乡下人求教，诞生了"乡下佬"与"洋博士"结合的经典景象，顺应了历史潮流，具有重要的进步意义。④面对当时乡村民众绝大多数是文盲的现实，知识分子的价值是毋庸置疑的。梁漱溟曾发出过这样的感慨："在教育发达的国家，受过教育的人不稀罕，而在中国却格外珍贵。只有大家共同扎根乡村，共同做广义的乡村建设工作，树立乡村建设的风气，引发乡村

---

①顾复.农村社会学[M].上海：商务印书馆，1924：15.
②宋恩荣.晏阳初全集：第二卷[M].长沙：湖南教育出版社，1992：280.
③刘锐.陶行知传[M].北京：北京时代华文书局，2016：45.
④雷克啸.我亲历的农村教育综合改革[J].教育史研究，2019，1（3）：17-30.

运动的潮流，那么就可以扭转数十年乡村发展的方向。"①由此表达了对知识分子回归乡村的热切希望。他认为知识分子应从城市走向乡村，充当乡村建设的领导者，用他们的知识和智慧帮助乡村民众解决问题，完成乡村改造与建设的任务，进而实现国家的复兴。知识分子作为受过教育的群体，他们具备一定的科学知识和技能，能够满足工业化发展的要求，有序参与到生产活动中，他们是城市群体的代表。鼓励知识分子走进乡村，领导乡村民众开展乡村建设就是他们作为城市群体利用已掌握的知识和技能，带领乡村民众从农业文明向工业文明过渡的新举措。城市知识分子与乡村民众结合是城乡合作的新形式，有利于发挥城市对乡村的反哺作用，推动乡村社会更好地发展。

除了知识分子以个人身份参与到乡村教育改革和乡村社会改造与建设中以外，城市机构团体纷纷与乡村建设团队合作，助推乡村改造与发展。由于乡村建设组织自身的能力有限，要想更好地推动乡村社会改造与发展就不得不借助外力，于是，一批城市机构团体成为乡村建设团队求助的对象（表5-4）。城市机构团体充分利用自身的优势，为乡村提供全方位的帮助与扶持，帮助乡村解决很多实际困难，成为助力乡村社会发展的强大后援力量。对于这些长期服务于城市的机构来说，与乡村社会的有效结合，不仅成功地帮助乡村社会解决了一系列实际问题，扩大了服务范围，更大程度上彰显了自身的价值，而且为后续城市机构团体服务乡村社会开了一个好头。这种城乡合作的新形式较好地发挥了城市带动乡村发展的功能，乡村社会也在接受城市机构团体帮扶的过程中获得了更多的资源，获得了更好的发展机会。

表 5-4 平教会合作的团体名称②

与合作有关之会内各部	合作团体名称	合作事业
平民文学	国语统一会	文字研究

①梁漱溟.梁漱溟全集：第五卷[M].济南：山东人民出版社，2005：226-227.
②宋恩荣.晏阳初全集：第一卷[M].长沙：湖南教育出版社，1992：343.

(续表)

与合作有关之会内各部	合作团体名称	合作事业
生计教育	金陵大学 河南大学 地质调查所 南开大学 中国银行 金城银行	育种 肥料 土壤 农村合作及仓库
卫生教育	内政部卫生署 协和医院 湘雅医学院	农村卫生技术人才训练
学校式教育	黎川农村服务联合会	协助
教育心理研究委员会	清华大学心理学系	研究
社会调查	协和医院	家庭卫生 人口调查
全会	燕大农村建设科	农村建设技术人才训练

5.2.4 推动了乡村社会的转型与全面发展

乡村社会经历了从教育改革到全方位的改造与建设后，各个方面均取得了一定程度的发展，整体呈现出与之前不一样的样态。这次以教育改革为切入点进而扩展到整个乡村社会建设的活动，对乡村社会发展的意义在于，促使乡村社会开启了转型发展，推动了乡村社会从传统向现代的转变。乡村社会多方面的变化正是这种转型发展成效的直接表现。

乡村社会的现代化转型首先表现在乡村社会组织的快速发展上。中国的合作事业自民国八年（1919年）创造以来，突飞猛进，至民国二十四年（1935年）年底，全国已登记的合作社共计 26 224 个，社员 1 004 402 人，其他未登记及近两年来新增加者，尚不包括在内。一年之内，定县 300 多个村成立了自助社，占全县村庄总数的 3/4，社员达到 8 000 多人。后来，因为农民对于合作的认识更加清晰，请求成立合作社或者改原有自助社为合作社的日渐其多。平教总会抓住机会，借助大规模合作宣传的效应，实现了合作社数量的猛增。

第 5 章　教育思维指导下的乡村教育改革成效

到 1935 年冬，正式成立的合作社共有 130 多个，解决了多年来困扰定县农民的高利贷问题。实验中，虽然改善了种子质量，提升了棉花产量，但事实上却是增产不增收，其主要是受奸商盘剥的缘故。之后，随着供销社的组建，所有棉农用船将棉花运到天津，与当地的纱厂老板直接进行买卖。三年间，棉花产值实现了十几倍的增长，从开始的 12 万元增至后来的 180 万元，有效地减少了中间商的剥削和压榨。①邹平当时做得最好的合作社是梁邹美棉运销合作社。1932 年至 1935 年短短三年间，棉花合作社数量增长 7 倍，社员数量增长 12 倍，棉田产量增长 32 倍。到 1936 年年底，按照"因地制宜、分区推广"的原则，邹平建立了棉花、蚕业、林业、庄仓、信用、购买等六大类合作社，数量总计达到 307 个，社员总数 8 828 户，已缴纳股金总数 12 422.93 元。②

乡村社会的转型发展还表现在社会风俗和社会治安的变化上。民国时期，由于乡村民众思想保守落后，缺乏科学观念的正确引导，无形中保留了封建社会的一些旧习俗和旧习惯，在一定程度上影响了乡村社会的治安情况。乡村教育改革者意识到社会风俗亟待改观，社会治安亟待改善，于是他们将改变乡村社会风俗、稳定社会治安作为一项重要工作。经过努力，更多的乡村民众掌握了知识、提升了素质，同时也为改良当地的社会风俗作好了铺垫。另外，经过教育与训练，乡村社会治安状况明显好转，这些改变又反过来助力乡村社会的整体改造与发展。从社会风俗的变化上说，邹平实验过程中除了提倡传统的敬老、慈幼、礼贤、恤贫、睦邻、扬善、抑恶、勤劳、俭朴等道德风尚外，还纠正了贩毒、吸毒、赌博、缠足、早婚等不良风气。其中，在反对贩毒、吸毒、赌博和缠足等方面取得了一些成绩，但是在戒早婚方面收效甚微。③虽还有提升进步的空间，但整体来看，确实改变了当时乡村社会的风俗，取得的成效是

---

① 晏阳初，赛珍珠，宋恩荣.告语人民[M].桂林：广西师范大学出版社，2003：324.
② 梁漱溟乡村建设研究会.乡村：中国文化之本[M].济南：山东大学出版社，1989：231.
③ 景海峰，黎业明.国学大师丛书：梁漱溟评传[M].南昌：百花洲文艺出版社，2015：117.

不应被埋没的。

定县实验中，通过开展卫生教育改善了当地乡民的卫生环境，进而起到了改变当地风俗的作用。当时的定县卫生条件艰苦，民众卫生意识淡薄，乡民不注重个人卫生，几乎不漱口刷牙，脸更是间隔几天才洗一次，有些人甚至终身不洗澡；饮食上，落过苍蝇的食物照吃不误；将近1/4的家庭饮水井和厕所距离只有20到21尺；家里桌椅上层层灰尘，屋内气味难闻；腐烂的柴堆在街上无人问津；妇女生产之时，由于缺少接生设备和技术，不注重消毒杀菌，新生儿死亡率高达19.9%。针对以上种种落后的风俗习惯，晏阳初大力开展卫生教育。经过一段时间的引导与训练，定县民众开始注重个人卫生，水井改造等有益于身体健康的项目也得以顺利推进。这些举措改善了当地村民的生活环境和卫生条件，帮助乡民逐渐养成了良好的卫生习惯，对预防天花等传染病起到了积极的作用，在很大程度上保障了乡民的健康安全。

从社会治安的改善上说，梁漱溟等人在邹平地方治安和民众自卫训练工作上作了一些努力，进行了一系列改革，使当时那段时期成为邹平解放前最安定的一个时期。菏泽实验区由于历来多土匪，地方治安不良，所以当地的乡村学校办得最有特色和最有成绩的便是民众自卫训练，这种民众自卫训练使得菏泽治安状况有所好转。梁漱溟在进行宣传时还特别举了1934年刘桂堂由河西窜扰鲁西，各县无不受其蹂躏，而他却围着菏泽转了一圈竟不入菏泽境内的例子来说明当时菏泽乡村自卫的成效。①

在晓庄，为了减少外部环境对正常教学秩序的影响，保证学校团体的正常运转，陶行知组织设立了自卫团。该团主要由学校的师生和当地的青年农民组成，还配备了武器。自卫团平时主要起保护学校和周围农民的作用；除了对外防范威胁之外，还定时向晓庄学校的师生和广大乡民讲解具体的作战方法，定期组织军事训练和演习活动，从而达到增强师生和村民军事意识的目的。这支

---

①景海峰，黎业明.国学大师丛书：梁漱溟评传[M].南昌：百花洲文艺出版社，2015：118.

武装力量在维护正常教学秩序和保护乡村民众财产安全方面发挥了重要作用，其中以 1928 年阻止土匪对学校的骚扰事件最为典型。当时因战争失败而流窜到乡村为匪的散兵给了晓庄一封恐吓信，企图勒索 3 万大洋，并扬言不按时交钱的后果就是用武力血洗晓庄。在自卫团成员巡逻防范和治安机关的共同努力下，这次恐吓事件最终被压制。由此可见，乡村社会的治安在教育改革者的努力下得到了很大改善，也为乡村社会的发展提供了稳定的环境。

5.2.5 全方位改善了广大乡村民众的生活

民国时期，广大乡村民众一直垂死挣扎，内忧外患的社会局势和天灾人祸的社会环境相互交织，带给乡民无尽的灾难。吃不饱、穿不暖成为当时乡村民众最真实的生活写照。乡村教育改革者的改革不仅使乡民掌握了文化知识，摆脱了文盲的身份，也使他们掌握了科学技术，能够更好地从事农业生产劳动，从而提高了生活质量。当生活质量明显改善后，乡村民众也有了更高层次的精神追求。乡村教育改革全面改善了乡村民众的生活，既有物质生活水平的显著提升，也有精神生活的日益富足。

首先，接受教育的乡村民众获得了更多的文化知识，能够更好地将科学技术运用到生产劳动之中，从而提高生产效率，改善自身的生活水平。由于科学知识的匮乏，乡村民众对很多现象不能作出科学的解释，于是算命先生便成了军师。蝗虫被说成虫神，告诫人们不能捕杀，否则要受到天罚；发大水被说成天公收人，只顾偷偷害怕而不去想治河的方法。[①]看似荒唐的说法背后却真实地反映出民国时期广大乡村民众的愚昧无知。乡村教育改革者在改革时充分发挥自然科学的作用，不但将自然科学运用到改造和征服自然之中，还用自然科学知识武装儿童和青壮年，用自然科学向乡民证明科学技术的重要性。[②]无论

[①] 中国陶行知研究会.陶行知教育思想理论和实践[M].合肥：安徽教育出版社，1991：208.
[②] 苗春德.中国近代乡村教育史[M].北京：人民教育出版社，2004：303.

是接受传统教育的梁漱溟，还是海外学成归国的陶行知和晏阳初，他们都格外重视将先进的科学知识和技术输送到广大乡村地区。

陶行知在流亡日本期间，亲眼看到了科学在日本发展中的重要性，于是回国后便积极提倡并组织"科学下嫁"运动，希望通过发挥科学的作用以达到救国于危亡的目的。[①]1931年，陶行知在上海创办"自然学园"，从事科学研究和普及工作，编写了《生理卫生活页指导》《微生物大观》《十万个为什么》等反映现代最新科学研究成果的科普读物，以及"儿童科学丛书"；成立"儿童科学通讯学校"，将其作为科学教育的试验基地；创办"空中学校"，演播科普知识，强调诸如饮食、睡眠等日常生活方面的科学性。以上种种都表明陶行知立志传播科学理念、大力倡导科学实践，在社会生活中营造一种提倡科学知识、践行科学理念的氛围。在这种氛围的影响下，无论是处于成长过程中的少年儿童，还是成年人，都能获得一些科学知识，为他们改善旧有观念、利用科学知识从事生产活动奠定了基础。

晏阳初到定县后发现大多数民众比较迷信，于是他将使农民头脑科学化作为当时的一项重要任务。平教会始终站在科学的立场，推行实验的方法，把握事实，针对落实，所有研究都依照科学的原则、原理完成。[②]他们深知仅靠口头演讲是没有成效的，"务须以科学方法指导实际的生产活动进而改进农民生活，养成农民运用科学的习惯，从而使农民的生活科学化"。[③]通过向农民介绍科学的养殖方法、讲解如何选种等，帮助农民增加收入。家禽家畜饲养方面，本地鸡与来航鸡的杂交品种产蛋量多了一倍。本地猪和波支猪杂交后的品种，在饲料不增加的前提下重量增加了1/3，每年可使当地农民增加8万余元收入。农作物种植方面，南京脱字棉产量平均增加18%~40%。[④]农民刘玉田种植的

[①] 田正平.中国教育通史：中华民国卷：上[M].北京：北京师范大学出版社，2013：238-239.
[②] 宋恩荣.晏阳初全集：第二卷[M].长沙：湖南教育出版社，1992：144.
[③] 宋恩荣.晏阳初全集：第一卷[M].长沙：湖南教育出版社，1992：385.
[④] 宋恩荣.晏阳初全集：第一卷[M].长沙：湖南教育出版社，1992：411.

小麦优于 72 号白麦，被定名为"定县刘玉田号"，经过鉴定属于华北小麦珍贵品种。园艺改良方面，进行了白菜的改良、葡萄栽培以及梨树整枝试验，产量平均增加 25%左右。在科学观念的指导下，各项工作有序开展，在很大程度上提升了乡民的收入水平。一般家庭 1933 年的年收入是 240 美元，较之前差不多增加了一倍。①以上事实证实了科学观念和技术的重要性。经过对农作物品种的改良，不仅增加了当地乡民的收入，更重要的是在这个过程中，广大乡村民众接受了科学的生产技术培训，有利于改变传统的靠天吃饭的迷信心态，进而建立科学的心理。②卫生教育方面，通过改良水井和厕所，保证饮水清洁，预防了疾病，基本控制住了长期危害乡民健康的天花和沙眼等疾病的发生。

村学、乡学作为推动乡村建设的机构被梁漱溟赋予了更为深刻的内涵，他认为若不设法引进新的科学技术，就不能体现出村学、乡学和现在学校的区别。办村学的乡村要和外面产生一种关系，从而更好地推动科学技术的开展。"科学技术不能进步，则村学乡学不能开展为一大社会。"③可见，村学、乡学要承担传播科学知识的职能。村学、乡学在因地制宜的基础上，开设有关农业技术方面的各类训练课程，帮助广大乡民树立科学意识并运用科学的方法，进而用科学的头脑指导生产劳动。通过举办展览会向乡民展出新型农业技术、种子和农业设备，使乡民在直观上对科学有一个认识。1931 年和 1932 年两次农产品展览会参观民众累计达 10.3 万人次，由此可以看出，乡民的科学思想日益提升。在医疗卫生方面，建立了覆盖面更广的公共卫生体系，举办医务工作者培训班，开展各种疾病治疗及预防工作，培养乡民健康生活的习惯。先后有 248 个村庄的 10 505 名学生和婴幼儿接受了牛痘接种手术，新的接生方法使新生儿的死亡率下降到 10%。④

①宋恩荣.晏阳初全集：第三卷[M].长沙：湖南教育出版社，1992：639-640.
②宋恩荣.晏阳初全集：第二卷[M].长沙：湖南教育出版社，1992：188.
③梁漱溟.梁漱溟全集：第五卷[M].济南：山东人民出版社，2005：444.
④梁漱溟.梁漱溟全集：第五卷[M].济南：山东人民出版社，2005：1020.

乡村教育改革不仅提高了乡村民众的物质生活水平，还在很大程度上改变了他们的精神风貌，提升了他们的自尊心和自信心，使其能够以更加积极的心态投入生产和生活中。由于各种条件的限制，近代中国乡村社会和乡村民众几乎与娱乐、休闲绝缘。他们整日过着如牛马般的生活，精神萎靡不振，毫无生气可言。他们始终生活在社会的最底层，为了生计疲于奔命，对于高层次的精神需求是想都不敢想的。乡村教育改革者的改革让这些底层的乡村民众有了读书识字的机会。掌握文化知识给了他们自尊和自信，让他们有了尊严。

1933年，埃德加·斯诺在《纽约先驱论坛报》上这样描述定县的场景："田地里年轻的农民用锄头在土地上写着'在中国扫除文盲''为国家塑造新公民'一类的话；还有40多位年轻的姑娘坐在一间临时的教室里，认真聆听教师讲千字课里的一个故事。"[①]定县实验中的文艺教育满足了乡村民众基本的识字需求，使从前未读过书的农民学会了读书，使以前从没有报纸的农民如今有了报纸，使从来没有文学作品的农民现在有了自己的文学作品（表5-5）[②]。当他们通过接受教育提高生产劳动的效率，进而改善了自己的物质生活水平之后，按照马斯洛需求层次理论，他们将寻求更高一级的需求，即通过开展各式各样的文艺活动丰富自身的业余生活，提高精神追求。当时的定县大多数乡村都搭建了露天舞台，来自北平（今北京）和上海的戏剧家们站在那个舞台上，表演为定县量身定制的科学短剧。定县不仅有引进来的舞台剧，同时还有自创的舞台表演。东不落岗就组建了自己的农民剧团，他们修建露天剧场，自己演戏自己欣赏，台上台下打成一片。[③]从1932年到1934年3月，平教会共成立11个农民剧团，培养农民演员180余人，编写《屠户》《锄头健儿》等具有思想性和艺术性的剧本21种，举办13届戏剧公演，观众达到3万多人次。[④]诚如傅

---

① 赵婕，刘杨.当教育界群星闪耀时：民国教育家小传[M].北京：中央广播电视大学出版社，2003：71.
② 宋恩荣.晏阳初全集：第二卷[M].长沙：湖南教育出版社，1992：402.
③ 宋恩荣.晏阳初全集：第二卷[M].长沙：湖南教育出版社，1992：145.
④ 郑大华.中国社会史文库：民国乡村建设运动[M].北京：社会科学文献出版社，2000：219.

第 5 章 教育思维指导下的乡村教育改革成效

葆琛所说:"民众教育中的休闲教育和艺术教育可以使乡村民众获得身体和精神上的愉悦,从而减少工作的疲劳,其价值在能指示乡村民众如何利用闲暇时间,作相当的休息和正当的娱乐,并能欣赏一切天然的美化现象,以及人为的各种美术品。"① 通过读书识字,乡民们以往单调、枯燥、乏味的生活发生了变化。

表 5-5　定县文艺教育项目及成果②

项目	做法	成果
文字研究	从事简化字的研究工作	《通用字表》 《基本字表》 《词表》
文学研究	开展歌谣的调查、整理和编辑出版工作	《定县秧歌选》
编辑教科书	开展平民教科书的编辑工作	《农民千字课本》 《高级农民课本》(2册) 《农民千字课自修本》 《农民高级文艺课本》 《平民读物》 《农民报》
艺术教育研究	整理民间实用画和民间纯艺术绘画	《高级画范》 《普通实用图案》 《妇女手工图样》 《千字课》《平民读物》《历史图说》插图
农村戏剧研究	研究农村戏剧与演出	《屠户》 《锄头健儿》 《卧薪尝胆》 《爱国商人》 《龙王渠》

---

① 陈侠,傅启群.傅葆琛教育论著选[M].北京:人民教育出版社,1994:281.
② 赵兴胜,高纯淑,徐畅,等.中华民国专题史:第八卷:地方政治与乡村变迁[M].南京:南京大学出版社,2015:326.

山东乡村建设研究院也特别重视丰富广大乡民的业余生活。为了防止乡民因为业余生活过于单调而误入歧途，山东乡村建设研究院的师生们一起排练内容健康、具有很大思想教育意义的文明戏。排练后，采取送戏下乡的方式，为广大乡村民众演出，以丰富生产劳动之余的单调生活。除了师生表演之外，邹平实验部分乡村还组织农民自编自演节目。春节期间，第一乡的贺家村组织村学儿童部的学生和成年部的学生积极排演新年戏剧。这次"轰动一时"的演出吸引了附近各村村民，三天的戏剧演出，每天的观看人数都达到了1 500人以上。另外，山东乡村建设研究院还经常组织放映队下乡给乡民播放电影，其中既有故事片，也有宣传农业科技常识的科教片。除此之外，还定期举办农民运动会，以改善乡民的精神面风貌。从时间安排上说，考虑到乡村生产生活的规律，运动会都在农闲的冬季举行；从项目设置上说，有拔河、投掷、武术、篮球、射击以及摔跤等。[①]无论是时间安排，还是项目设置都充分考虑了乡村生产和生活的特点和规律，活动得到了广大乡民的支持和踊跃参与，收到了良好的效果。校外各种活动的开展极大地丰富了乡村民众的业余生活，满足了他们在精神层面的追求。校内活动乡民也积极配合，实现了校内外的有机结合。校内通过设置一些供学生学习的场所，提供学习资料，组织开展有意义的学校活动，在很大程度上丰富了乡民的精神生活。白飞石曾经记录了当年第一乡贺家村的村学情形："村里创设了社会教育中心——'达德园'，配套阅览室、图书馆、音乐队、新剧社、体育场等，在很大程度上丰富了村民的精神生活。"[②]

教育思维对教育实践活动的开展有指导作用，乡村教育改革者用实际行动践行了他们对乡村教育改革的思考，以科学的教育思维不断推动乡村教育的发展，又以乡村教育改革带动乡村社会的改造与建设，乡村社会发展日新月异。对民国时期乡村教育改革成效的考察，既要关注乡村教育的发展，也要明确乡

---

① 郑大华.中国社会史文库：民国乡村建设运动[M].北京：社会科学文献出版社，2000：314-316.
② 萧克木.邹平的村学乡学[M].邹平：邹平乡村书店，1936：226.

第 5 章　教育思维指导下的乡村教育改革成效

村社会的发展与变化。

乡村教育改革者的改革活动立足乡村社会实际，以改变当时乡村教育的种种弊端为目的，积极探索适合乡村社会的乡村教育，努力实现乡村教育的现代化。实践证明，乡村教育改革的效果是显著的，实现了乡村教育的时代化和本土化，使乡村教育能够真正生长在乡村社会的土地上，融入乡村社会的环境中，成为真正的乡村教育。乡村教育扎根乡村社会，通过培养与训练乡村教师，进而不断培养乡村建设者，缓解了乡村"无贝之才难求"的困境。乡村教育改革产生的突出影响就是乡村教育与乡村社会发生了联系，打破了一直以来乡村教育和乡村社会存在隔阂的僵局，使学校和社会在真正意义上融为一体。为了让更多的乡民接受适合自己的教育，乡村教育改革者突破普通教育形式的限制，将社会教育融入其中，推动多种教育形式融合发展。乡村学校教育的改革使受教育人数持续增加，文盲数量日益减少，这种成效在当时是十分显著的，也引起了越来越多的人对乡村教育和乡村社会的关注。据《中国教育统计年鉴》统计，从 1925 年到 1935 年的 10 年间，全国各地建立的乡村教育、乡村改进和乡村建设试验区达到 193 处。[①]另据国民政府实业部统计，截至 1934 年，全国乡村教育改革试验区共有 600 多个，实验点和实验区达到 1 000 多处。[②]

教育是社会系统的一个组成部分，自然而然受到社会发展的影响。陶行知和晏阳初从乡村教育改革入手，逐步扩展到乡村社会的整体改造，梁漱溟从乡村建设入手，最后却落脚到乡村教育改革。虽然起点不同，但殊途同归，这就表明乡村教育改革与乡村社会改造在终极目标上具有一致性。除了对乡村教育的关注外，更多的有识之士将改革的目光投向乡村社会，促使社会人士更加关注乡村社会的改造与建设，用实际行动改变乡村社会的现状，推动乡村社会的发展。知识分子群体走出城市、走进乡村，正式开启了与乡民结合之路，引发

---

① 苏刚.民国时期乡村师范教育制度变迁研究[D].长春：东北师范大学，2015.
② 苗春德.中国近代乡村教育史[M].北京：人民教育出版社，2004：52.

了中国历史上轰轰烈烈的"博士下乡"运动。知识分子和广大乡民同吃、同住、同生活，在了解乡民生活习惯的基础上，用科学的知识和先进的技术帮助乡民改进生产方式，提高生产效率，增加收入，改善生活水平。当人们将关注的目光投向更广袤的乡村地区之时，就意味着人们正确认识了乡村和城市的关系。乡村经济是城市工业发展的基础，城市工业的发展是带动乡村经济发展的动力，只有正确处理好城乡关系，才能整体推动国家和社会的发展与进步，因此推动城乡一体化发展、实现城市反哺乡村成了这一时期的重要任务。除了知识分子个体作用的发挥外，部分机构、团体纷纷与乡村合作，部分大学专门开设针对乡村生产的课程，在更大程度上带动了乡村社会的发展。当广大乡村社会在知识分子和各种机构团体的帮助下不断发展进步时，乡村社会的变化就逐步显现出来了。首先是社会组织的发展。各种各样的合作社如雨后春笋在中国的乡村地区出现，不仅给广大乡村民众的生产生活提供了坚实的保障，还迎合了社会现代化发展的趋势。其次是带来了社会治安的稳定以及社会风俗的改善。社会治安的稳定为乡村民众正常的生产生活提供了良好的外在环境，社会风俗的改善对提升乡民的生活幸福指数有着重大意义。社会的发展变化对乡村民众生活产生了明显的影响，乡民不再像之前那样迷信，他们接受教育，获得知识，开始树立科学的观念，在日常生产生活中也试着用科学的头脑扭转长期以来听天由命的被动性。科学带来了农作物以及牲畜养殖品种的改良与优化，提高了产量，乡村民众的生活质量得到了改善。物质条件得到一定程度的满足后，追求精神上的富足日益成为重点。乡民逐步自信，以更加积极的心态投入生产和生活中，成为影响乡村社会发展变化的新型乡民。

　　这些成绩的取得足以证明乡村教育改革者从事改革实践活动的成功，也体现了乡村教育在助力乡村社会发展中的重要作用。当时代发生变化后，乡村教育面临的发展环境也发生了巨大的变化，存在的问题也具有了新时代的特征，但是不能否认的是，乡村教育的重要性并没有因为时代的发展变化而产生根本性的变化。虽然当前随着城镇化进程的加快,乡村地区人口数量占比在持续下降,但是乡村社会在中国社会中的地位并没有改变。乡村振兴战略的实施更是重申了乡村在中国社会中的重要性。"教育兴则国家兴"的论断将教育发展与社会和国家的发展紧密结合在一起。可以说,推进乡村教育振兴是积极响应国家战略的现实需要。回顾历史是为了总结经验和教训,在取其精华、去其糟粕的基础上将有益的经验进行有效移植,挖掘百年前乡村教育改革的有益经验,传承并创造性地发展这些经验,以适合当代乡村教育改革的需求。

第 6 章　历史经验的当代价值阐释

美国学者柯尔曼在《教育与政治发展》一书中指出："教育是开启通往现代化大门的钥匙。"教育是国家全面现代化中最重要的触媒，也是促进现代化的重要动力之一。"在现代化过程中，最大程度促进教育本身的现代化以及与国家全面现代化的发展协调配合，成为国家建设的首要课题。"[①]"教育兴则国家兴，教育强则国家强"的理念始终是教育改革的不竭动力。20 世纪二三十年代的乡村教育改革者怀揣"用教育启迪民智"的教育救国梦想，深入广袤的乡村，扎根无垠的土地，积极推进乡村教育改革，始终为实现"除文盲、做新民"的目标奋斗。新中国成立后，经济社会快速发展，尤其是改革开放以后，党和国家为提高人民文化水平、建设现代化教育强国，大力推进教育体制改革，特别重视农村教育事业的改革和发展。2003 年 9 月，《国务院关于进一步加强农村教育工作的决定》发布，明确了农村教育在全面建设小康社会中的重要地位，把农村教育作为教育工作的重中之重。2008 年 10 月，《中共中央关于推进农村改革发展若干重大问题的决定》明确提出大力办好农村教育事业的总体要求和实现农村人人享有接受良好教育的机会的历史性任务。党的十七大提出提高教育现代化水平。党的十八大又提出，到 2020 年，全民受教育程度和创新人才培养水平明显提高，进入人力强国和人力资源强国行列，教育现代化基本实现。党的十九大更进一步提出，建设教育强国是中华民族伟大复兴的基础工程；推动城乡义务教育一体化发展，高度重视农村义务教育。党的二十大引

---

①袁振国.教育改革论[M].南京：江苏教育出版社，2005：243.

领教育人要牢牢把握新时代新征程使命任务，紧紧围绕实施科教兴国战略，扎扎实实推进乡村教育高质量发展。

随着对乡村社会重要性认识的加深，我们越来越深刻地认识到乡村教育在乡村社会建设和发展中的作用，也更加深刻地感受到乡村教育体系建设和乡村学习型社会建构的作用。近些年，国家层面非常重视乡村建设，乡村振兴战略的提出更是将乡村的发展置于一个前所未有的高度上。乡村文化振兴是乡村振兴的一个重要组成部分，乡村教育振兴是文化振兴的基础和前提。现阶段需大力提倡并积极发展乡村教育，培养乡村文化振兴所需要的人才，以更好地实现乡村文化振兴的目标，最终实现乡村社会振兴。先前的新农村建设时期，国家就已经充分认识到农村教育是新农村建设的基石，对于全面建设小康社会和新农村建设具有基础性、先导性和全局性的重要作用。[1]从那时起，乡村教育开始受到重视，经过多年的不懈努力，乡村教育发展取得了一系列可喜的成绩。学前教育持续发展，农村多项指标有所改善。2017年，农村在园幼儿数达到2 893.29万人，乡村普惠性幼儿园占比高，增长幅度大，幼儿教师数量和质量均得到显著提升；农村义务教育整体发展成效明显，在校生人数增加；乡村教师队伍建设成效显著，农村小学专科及以上学历教师比例为93.80%。高中阶段普职结构相对稳定，毛入学率进一步提高，生师比有所降低，教师素质不断提升，普通高中教师拥有研究生学历的比例达8.94%，本科学历教师占比达89.20%。[2]以上数据证明了近些年乡村教育的发展取得了长足的进步，但是冷静下来思考不难发现，顽疾未能彻底解决，已成为制约乡村教育持续高质量发展的因素。不仅如此，时代的发展变化又衍生出许多新问题，加重了乡村教育的薄弱程度，如乡村教育整体质量低下，县域义务教育尚未实现均衡发展，办学条件落后，教师队伍稳定性不强、质量不高，人才培养结构与经济发展需要

---

[1]陈中原.中国教育改革大系：教育改革理论卷[M].武汉：湖北教育出版社，2016：238.
[2]新华社.乡村师资队伍向好发展《中国农村教育发展报告2019》发布[J].中国民族教育，2019（2）：5.

不匹配等。①这些问题影响着教育改革的步伐和速度，阻碍了教育现代化进程。因此，新时期、新形势下乡村教育改革工作依然任重而道远。

6.1 对待传统教育和西方教育的态度与做法

现如今，我国的教育改革是在世界性教育改革的大背景下开展的，世界各国教育改革的经验和教训对我们来说同样是一份宝贵的财富。在这个问题上，我们采取虚无主义的态度"仪型他国"，而忽视自身的优良传统和经验是错误的。世界教育改革的实践证明，不假思索地引进和截取外国经验，没有照顾到国情且没有做到全面分析消化是行不通的。同样，采取排外主义的态度、文化沙文主义的态度，夜郎自大，拒绝接受其他国家教育改革措施的优点和成功的经验，也是错误的。②民国时期的乡村教育改革者有着良好的教育背景，他们既受到了优秀传统中式教育的影响，又接受先进的西式教育启发，能够客观地看待中西方教育，在客观性思维的引导下，主动地将乡村教育实际和发展方向与传统教育和西式教育作比较，选择最适合乡村社会的内容，将其补充在乡村教育改革之中，最终使乡村教育从错误的道路上回归正轨，朝着正确的方向发展。面对新时期的乡村教育改革，借鉴民国时期的经验，需要站在客观的立场上对传统教育和西方教育进行审视与反思，只有辩证地对待这两种教育，才能取其精华、去其糟粕，有效地促进本国乡村教育改革的顺利开展。

6.1.1 辩证地看待传统教育和西方教育

教育改革在某种意义上就是对旧有教育传统的改变。新旧教育在各个方面的差异性导致二者间矛盾和冲突无法避免。这种矛盾和冲突在历史悠久、受影响深重的民族身上表现得更为明显。改革要改变的是传统教育中不适宜的部

---

① 邬志辉.中国农村教育发展的成就、挑战与走向[J].探索与争鸣，2021（4）：5-8.
② 袁振国.教育改革论[M].南京：江苏教育出版社，2005：22-23.

分，达到部分或全面革新的结果。部分革新意味着不能全部否定。中国传统教育积淀了大量值得吸收和借鉴的经验，当代的乡村教育改革者要关注传统教育中的优点，在取其精华的基础上进行传承和创新，继续发扬光大；对待传统教育的弊端则要深刻反思，去其糟粕，不能采取简单粗暴的方式全盘肯定或否定。民国时期的乡村教育是从封建社会发展而来的，本身残存着以选拔官员为主要目的，以儒家经典著作为课程材料，侧重于伦理道德的传承与沿袭，读经讲经活动盛行等浓厚的封建色彩。这种教育迎合了封建统治的需要，维持了政治的稳定，保证了文化的延续，在中国社会存在了两千多年。但是到了内外环境都发生显著变化的民国社会，再用传统教育模式培养人已经不能满足社会的发展要求了，教育已经全面落后于完成工业革命的西方先进国家。封建社会的遗蜕腐化了教育的本质，销蚀了教育的功能，使我们整个民族的生活和文化陷在僵死的躯壳中不能自拔。① 忽视现代科学和技术的传授，将实用性知识排斥在课程之外，最终导致在与西方国家交战中受尽耻辱。血淋淋的事实告诫我们，教育改革势在必行。改革并不意味着全盘否定，我们也要看到传统教育蕴藏的价值，以及教育演变过程中积累总结的有益经验。传统教育是"活着的"教育，包含并影响着未来的教育。正因为传统教育是"活着的"，才仍有积极的作用。② 比如，传统教育中形成的重视伦理、尊师重道等优秀的传统还应在当今社会继续传承下去。民国时期的乡村教育改革者在批判性地继承传统文化遗产的情况下，深入思考应如何改革乡村的教育问题，形成了科学的教育思维，在教育思维的指导下开展乡村教育改革，取得了一定的成绩。这就提示我们应客观地对待传统教育，结合具体的历史条件赋予其特定的内涵，使其具有时代性，从而更好地契合时代发展的需要。作为诞生在工业化时代的新式教育与当时的社会发展相吻合，是民国时期教育发展的主流趋势。世界各国都在积极地推动教育

---

① 古楳.乡村师范学校教科书：乡村教育[M].上海：商务印书馆，1935：47.
② 袁振国.教育改革论[M].南京：江苏教育出版社，2005：112.

转型发展，从发展趋势来看，中国势必也要被卷入这场洪流之中，完成从传统教育向现代化教育的转型。事实上，当新式教育全盘嵌入中国社会后却引发了一系列问题，这种问题在广大的乡村地区表现得尤为突出。主要原因在于当时的中国乡村停留在农业文明发展阶段，一时间难以接受和消化工业文明的成果，导致新式教育在中国乡村社会的推广和发展举步维艰。但我们也应该清醒地认识到，这种不适只是暂时的，教育的发展终究还是要契合社会发展的主流趋势，所以应该用发展的眼光看待新式教育。民国时期的乡村教育改革者对新式教育有着清醒的认识，他们既没有全盘肯定，也没有彻底否定，而是在探索中国乡村教育改革的过程中积极地引进并加以创造，使新式教育中的有利因素能够促进中国乡村教育的改革和发展。

陶行知的教育思想具有中华优秀传统文化的痕迹，彰显了民族特色和价值，同时也吸纳了西方先进的教育理念，凸显出时代特性。[①]他对于西洋教育中的真知识是竭诚欢迎的，但是不赞成办学一定要盖洋楼、说洋话、用洋书。他批判中国新教育从各个方面模仿外国的做法，从日本仿到美国，而模仿的结果被证实是失败的，国势依旧颓废和人民依旧愚贫就是最有利的证据。和工业发展到一定程度的美国和日本相比，当时的中国依然处于从农业社会向工商业社会转型的过程中，所以我们向美国和日本学习无疑是一种"文不对题"的做法，不会取得成效。[②]陶行知认为："我们不仅不能反对传统教育固有的优点，更要竭诚地拥护其固有的美德；而对于那种错误的升官教育我们是要反对的，也不赞成超然教育，更不能对一般百姓出钱读书却不识字的现象沉默不语。"[③]

晏阳初批判民国时期的教育一味热衷于从形式上模仿外国，"只顾从东洋和西洋抄袭，不管不顾中国的国情，尤其是不能适应广大乡村的实际需求，没

---

① 金林祥.20世纪陶行知研究[M].上海：上海教育出版社，2005：259.
② 陈波.陶行知教育文选[M].杭州：浙江大学出版社，2014：190.
③ 中国陶行知研究会.陶行知教育思想理论和实践[M].合肥：安徽教育出版社，1991：26.

有在民族文化和平民生活与心理上扎根，以致非但没能培养民族的新生命，振拔民族的新人格，唤醒人民的国民性，反而给中国人的心理带来了空前的矛盾和迷茫，造成民众民族自卑和崇洋媚外交织的扭曲心态，对中华民族自有的潜伏力和创造力是极大的摧毁"。[1]这样的教育培养出来的青年不仅肩不能挑，而且手不能提，他们不能安心地在乡村生活，也没有能力在城市闯荡，成为彻头彻尾的无业游民。

梁漱溟直言："中国的教育是失败的，二十年前职业教育被提倡就是因为学校培养出来的人不能满足社会的需要，出现学生毕业即失业的现象。十五年前乡村教育被提倡就是因为教育与社会相隔绝，受过教育反而成为社会之病累。但至今日，职业教育，乡村教育亦未能开得出路。农业教育办了几十年而没有带来新农业的兴起；工业教育办了几十年而没有促进新工业的发展。这些都是我们教育失败的证明。"[2]乡村教育的失败是因为教育是从工业社会产生的，在都市文明中有其位置与作用，但是搬到中国来，无法有效适应，所以就失去了原本的意义，最终产生了反作用。[3]过去，中国教育发生错误的主要原因之一在于忽视了对国情的考察而盲目抄袭外国经验，而另一层原因则是改革中的重蹈覆辙。[4]梁漱溟切实地看到了当时乡村教育的弊端，明确提出产生的原因在于蹈袭中国旧弊以及错误地模仿国外，所以对于乡村教育的发展来说，着力解决这两个问题才是紧要的任务。他认为："中国应该寻取自家的路走，积极吸取西方民主和科学智慧的同时，融入中国的传统文化，形成一种新文化去救活乡村，推动乡村教育的发展。"[5]

乡村教育改革者既有留学海外的高才生，也有精通中国传统文化的学者，

---

[1] 宋恩荣.晏阳初全集：第一卷[M].长沙：湖南教育出版社，1992：15-16.
[2] 梁漱溟.梁漱溟全集：第六卷[M].济南：山东人民出版社，2005：383.
[3] 梁漱溟.梁漱溟全集：第二卷[M].济南：山东人民出版社，2005：151.
[4] 梁漱溟.梁漱溟全集：第六卷[M].济南：山东人民出版社，2005：384.
[5] 郑建锋.梁漱溟乡村教育思想的现代价值[J].山东理工大学学报（社会科学版），2018，34（2）：101-104.

他们对中国传统教育和西式教育有着深刻的理解。与其他倡导盲目复古或全盘西化之人不同，他们能够客观地看待传统教育和新式教育中的优点和弊端，能够站在乡村教育发展的实际进行考量，选取两种教育中适合中国乡村社会的精华完成对乡村教育的改革。他们深知否定传统会使乡村教育缺少良好的发展基础，对传统教育优秀基因的忽视会弱化乡村教育的特色。全盘西化则造成了新式教育在乡村社会的"水土不服"，无论是学日、学美还是学英，都弄得一塌糊涂，学非所用，用非所学。乡村教育改革要用辩证的眼光看待传统教育和现代教育中的各种因素，应结合时代发展的需要和乡村社会的实际，取长补短，创造出适合中国乡村社会的教育，从根本上改变乡村教育的面貌，实现乡村教育以及乡村社会的发展。民国乡村教育改革者的改革实践，无一例外地尝试将国外先进的教育思想与教育制度和中国乡村社会的发展结合起来。[①]面对全面复古教育，我们要深刻地意识到社会发展带来的环境变化，更要看到教育在社会发展变化过程中表现出的前进性。理性面对传统教育的复兴，尽最大努力提炼传统教育中的积极因素并加以创造，使其能够与当代的教育有效结合，使生活在当今社会的人们能够自觉、充分、有效地运用传统文化中的资源，促进自身的成长，从而更好地发挥传统教育的功效，推动当代教育的改革与发展。西式教育自有的优势同样不能被否定，尤其是在自然科学领域的成就，更是我们努力学习并追赶的方向。学习并不是毫无原则、原封不动地照抄照搬，而是要在树立文化自信的基础上明确向西方学习的内容，明确必须坚守的底线，不能盲目学习，如果舍弃传统，不顾自身文化基因，这样的学习不但不能推动当今教育的发展，甚至还有可能会被同化，逐渐失去自己的特色。

6.1.2 教育发展的全面复古与全盘西化

中华优秀传统文化是我们的精神之根，如果精神之根断裂的话，我们就难

---

① 苗春德.中国近代乡村教育史[M].北京：人民教育出版社，2004：296.

以立足于当代世界。①教育属于文化的一种表现形态，优秀的民族传统教育对我们的精神发展同样具有重要作用。和民国相比，当今的教育正朝着完全现代化和国家化的趋势发展。近年来，随着国家综合实力的提升，国际影响力的日益扩大，我们在现代化发展的同时更加注重对传统文化的挖掘，随之引发了传统文化复兴的潮流。这股潮流渗透进入教育领域，产生了一系列的影响。一方面，继承和发扬传统教育中的积极因素，扩大了传统教育文化的影响力，推动了当代教育的改革与发展。另一方面，由于对传统教育元素不加筛选地全盘继承，也出现了副作用，典型的表现就是过于注重外部环境的创设以及外在形式的营造，从形式上复原传统教学场景，使传统文化教育与这种古代情境相伴相生，以一种古代的方式来实施。②近些年流行并发展起来的现代私塾、现代书院等就属于这一表现形式。这种完全复古化的教育教学形式迎合了部分人追求传统文化的心理，他们希望在复古化的形式中完成对传统文化的传承，但形式上的相似性不完全等于内涵上的一致性，这种复古形式的教育尚存在一些问题。一些私塾和书院过度强调对传统教育形态的展现，将书本变成传统的竹简，不但厚重笨拙，而且与当今书籍信息化、电子化完全相悖。在信息大爆炸的时代，容量过小的竹简远远不能满足人们对于知识的获取量。过度关注传统教育的"形"，而忽视了更为重要的"神"，未能做到神形兼备，便产生了东施效颦的结果。由此可见，盲目地坚持"凡古皆好，越古越好"的观点是错误的。

除了形式上的复古外，教育内容也出现了复古倾向。传统的中国教育是以儒家文化为根本，在此基础上衍生出以纲常伦理道德为主要内容的教育，和西方国家相比，缺少了对自然科学知识的关注。随着时代的进步与发展，科学知识与技术已经成为影响社会前进的根本动力，教育内容也应随着社会的发展持续性地更新换代。当今社会的教育发展必须顺应时代要求，如果一味强调复兴传统

---

①钱逊.传统文化教育的"神"与"形"：传承中华文化要重本末终始[J].人民教育，2016（22）：12-17.
②徐梓.传统文化教育不应变成复古教育[J].群言，2019（1）：24-26.

教育，就意味着教育内容要全部回归伦理道德教育，大量国学出现在课堂中，挤占了学生学习其他知识的时间，不利于学生健康成长，这显然不是我们对待中华优秀传统文化应有的态度和做法。

全盘引进西方教育，在民国时期就曾出现"水土不服"。21世纪，依然有部分人崇拜西方，不自觉地盲目跟随西方教育的脚步而迷失自我。近年来，高等教育领域社会科学各学科盲目崇拜西方学术的现象同样较为严重。例如，照搬西方的理论与方法，照抄西方的教科书，刻意模仿西方的文风和表述方式，以西方学术标准来评价国内的研究成果等。[1]层出不穷的全盘西化做法带来的直接的后果就是失去了对传统文化的正确认知，进而失去了民族性，这种后果对一个国家的发展来说是非常不利的。

6.1.3 取其精华，去其糟粕，拾遗补阙，促进乡村教育发展

从民国到当代，乡村始终是中国社会转型过程中无法回避的重要组成部分，这就决定了每次跨越式发展必然要涉及乡村经济、文化、科技、教育等方面的转变。教育作为促进经济发展、社会进步、科技文化创新的重要因素，具有基础性作用。只有乡村教育发展了，才有机会带动乡村社会发展，进而实现国家的全面发展。如何对待自有的传统经验以及外来经验，在很大程度上影响着教育改革的成效。对于传统教育留下来的宝贵历史经验，我们必须持辩证的态度。虽然在社会快速发展的时代，看似消极影响远远大于积极影响，但是不能因噎废食，采取简单抛弃的态度；也不能否定其消极影响，盲目性地全盘继承。对待传统教育的正确做法应是结合时代特色和发展要求进行调整，实现传统教育的创造性发展，因为"传统就是这样，无论你对它的态度如何，你总无法摆脱它对你的深刻影响。既然如此，我们不妨善待传统，从中汲取养分"。[2]对

---

[1] 何星亮.中国学术切勿盲目崇拜西方[EB/OL].[2023-11-07].http://theory.people.com.cn/n1/2017/0316/ c40531-29148418.html.

[2] 刘庆昌.教育思维论[M].广州：广东教育出版社，2008：45.

于国外先进的教育改革经验,"他山之石,可以攻玉",别国的经验和改革的策略完全可以吸收借鉴过来,为本国的教育改革服务。特别是随着现代化的深化,世界各国在教育上面临的问题存在越来越多的共性,因此互相取长补短,就更为必要。①这种吸收和借鉴不是盲目的,更不是不假思索地全盘吸收,而应辩证地取其精华,去其糟粕。针对中国教育现代化过程中的"三化"弊端,即"西化""洋化"和"欧化",乡村教育改革先贤们发挥了智慧,提出将外国先进教育与中国的实际相结合的具体做法,解决了乡村教育"中国化"和"本土化"的问题。②乡村教育改革必须符合乡村社会的实际,无论是继承传统的优秀文化,还是积极向先进的西方学习,都需要将其精髓和中国乡村社会实际有机融合,不顾本土社会特点和教育传统的做法将导致新教育制度的无根化。移植的新教育制度成活的前提是要适应中国的土壤,只有这样才能长得根深叶茂。诚如舒新城所说:"我们在面对外国教育制度时,只能报以参考的态度,千万不能将其看作'放之四海而皆准'的真理。"③

办中国乡村教育要从中国乡村实际出发,走中国自己的乡村教育之路。坚持扎根中国大地办教育,坚持以人民为中心发展教育。坚持实事求是,一切从实际出发,从理论和实践的结合上探讨中国乡村教育改革和发展规律是核心要义。④有人曾说,中国是需要新教育的,缺的是理智的"消化吸收",即通过再创造,使新教育成为名副其实的中国现代教育。⑤在中国传统教育不能适应社会发展,西方新式教育涌入中国社会的背景下,要想实现中国社会的改造,就必须从教育入手,变传统落后的教育为适应社会发展的新教育,通过教育的改造以培养改造社会的新式人才,从而实现国家和社会的改造与进步。新教育

---

① 袁振国.教育改革论[M].南京:江苏教育出版社,2005:105.
② 苗春德.中国近代乡村教育史[M].北京:人民教育出版社,2004:295.
③ 苏刚.民国时期乡村师范教育制度变迁研究[D].长春:东北师范大学,2015.
④ 雷克啸.我亲历的农村教育综合改革[J].教育史研究,2019,1(3):17-30.
⑤ 吴星云.乡村建设思潮与民国社会改造[M].天津:南开大学出版社,2013:244.

并不能完全照抄照搬西方模式,即使西式教育在当时已经凸显其时代性和进步性。经济基础决定上层建筑,教育作为一种上层建筑,一定要适应经济基础,所以我们在对待西方教育时应该做到"理智消化"。在考察国情的基础上,在调查乡村社会实际发展水平的基础上,理智地将西方教育中的积极因素吸收进来,让这些因素和中国乡村社会发生积极的化学反应,经过一个再生的过程,便有机会实现新教育改造社会的功能,发挥乡村教育带动乡村社会迈向现代化的作用。对于当今的乡村教育改革,同样也要坚持迎合乡村社会需求的教育才是有价值和有意义的教育的理念。在这个过程中免不了吸收和借鉴,吸收的是传统教育中的优秀部分,借鉴的是国外教育中先进的部分,两者有机融合能够真正促进乡村教育发展,实现乡村文化振兴,最终为乡村社会振兴助力。

6.2 正确把握乡村教育与乡村社会的关系

不同的人对乡村教育有着不同的理解,但不变的核心要义在于乡村教育应以乡村为本位,是为乡村发展服务的,这就将乡村教育和乡村社会紧密联系在了一起,二者之间有着不可分割的亲密性。教育与社会不能分离,有怎样的社会形态,就要有怎样的教育,有什么样的社会政策,就要产生相应的教育政策。乡村教育"一切设施,必以社会背景、时代需要为原则",以切合乡村社会经济能力和实际需要为原则。[1]一体化教育思维要求乡村教育改革者自觉地将乡村教育和乡村社会联系起来。乡村教育发展的前提是要将乡村教育置于乡村社会整体发展环境中进行考察,脱离乡村社会背景谈乡村教育改革,就是无本之木,空洞且无效。改革中要正确把握乡村教育与乡村社会的关系,探究乡村教育与乡村社会的协同发展,从而为当今乡村教育改革提供有益的借鉴。

---

[1] 刘伯英.对于山西省政十年建设计划:拟制农村教育专案之刍荛[J].新农村,1933(5):54-90.

6.2.1 乡村教育要和乡村社会消除隔阂，相互促进

民国时期的乡村教育与乡村社会没有发生联系，呈现出两层皮的现象，由此导致"无教"和"误教"。所谓"无教"，是指乡民缺少受教育的机会。无论是教材与社会生活脱节造成的学生毕业后完全不会记账、写条子，还是集体授课学生缺席后赶不上进度的失学，抑或是校历安排未考虑到乡村农业社会特点，上学时间和务农时间冲突带来的学生缺课等，都印证了当时的乡村教育不能帮助乡民解决实际问题，不受乡村社会欢迎，因此乡民也不愿送子弟就学。加之新式教育要收取远超出乡民收入的高额学费，导致乡民即使有心也无力送子弟入学。当时一个学生从入小学到大学毕业将花费4 000元以上，这么大的开销对于绝大多数乡村家庭来说是无法承担的。"教育资产化"在无形中关闭了乡民子弟入学求教的大门。"误教"表现在新式教育带来了乡村人才的大量流失，一步步削弱了乡村的文化基础。乡村新式教育应以培养新时代乡村社会所需的生产劳动人才为主，为乡村发展作出贡献，但盲目引进的新式教育不但没有收到预期结果，反而事与愿违。接受新式教育的乡村子弟开始向往城市生活，毕业之后更愿意往城市跑，而不愿回到乡村，即使在城市毫无立足之地，他们依然会选择留在城市，继续寻找机会。乡村教育最终为城市培养了"人才"，却留给乡村一片文化荒漠。无论是"无教"还是"误教"，归根结底都是由于没能有效考察乡村教育和乡村社会之间的关系，忽视了教育与社会之间的互动和相互影响。以城市生活为价值取向的新式教育显然与乡村社会格格不入，接受新式教育后的乡村子弟涌入城市生活也就不足为奇了。"离农教育"的根本问题在于乡村教育与乡村社会不相闻问、缺乏互动。为了改变这一现状，乡村教育改革者根据乡村社会生产生活现状，调整课程设置和教学内容，最大限度地使乡村教育与乡村社会产生联系。

在陶行知的眼中，传统学校的最大弊端是与社会实际生活脱节。"教育不以生活做中心是死教育，书本不以生活做中心是死书本。接受死教育、读死书

的人是死人。先生先死、学生学死。无论哪一种都会造成死国，进而带来死世界。"①晓庄各学校从成立之初便致力于解决学校和社会脱节的问题，渐渐地，这种做法也成了它的一个办学特色。晓庄除了设立9所中心小学和4所中心幼儿园外，还推动包括民众学校在内的多种社会教育的发展。无论哪一种形式，都表明晓庄与社会生活紧密结合，这些机构的诞生也确实做到了将学校和社会联系在一起，用学校的力量推动社会的发展与进步。

晏阳初认为，当时的教育要么是学生读完小学进入中学，而后进入大学，虽然拥有大量的书本知识，但是却对农民的生活一无所知，②成为有知识但无用武之地的人；要么是接受教育反而成了乡村社会负担之人，即一些乡村青年没有接受教育的时候还能做一个生产者，帮助家里从事最基本的农业生产劳动，而一旦他进入学校，接受一些所谓都市文明的教育，就直接变成一个在村不安、到城无能的无业游民。这就要求乡村教育改革者要从城市的图书馆走出来，走进真实的乡村社会中，在乡民实际生活中探寻乡村教育的真谛。晏阳初推行的四大教育无不与乡村社会生活紧密相关。四大教育内容紧密结合定县生产和生活实际，突出了乡村教育和乡村社会的紧密联系，切实解决了乡村生产和生活问题。

梁漱溟认为，只有把握乡村教育改革的客观性，才能凸显乡村教育改革的科学性，否则乡村教育改革不但不会取得成绩，反而会和乡村社会不相协调，使得乡村民众陷于痛苦之中。梁漱溟从具体的课程设置入手，强调乡村教育和乡村社会的联系。村学"因时因地制宜"的功课明显表现出和社会生产与生活的互动，③从课程设置到教学内容都与当时当地的社会发展紧密联系，突出了乡村教育和乡村社会间的关联，培养了具备乡村生产技能的人才，为更好地推

---

① 华中师范学院教育科学研究所.陶行知全集：第二卷[M].长沙：湖南教育出版社，1985：289.
② 宋恩荣.晏阳初全集：第二卷[M].长沙：湖南教育出版社，1992：326.
③ 苗春德.中国近代乡村教育史[M].北京：人民教育出版社，2004：182.

进乡村社会改造与建设奠定了基础。

6.2.2 乡村教育向城市教育看齐，与乡村社会呈现出方枘圆凿之势

长期以来的城乡二元结构造成城市和乡村存在较为明显的发展差异，城乡剪刀差的日益加重更是加重了差异程度。在"城市中心"的教育观念里，乡村教育是绝对落后于城市教育的，这是源于"城市—乡村""先进—落后"的二元对立模式。城市化抹杀了乡村教育的重要性和特殊性，将乡村学校当作城市学校的"低配"翻版，认为向城市学校看齐是提高乡村教育质量的唯一出路；办学指导思想"城市化"取向明显，各个方面一味地模仿城市教育；从课程到教材再到教学方法都与城市趋同，甚至教学内容直接照搬城市教育内容，[1]不考虑乡村特有的文化和需求，乡村教育的独特性及其独有优势完全被忽视了。[2]缺乏生命力和灵魂的乡村教育与乡村社会呈现出方枘圆凿之势，严重限制了乡村教育功能的实现。

首先，从价值取向上看，乡村教育陷入城市化取向。无论是将农村义务教育定位为普通国民教育，还是对乡村教育目的的表述，都蕴含着"离土""离农"的价值取向。乡村教育追求的是为未来的城市生活作准备，而不是为乡村人和乡村社会完满的发展作准备，那些脱离乡村实际生活或者束之高阁的知识成了乡村人远离乡村的推动力。[3]乡村教育不但与农村生活无关，而且割裂了乡村子弟和乡村社会的关联，他们中考上大学的，从此走上了"不归路"；即使考不上大学，或者大学毕业找不到工作回到农村的，也无心在农村寻求发展。其中，一部分人在城市与乡村都无法找到自己的位置而成为"游民"，真的变成"穷的格外穷，弱的格外弱"。[4]应试教育强调对文化知识的考查加重了乡

---

[1]邬志辉.中国农村教育发展的成就、挑战与走向[J].探索与争鸣，2021（4）：5-8.
[2]钱理群.农村教育的理念和理想[J].教育文化论坛，2010（1）：5-12.
[3]李森，崔友兴.社会变迁中的乡村教育[M].福州：福建教育出版社，2017：100.
[4]钱理群.志愿者文化丛书：陶行知卷[M].北京：生活•读书•新知三联书店，2018：9.

村教育的城市化取向，这种以升学为唯一追求的教育，与乡村社会毫无关联，是完全没有考虑农村改造与建设需要的教育。正是由于乡村教育定位不当影响了乡村民众对教育有效性的评价，使其形成了"读书无用"的认识，[①]这种认识又反过来阻碍了乡村教育的发展，长此以往形成恶性循环，非常不利于乡村教育的发展。

其次，从教育内容上看，乡村教育未能体现乡土性。乡村教育内容脱离了农业生产和生活的需要，仅仅局限于课堂和书本，缺乏对学生实践、动手能力的培养和锻炼。[②]普同性知识和乡土知识本应作为乡村教育体系中两个相辅相成的资源，这些知识既能帮助乡村子弟走向更广阔的世界，同时也能帮助他们获得本土精神满足；但完全城市化的价值取向排斥了乡土知识，只留下单一片面的书本知识教育，导致"千校一面，万人同书"。乡村子弟缺失了乡土文化的滋润，斩断了和乡村的关联，最终成了无根之人，[③]虽然生在乡村，但对乡村不热爱、不关心、不认同。

再次，从教育结果上看，乡村教育加速了乡村学生"离农"的进程。长期以来，受传统教育观念的影响，再加上市场"短视性"行为的推波助澜，读书为了升学的观念在乡村民众心中根深蒂固，乡村学校也将成绩作为追求的目标，教育部门将升学率作为学校主要的考核指标，无形中迎合了大部分人的需要，通过筛选机制将大批优秀的乡村子弟带入城市，无形中切断了自己的发展后路。乡村子弟选择不回乡村的一个很重要的原因在于，接受了文化知识教育的他们已经不具备农业生产生活经验，面临"种地不行，身体文弱，不善经营"的尴尬局面，[④]成了读了书就不愿意做工种田、无所事事的"文化人"。[⑤]所以

[①]余万斌，杜学元，谭辉旭.农村教育现代化的理论与实践研究[M].北京：人民出版社，2015：282.
[②]顾健.陶行知乡村教育思想对我国农村教育发展的启示[D].济南：山东师范大学，2010.
[③]钱理群.志愿者文化丛书：陶行知卷[M].北京：生活•读书•新知三联书店，2018：11.
[④]谷波.陶行知乡村教育思想对我国农村教育改革的启示[D].石家庄：河北师范大学，2012.
[⑤]钱理群.晏阳初平民教育与乡村改造运动思想及其当代价值[J].中国农业大学学报（社会科学版），2017（6）：1-18.

说,乡村教育在培养"精英"的同时也造就了"弃民",他们无法在城市和乡村找到归属,长期游离在社会边缘,成为"边缘人",[①]而这正是乡村教育不顾乡村社会需要造成的直接后果。

最后,从教师方面来说,教师自身的"离农化"倾向导致与乡村社会之间的距离加大。目前,乡村教师存在的一个显著问题是他们未能融入乡村社会,甚至排斥乡村社会。部分乡村教师生长在城市,缺少对乡村社会的基本认知,更谈不上归属感,也就缺少对乡村的热爱。有些特岗教师工作在乡村,生活在城镇,两地奔波减少了与乡民接触和交流的机会,更谈不上互动。一些乡村教师本身知识结构过于单一,不具备农业生产知识和农事活动经验,也不具备农业种养技能,所以在课程设计、教材开发、教学模式、教学方法等方面都很难做到"为农化""合农化",也难以给乡村学生以农事生产活动的教育指导,更不用说传授给他们在农村环境下生存发展的知识与技能。[②]无论是空间距离上远离乡村,还是心理层面与乡村民众产生距离,都表明当今乡村教师与乡村社会相剥离,这也是乡村教育未能与乡村社会打成一片的表现之一。

6.2.3 乡村教育紧密联系乡村社会,实现二者共同发展

当今社会经济发展需要具备综合素质和能力的人,这就要求现代教育具有实用价值,具有功利性,这样自然会推动教育与社会的联系。[③]国家层面为了推动乡村教育与乡村社会积极互动,也在不断提出新的要求。早在1987年《国务院办公厅转发国家教育委员会等部门关于全国职业技术教育工作会议情况报告的通知》中就提出,农村的教育应该从办学单纯为了升学转到主要为本地区两个文明建设服务,并适当兼顾向高一级学校输送新生的方向上来。1989

---

① 陈艳红.社会转型期农村教育现代化的困境与出路[D].长沙:湖南师范大学,2011.
② 姜克红.新生代农民工调查:6成无归属感,8成不会干农活[EB/OL].[2023-11-07].http://finance.cnr.cn/gundong/201207/t20120726_510347030.shtml.
③ 袁振国.教育改革论[M].南京:江苏教育出版社,2005:75.

年中国国家教育委员会发出的《关于在全国建立百县农村教育综合改革实验区的通知》进一步指出:"农村教育综合改革实验要围绕为当地培养合格劳动者这一主要任务,要使农村教育转到主要为当地经济建设和社会发展服务的轨道上来。"1999年《中共中央 国务院关于深化教育改革全面推进素质教育的决定》指出:"全面推进农村教育综合改革,促进农村普通教育、成人教育和职业教育的统筹协调发展,使农村教育切实转变到主要为农村经济和社会发展服务上来。"2001年《国务院关于基础教育改革与发展的决定》指出:"深化'农科教相结合'和基础教育、职业教育、成人教育的'三教统筹'等项改革。"① 2003年温家宝所作的《在全国农村教育工作会议上的讲话》提出:"农村教育改革必须全面贯彻党的教育方针,更新教育思想,坚持为'三农'服务的方向,拓宽教育服务领域,增强教学的针对性和实效性,从而满足农村人口多样化的学习需求。"②2018年《中共中央 国务院关于实施乡村振兴战略的意见》指出:"支持地方高等学校、职业院校综合利用教育培训资源,灵活设置专业(方向),创新人才培养模式,为乡村振兴培养专业化人才。"③近半个世纪以来,国家对乡村教育的认识逐步深刻,引导乡村教育照顾到乡村社会实际,切实体现乡村教育的价值。乡村振兴战略的提出,更需要发挥乡村教育的基础性作用,进而为乡村振兴服务。这就要求乡村教育改革要格外关注教育与社会的联系,深化对乡村教育与乡村社会联系的理解与认识,进而有序推动乡村教育与乡村社会的良性互动。

要对乡村教育有一个清晰而正确的认识,完成由城乡教育的优劣思维转向特征思维的"认知革命"。用优劣思维的框架分析城乡教育,绝大多数人会认

---

① 国务院关于基础教育改革与发展的决定[EB/OL].[2023-11-07].https://www.gov.cn/gongbao/content/2001/content_60920.htm.

② 温家宝.在全国农村教育工作会议上的讲话[EB/OL].[2023-11-07].https://www.gov.cn/gongbao/ content/2003/content_62506.htm.

③ 中共中央 国务院关于实施乡村振兴战略的意见[EB/OL].[2023-11-07].https://www.gov.cn/zhengce/2018-02/04/content_5263807.htm.

第6章 历史经验的当代价值阐释

为城市教育是优质的现代教育，而乡村教育则是劣质的落后教育。用特征思维分析城乡教育，则是将二者看成两种具备不同特征的教育。要认真发现与研究乡村教育特点，充分挖掘乡村教育优势，融入现代教育观念，全面提升教育质量。①乡村生活与城市生活最大的不同在于乡村具有乡土性，乡村人和乡村生活是在乡土之上形成的，因此，乡村教育应该具有乡土性。城镇化的发展和建设，使得本来具有浓厚乡土气息的乡镇慢慢向城市靠拢，乡村教育目的也进一步向城市走近。②现如今的乡村教育与乡村社会脱节，使得现代化教育培养了一批"城市追随者"，拉开了乡村读书人离乡的脚步。年长一辈由于受教育机会较少，即使留在乡村也无法成为文化的代言人，"一走一留"群体的差异性造成乡村文化与社会的衰败。乡村教育必须扭转将升学作为唯一目标导向的定位，要关注教育对全体学生自身生命健全成长的作用，夯实发展基础。努力提升学生素质，这种素质包括良好的思想素质、文化素质、劳动技能素质和体魄素质，这就要求乡村教育在培养和提高学生综合素质上下功夫。③现代乡村教育应当注重结合乡村文化、科学技术以及生活方式，以乡村社会为课程，以实践生活教育为主张，积极创建"活"的教育。通过启发民智，培养现代化公民，促使乡村自我认同以及自我建设能力的提高。④正确认识乡村教育的特征，把握乡村教育的特殊性，真正通过乡村教育为乡村社会培养适切性人才。

要培养并引进"留得住""扎得下"的人才，这是乡村教育与乡村社会紧密联系的一个重要表现。党的十九大提出了乡村振兴战略，这一战略目标的实现需要大量爱农村、懂农业、知农民的智慧化"三农"人才，也需要具备农业

---

① 邬志辉.中国农村教育发展报告 2017[N].中国教师报，2017-12-27（11）.
② 李森，崔友兴.社会变迁中的乡村教育[M].福州：福建教育出版社，2017：100.
③ 吴畏，李少元.农村教育整体改革研究[M].太原：山西教育出版社，1990：92.
④ 苏奕宇，王海卉.文化复兴视角下的乡村建设探讨：基于对民国乡村建设实践的解读[C]//中国城市规划学会，东莞市人民政府.持续发展理性规划：2017中国城市规划年会论文集（18乡村规划）.东莞：中国城市规划年会，2017.

生产或管理经验的人参与其中，培养、引进并留住人才至关重要。人才的培养依托于教育，乡村建设人才的培养要依托乡村教育，这种乡村教育要切实体现出乡村特色，以培养服务乡村的人才为目标，教学内容迎合乡村社会实际，教学活动与乡村生产和生活紧密联系。

6.3 对"大教育观"的思考与践行

无论是教育系统内部还是教育与外部其他要素之间的关系，都涉及众多组成部分，所以人们经常称教育为"大教育"。"大"者，包含整体系统的意义。"大教育观"就是整体观在教育上的具体反映。[①]既然作为一个整体，就需要发挥整体的功能，而整体功能的有效发挥建立在每一个个体功能发挥的基础上。整体中的各个部分是相互联系的，如果人为地将相互联系的各个要素进行分割，无疑会降低整体功能的发挥。对于教育来说，如果只关注其中一种教育形式而忽略其他形式，只关注单一领域知识而忽视其他领域知识，则会使教育的整体功能发挥受到很大程度的影响，严重的话还会使教育的功能变成负值。乡村教育改革者的乡村教育改革始终以系统性思维为指导，积极践行"大教育观"理念，丰富教育的内涵，使其涵盖更广泛的内容，辐射更大的范围，最终整体推动乡村社会的改造与建设。这种系统性思维给当今乡村教育改革提出了新的要求，要努力扩展乡村教育改革的范围，以乡村教育为基点整体推动乡村社会全面发展。

6.3.1 多种形式教育并行发展，助力乡村教育改革和乡村社会改造

与城市相比，乡村始终未能引起人们的关注，直到 20 世纪 20 年代，一大批知识分子在城市推广识字教育的过程中意识到乡村人口之多以及乡村在中国社会的重要程度后，他们纷纷将注意力从城市转向乡村，为乡村带来了复兴

---

①吴畏，李少元.农村教育整体改革研究[M].太原：山西教育出版社，1990：119.

的希望。这些有勇气、有魄力的教育改革者从乡村教育入手，开启了艰难的乡村教育改革，为实现乡村教育和乡村社会的复兴出谋划策。乡村教育改革者在推动改革的过程中，主动将教育与社会联系起来，将教育形式从普通教育扩展到社会教育，从文字知识教育扩大到生产知识和技能的教育，实现了对"大教育观"的践行。这种践行超越了单一的教育改革范畴，推动了乡村社会的全面发展。

陶行知一直倡导四通八达的教育，从本质上就是要打破传统教育的封闭与保守，拆除教育内部人为的壁垒与鸿沟，举办贴近人民大众生活、覆盖全民的开放式"大教育"，通过这种新型的"大教育"创造一个崭新的社会。[①]在晓庄，不仅有培养乡村教师的师范教育，还有自卫团、乡村茶馆、政治集会等多种形式的社会教育，推动不同教育形式的发展，才是真正构建了四通八达的教育体系。

晏阳初推行的四大教育形式连锁进行，希望在整个社会营造一种良好的教育环境和氛围，力图将乡村社会变成一所大学校。[②]这一做法同样突破了单一学校教育的限制，与陶行知"社会即学校"的观点类似，即在社会环境中开展教育，本身就丰富了教育的内涵，推动了多种教育形式协同发展。

梁漱溟也认为学校教育只是教育的一部分，而不是教育的全部，不能认为学校教育才是"定式教育"，而将广泛的社会教育视为"非定式教育"，从而轻视社会教育的地位和作用。乡村教育运动极力倡导"大教育"，这种以社会为范围的"大教育"强调在时间上无时不在，在空间上无处不在，将学校教育与社会教育有机结合，努力践行"大教育观"，实现教育的全面发展。[③]乡农教育，从人生教育入手，却包含了社会生活的整体内容，从一面看，是整个的人生教育，从他面看，就是整个的乡村建设。"农学校不囿于学校围墙以内，

---

① 金林祥.20世纪陶行知研究[M].上海：上海教育出版社，2005：326.
② 苗春德.中国近代乡村教育史[M].北京：人民教育出版社，2004：157.
③ 付洁.梁漱溟乡村教育思想与当代乡土人才培养[C]//"梁漱溟乡村教育思想与乡村教育振兴"学术研讨会论文集.滨州：滨州学院教师教育学院，2018.

不仅仅是一座学校，更是一座区公所或者乡公所，因为它在干教育的事之外，还要干政治和经济的事。"①

通过对民国时期乡村教育改革者教育思维的审视，发现他们对乡村问题及出路的认识如出一辙，即以乡村教育为突破口，统筹兼顾，将乡村教育、乡村建设、乡村管理有机结合起来，进行整体推进和全面改造。②正是因为乡村教育改革者以改革推动了乡村社会改造与建设，所以时人评价它"已不是一般概念的教育现象了，而是一种超越教育范畴的社会文化现象。这种现象不仅强烈地震撼着当时的教育领域，甚至影响到整个思想文化领域，所有关注思想文化的人们都无法漠视它的存在和影响"③。这一时期，有些乡村教育改革者把乡村看成一个整体，要一揽子解决乡村的贫困、落后、愚昧等问题，这就使他们的教育活动突破了就教育论教育的圈子，走与乡村相结合的道路，使教育改革不仅从城市深入到乡村，而且深化了教育改革，促进了中国乡村教育理论的产生。④先贤们的改革历程告诉我们，从事乡村教育改革的人不能只关心教育的改革与发展，还要关注教育以外的政治、经济、文化的改造以及乡村生活的改善，因为"农村教育不应是自我封闭的，而应是开放的，要发挥学校的外扩性影响与辐射作用"⑤。当时的乡村教育改革者将目光扩大到整个乡村社会的改造，实现了多样化教育形式对乡村社会整体改造与建设的促进作用。民国乡村教育改革者将乡村学校视为乡村改造和建设的中心，这样的认识对我们当今解决乡村问题同样具有启发性。在乡村建设和改造过程中必然离不开人才，而人才的培养要依托教育。这里的教育不仅包括学校教育，还包括社会教育，只有二者有机结合，发挥教育的持续性影响，才能源源不断为乡村输送人才，从而

---

① 杨效春.乡农学校的活动[J].乡村建设，1933，2（24/25）：1-6.
② 陈启新.试论陶行知的乡村教育思想及其对我国新农村建设的启示[D].武汉：华中师范大学，2007.
③ 苗春德.中国近代乡村教育史[M].北京：人民教育出版社，2004：50-51.
④ 高奇.中国教育史研究：现代分卷[M].上海：华东师范大学出版社，2009：160.
⑤ 钱理群.那里有一方心灵的净土[M].北京：中国文联出版社，2008：144.

推动乡村社会的有序发展。

6.3.2 教育结构不合理，不同教育发展不平衡，未能形成教育合力

对于乡村子弟来说，教育的作用主要表现在两个方面：一是通过接受普通教育逐级升学，最终实现阶层流动；二是通过接受职业教育获得基本的农业生产技能，从而更好地在乡村进行生产劳动。乡村教育也要以这两个功能为导向，既要满足一部分乡村子弟继续求学深造的需要，从而为其提供向上流动的可能性，又要为新时期新农村建设培养具有现代化农业技能的新型职业农民，然而现行的乡村教育主要表现出"向城市送人"，而不是"为乡村育人"的结果。学校以普通教育为主，职业教育和成人教育相对薄弱，这种现象的产生有着深刻的历史渊源和现实原因。受旧有"学而优则仕"的教育观念影响，人们认为从乡村跨入城市能获得更多的发展机会，会更有出路、更有前途，所以无论是学生本人还是家长，都希望其能够按部就班地完成普通教育，最终成功脱离"乡民"的身份，这无形中将乡村学校教育置于一个极高的地位。现实原因在于国家"普九"力度的加大，乡村地区的普通教育得到了更高的重视，但也导致其畸形发展。乡村普通学校的目标要求、课程设置、教学内容等都以升学为核心的应试教育为指挥棒，学生在学校接触和学习的知识严重脱离乡村社会生产生活，因缺乏乡村特色而呈现出城市化倾向，致使很多无法升学的学生回乡后由于所学知识没有用处，出现"种田不如老子，管家不如嫂子"的局面。一部分乡村青年尚不能适应乡村生活，更不要奢望他们改造乡村。与普通教育蓬勃发展形成鲜明对比的是职业教育和成人教育无人问津，久而久之，三者发展差距日渐拉大，职业教育和成人教育在广大的乡村地区难占一席之地。这样的教育结构未能形成教育合力，也无法为乡村社会培养适宜的多类型人才。

从数量上看，乡村地区较为系统的职业教育和成人教育寥寥无几，在欠发达地区甚至处于"荒芜"状态。从质量上看，即使有些地区有成人教育，大多

数也仅限于低水平的短期培训，无法产生实质性的效果。未能继续升学深造的乡村青年，经过低水平的短期培训不能够迅速掌握现代农业生产知识与技能，也不能为乡村社会的建设和发展作出更大的贡献。其实早在1987年政府就提出在农村地区实行"三教合一"的政策。到了1989年，广大农村地区全面进入农科教"三教合一"的实施与深入推进阶段，以期实现普通教育、职业教育和成人教育的统一发展。在运行还存在很大的问题：成人教育缺乏系统的教学计划；教材的科学性和系统性有待进一步提升；教学内容传统、落后，以种植养殖知识为主，缺少新技术的传授，不能满足新时期乡村和乡民的需要，无法适应现代农业和乡村经济的发展需求；教学形式以"填鸭式"为主，较少互动交流，缺乏吸引力，不能有效激发求学者的学习动机，难以保证培训持续进行。

教育结构不合理是当前我国乡村教育面临的普遍问题。普通教育依然是所有教育形式中最受重视的，其他形式的教育受到冷落，也就不能很好地发展。成人教育由于没有考虑社会实际，忽略乡村成人的基本特点和具体情况，效果并不理想。[①]乡村教育未能形成合力，导致功能受限，不能发挥乡村教育促进乡村社会建设和发展的作用，所以促进乡村多种教育形式的合力发展，实现乡村教育振兴依然任重而道远。

6.3.3 通过多种教育形式实现乡村教育和乡村社会的"合力"发展

2007年中央一号文件第一次提出"新型农民"的概念，并对其内涵进行了解读。"有文化"要求农民掌握基本的文化知识，"懂技术、会经营"要求新型农民具备符合乡村社会发展需要的生产技术和经营技能。2014年，中央一号文件又出现了"新型职业农民"的说法。称谓上的变化实际上反映出对农民身份和角色的新期待，从务农身份角色向职业角色转换，表明国家重视乡村人力资源开发，力求整体上提高乡村劳动者的素质，为更好地推动新农村建设提供

---

①袁桂林.中国农村教育发展指标研究[M].北京：经济科学出版社，2009：340.

第6章 历史经验的当代价值阐释

强大的人力资源支撑,保障乡村的建设和发展。新型职业农民的界定在某种程度上代表着突破原有对农民认识的限制,新时期的农民不仅需要具备基础文化科学知识,更要掌握符合乡村建设需要的多种知识与技能。乡村振兴战略的实施在很大程度上要依靠新型农民,他们具备从事农业生产和劳动的知识与技能,愿意扎根农村、服务农民,为推动乡村振兴发展服务。对新型农民的要求恰恰反映了乡村教育结构的变化,从单一的学校教育扩展至职业教育和成人教育三位一体的完整教育体系,丰富并完善乡村教育的内涵,真正践行了"大教育观"的要求。从发展经济学的角度看,对农民进行科学文化知识的教育是为职业教育和成人教育作准备,如果农民连最基本的文化素质都不具备,那么对于新技术、新科技、新成果、新信息的获取与理解必然存在问题,缺少接受现代生产经营的动机会直接影响他们参与乡村社会建设的热情。因此,乡村教育未来的发展方向应该在办好普通教育的基础上,大力发展职业教育和成人教育,形成"一体两翼"新体系,作好三种教育形式之间的统筹安排,实现三者沟通渗透,最大限度地保证有限的教育资源能够发挥整体效益。[①]乡村普通教育负责适龄人口的正规学校教育,帮助他们进一步提升,其他形式的教育则通过开展各类培训服务,提升农民的现代文化素质和劳动技能,促进本土农民向新型农民转型。党的十九届五中全会明确提出,"十四五"时期,我国经济社会发展必须遵循"坚持系统观念"的原则。乡村教育改革作为一项系统性工程,从自身的角度说,要运用系统性思维处理好教育系统内部的各个因素,实现各因素间的相互促进,整体推进乡村教育改革取得成效,发挥乡村教育的价值,提升乡村教育在提高劳动者素质,培养广大乡村建设所急需的各种初、中级人才中的作用。与此同时,要兼顾乡村教育的升学功能,将升学的目的转到为国家和地方建设服务上来。[②]从乡村教育与乡村社会关系的角度看,将教育放在

---

① 郭福昌.教育综合改革的探索与实践[M].北京:人民教育出版社,1998:229.
② 吴畏,李少元.农村教育整体改革研究[M].太原:山西教育出版社,1990:7.

社会发展的大系统中，与政治、经济、文化和科技等领域开展积极的互动，形成协调效应，促进乡村教育和乡村社会的共同进步，实现乡村社会的整体协调发展。广大乡村地区可根据实际条件，结合实际需要开设成人教育，利用村民空闲时间进行现代化农业生产知识讲授和技能培训、创业就业指导与培训，最大限度地提高乡村成年人的能力，促进乡村劳动力资源向人力资源转变，既可以带动乡民积极参与乡村劳动和生产活动，创造一定的经济价值，提高生活水平，又能为乡村振兴提供人才保障，保证乡村振兴目标的有效达成。

系统性思维要求我们在进行教育改革时坚持全面的观点，不仅要全面看待教育系统内部各个因素间的关系，发挥因素相互促进的合力作用，更要将教育和社会看成一个整体，形成协同发展模式。乡村教育未来的发展方向必然是要做推动乡村教育和乡村社会发展的教育。树立"大教育观"，构建一个层次多样、形式丰富、开放包容的大教育体系，办出使学生"升学有望，回家有路"的乡村教育，真正发挥乡村教育服务乡民的价值。[①]只有这样的乡村教育才是符合乡村地区经济社会发展需要的教育，只有这样的教育才能真正发挥教育的作用，也只有这样的教育才是乡村真正需要的教育。

6.4 对分步实施乡村教育改革的认识

教育改革的目的在于培养适应社会发展需要的人才，这里面包含双重含义：一是从数量上看，要通过教育活动培养足够的劳动力，满足社会各行各业发展对人才的需求，适当时期可略有盈余，以推动劳动力市场的优胜劣汰，促进人才的流动，促进行业发展；二是从质量上看，要最大限度地提高劳动力的整体素质，通过教育提高劳动力的能力和水平，以适应不断发展的社会和岗位需求，更好地提高生产率，促进社会的发展。无论是对人才数量的要求，还是

---

①李清华.陶行知与乡村教育[M].福州：海风出版社，2007：129.

对人才质量的要求，无时无刻不在提醒我们教育改革与发展一定会是一个相对漫长的过程，没有量的积累不可能实现质的飞跃。企图使教育发展一蹴而就、一步到位的观点是不切实际的。[①]民国时期，乡村教育千疮百孔的现实更是使乡村教育改革者意识到乡村教育改革工作的长期性和艰巨性，他们没有急于求成、盲目冒进，而是扎根乡村社会，调查乡村教育发展现状，深入分析乡村民众需求，从而制定出乡村教育改革整体规划方案，在方案的指导下，按部就班、逐步推进落实。这种战略思维对于当今乡村教育改革同样具有借鉴意义，尤其适用于解决乡村教育长期以来积累的问题和矛盾。当代的乡村教育除了要培养升学深造之人，也要注重质优量足的劳动力培养，为乡村社会的发展提供足够的人力资源支持。乡村教育需要明确乡村人才需求，确定培养标准，制订并实施培养计划，为乡村社会培养质优量足的建设者。在整个过程中，不仅制定的教育规划需要反复商议、论证以保证其合理性和可操作性，在具体实施规划的过程中也要尊重社会发展和人才培养的客观规律，逐步推进，科学地运用发展的眼光看待发展的问题，做到既不过于保守，又不盲目加速。分步实施乡村教育改革能够逐步解决乡村教育的问题，以层层推进的乡村教育改革逐步实现乡村社会改造与建设，最终更好地推进新农村建设。

6.4.1 制订计划，按部就班实施乡村教育改革

改革的进程往往是一个长期的过程，改革目标的实现也需经历环环相扣、逐层推进的过程。当改革目标明确后，需要制定详细可行的实施步骤，估计可能会遇到的种种困难，预设克服困难的方法，最终才能取得预期结果。从封建社会开始，乡村教育一方面承担着民间最基本的文化知识传授职责，教给乡村子弟基本的文字和知识，另一方面则是通过文字教育完成伦理道德的灌输，培养忠君敬主之人，以巩固王朝统治，所以这种教育较少涉及先进的科学技术知

---

① 陈中原.中国教育改革大系：教育改革理论卷[M].武汉：湖北教育出版社，2016：32.

识，与西方新式教育有着天壤之别。对于乡村社会来说，这样的教育无法有效推动乡村社会生产力的发展，无法改善乡民贫困拮据的生活。民国时期，在内忧外患的大环境下，统治者意识到教育的重要性，希望通过教育改革挽救统治，于是他们大力引进并全盘推广工业文明背景下的新式教育。殊不知由于缺少工业基础，又不具备足够的经济支撑，广大乡村地区对这种异质化的教育有些排斥。随着排斥的加深，城乡教育发展水平的差距进一步加大，原以提升国民素质和推动教育普及为追求的民国乡村教育却使不同地区教育发展水平更加失衡。[1]教育的发展是与社会的发展同步进行的，即使从当时乡村新式教育发展的情况看，确实由于缺少基础而表现出种种问题，但是不能否认新式教育的潜在生命力，乡村教育也会在不断的发展变化中融入新式教育。不能因为新式教育推广初期存在问题而否定它的时代性和优越性。既然不能逆历史之流，就需顺势而上，通过不断的学习与改进，使乡村新式教育和乡村社会完美契合，真正将新式教育在乡村社会发扬光大。从毫无关联到完美融合需要一个较为漫长的过程，这时乡村教育改革者提出要依据事物发展的客观规律渐进性地推进乡村教育改革，制定方案和实施计划，在实践中不断反思、修正，逐步完善。

晏阳初面对定县教育存在的问题，没有盲目地开展改革工作，而是着手对定县的历史、地理、交通、经济、政治、教育、人口等情况进行系统科学的调查，基于调查结果，制订了分三期共10年的教育改革计划。第一期（3年）偏重文艺教育，第二期（3年）偏重生计教育，第三期（4年）偏重公民教育，卫生教育则贯穿10年。九一八事变爆发后，又及时根据社会环境将10年工作缩短到6年3期完成，每期2年。第一期为"研究村"工作，以高头村单一的村子为研究范围，是"点"的工作阶段；第二期为"研究区"工作，以区内的62个村子为范围开展工作，是"线"的工作阶段；第三期扩大到以全县为范围开展工作，是"面"的工作阶段。这样的设计与实施从时间上看逐年递进，从

---

[1] 曲铁华.民国时期乡村教育的基本经验与历史局限[J].教育史研究，2021，3（1）：71-83，95.

第6章 历史经验的当代价值阐释

范围上看，由单一的村子向全县层层推广，这种基于科学调查和论证的设计与实施符合事物渐进性发展规律，能够将点、线、面较好地融合在一起。在分年度、分阶段工作计划的指导下逐步开展、逐层实施，最终达成目标。后来，平教会提出乡村建设事业的原则就包括乡村建设事业应有一个完整的计划，工作的对象、范围、步骤、期限、原则和方针要有明确的规定。在完整的计划下，要遵守两项原则：其一，严密设计各部分工作；其二，全体工作应连锁进行。在计划的指导下，因时、因地设计各部分工作，各部分要相互关联，分工合作，农业、教育、卫生工作要互为联络、息息相关，只有各部分工作完成了，才能保证整个计划的实施。[1]

梁漱溟开展乡村教育改革的机构——村学、乡学也是按照一定的步骤设立的。第一步，访问各乡村的"领袖"。"倡办此事，非先得各乡村'领袖'的同意和支持就无法进行"，所以他们先派人分别到各村各乡拜访有声望的人，具体解释、说明设立村学和乡学的方法和意义，邀请他们出来协助开展工作。第二步，按照《邹平实验县区设立乡学村学办法》的规定着手组织学董会。第三步，推选学长及常务学董。学董会根据齿德并茂、群情所归的原则公推本乡学长，互相推选热心公益且有能力办事的人为常务学董。第四步，迎请教员。教员由县政府介绍，学董会聘请。第五步，通过召开村民和乡民大会的方式宣布村学和乡学正式成立。[2]这样的步骤表明梁漱溟充分考虑了乡村社会的特点，从乡村"领袖"入手以获得当地先贤的支持，进而按照设立办法完成村学、乡学的设立，最后完善组织机构，正式成立。由于在工作中采取了渐进式的工作方法，才使得村学、乡学的成立过程比较顺利，也保证了梁漱溟的乡村建设思想能够在邹平得以传播。

遵循事物发展的规律进行改革是一个基本原则。乡村教育有其自身的发展

---

[1] 高奇.中国教育史研究：现代分卷[M].上海：华东师范大学出版社，2009：170.
[2] 郑大华.中国社会史文库：民国乡村建设运动[M].北京：社会科学文献出版社，2000：271-272.

规律，改革过程中不能一味蛮干，要懂得方式和方法，要能够站在乡村社会发展的角度对乡村教育发展目标和任务作逐层分解，逐步落实，最终实现乡村教育改革的目标。这对当今教育改革有很大的启示，要求我们在推动乡村教育改革的过程中，不能一味求快，要全力保证改革的质量和效果，使效益最大化，否则乡村教育改革就是不成功的。

6.4.2 运用战略思维，推进乡村教育跨越式改革和发展

2003年颁布的《国务院关于进一步加强农村教育工作的决定》确立了农村教育在教育工作中"重中之重"的战略地位。乡村教育从国家层面获得了重视，也直接引发教育理论家和教育实践者对乡村教育改革的关注。长期以来，城乡二元发展结构使得城市教育成为高地，享受着独特的教育资源，而乡村教育则成为附属性的洼地。[1]为了尽快缩小城乡教育发展差距，广大乡村地区的教育改革如火如荼地进行着。在改革过程中，由于盲目追求速度而出现徒有其表的面子工程，并没有从根本上解决乡村教育固有的问题，甚至还引发了一系列负面的连锁反应。

中国幅员辽阔，乡村数量众多，乡村人口在总人口中占有很大的比例。为了最大限度地提高乡村教育的普及率，1950年，国家倡导在每个村庄建立一所民办小学。经过40多年的发展，到了20世纪90年代初，基本形成了一个村庄一所学校的教育格局。从乡村学校的分布来说，基本能够满足乡村基础教育发展的实际需求，为广大乡村适龄儿童提供了基本的教育。随着社会的发展，尤其是城镇化步伐的加快，越来越多的乡村民众离村进城，子女也随父母进城就读。生源的锐减使得部分乡村中小学出现学生总数为个位数的尴尬局面。城镇学校人满为患和乡村学校门可罗雀说明我国教育资源的过度紧张与明显浪

---

[1] 单丽卿，王春光.离农：农村教育发展的趋势与问题：兼论"离农"和"为农"之争[J].社会科学研究，2015 (1)：124-132.

费,为了解决这一问题,2001年,《国务院关于基础教育改革与发展的决定》提出因地制宜调整农村义务教育学校布局。在这一政策的引导下,部分县级政府启动撤并乡村学校的行动,并积极推动"教育园区"建设,甚至一些市县提出对乡村学校不予重点建设,资金投入倾向于县城和城镇,造成县域教育"过度城镇化"的现象。[1]据教育部统计数据显示,撤点并校推行10余年效果显著,农村小学和初中分别减少了52.1%和26.19%,[2]越来越多的乡村学校成为历史。教育部官方数据显示,2020年全国共有普通小学15.80万所,比上年减少2 169所,下降1.35%,另有小学教学点9.03万个,比上年减少0.62万个。[3]有些地方教育行政部门由于没有对学校覆盖范围内的学龄人口、村民意愿、地理位置等进行充分的论证,便盲目快速地进行布局调整,造成一系列不良后果,主要表现为:调整后集中办学的学校资源优化配置有待进一步加强;生源和师资、校舍和教学仪器设备等人或物出现过剩或浪费的情况;由于各种原因未能撤并的教学点长期得不到经费支持,面临办学效益低下、学校正常运转困难等问题。这种日益加大的发展差距引起各级政府和相关教育部门的广泛关注。[4]撤点并校"一刀切"式地全盘推进存在很大隐患。首先,距离学校远的家庭需要承担教育集中化所带来的交通成本和食宿成本,无形中增加了家庭教育类的支出,给家庭生活带来一定影响。其次,对于一些经济条件不好的家庭来说,他们不愿花费更多的钱去学校附近租房,造成由于住处距离学校较远,增加了学生求学过程中的时间成本和交通成本。上下学途中不安全因素增加了学生的人身安全隐患,上下学路途时间过长会相应地减少学生自由活动和游戏时间,不利于

---

[1] 邬志辉.农村教育不能一味城镇化[N].中国教育报,2012-09-21(8).

[2] 21世纪教育研究院报告:十年"撤点并校"农村小学减少超五成[EB/OL].[2023-11-07].http://www.eeo.com.cn/2012/1119/236260.shtml.

[3] 2020年全国教育事业发展统计公报[EB/OL].[2023-11-07].http://www.moe.gov.cn/jyb_sjzl/sjzl_fztjgb/202108/t20210827_555004.htmll.

[4] 范先佐.中国教育改革40年:农村教育[M].北京:科学出版社,2019:61.

学生的健康成长。再次，部分学校在撤点并校过程中因前期布局调整不到位，在后续的发展过程中由于办学理念、人事安排等方面存在不协调的问题造成学校发展不顺畅，多数初中有剥离出去的想法。①无论以上哪种结果都与撤点并校的初衷相悖。这一事实提醒我们，在推动乡村教育资源优化配置时不能盲目地跨越式推进，不运用战略思维循序渐进地开展乡村教育改革，往往不能达到预期结果。

6.4.3 以点带面，实现乡村教育改革从试验到推广的逐步拓展

乡村教育改革的目标在于更好地实现乡村教育的现代化，为乡村社会的建设与发展服务。乡村教育现代化是一个整体的、复杂的、长期的系统工程，既具有连续积淀的渐进性，也有阶段推进的有序性，实现农村教育现代化，必须系统思考、全面规划、分步推进、全程调控。②实现乡村教育的现代化不得不解决乡村教育长久以来积累的问题，这些问题不是一朝一夕形成的，这就意味着乡村教育的改革绝不是一件轻而易举的事，需要扎实谋划、稳步推进，同时还要考虑改革过程中的反复性，因此整体统筹、协调进行是解决当今乡村教育问题、推动乡村教育有序发展的重要基础。整体统筹要求从时间和空间上作好规划，逐步逐层推进。时间上的时序性要求确定近期、中期和远期的改革目标，并将这三个目标作为一个有机整体衔接起来，兼顾三者的利益。空间上要从点出发，集中力量实现点上的突破，随后将所取得的经验逐步推广，形成由点到面的逐层扩展。

虽然和百年前的民国相比，新时期乡村社会发生了翻天覆地的变化，乡村教育也有了新的任务，但如何更好地推动乡村教育改革依然是一个长久且重要的任务。在教育地位和作用日益重要的当今时代，努力推进乡村教育改革，推

---

① 刘秀峰,代显华.以城镇化的思维解决农村教育城镇化的问题：兼谈农村教育城镇化之争[J].教育与教学研究，2020, 34（9）：29-43.
② 余万斌,杜学元,谭辉旭.农村教育现代化的理论与实践研究[M].北京：人民出版社，2015：92-93.

动乡村教育现代化目标的达成是现阶段乡村教育的重要任务。乡村教育改革的任何一项措施的设计与实施都要解决乡村教育中的实际问题，积极推动乡村教育的现代化；但是在实践操作层面，却往往忽略了乡村教育改革的长期性和艰巨性，没有深刻认识到乡村教育的现代化是一个持续推进的过程。借鉴民国时期乡村教育改革者乡村教育改革的成功经验，结合新时期教育发展的任务和要求，按照教育现代化进程中各重要节点和分类任务，分阶段、分步骤地逐步推进农村教育现代化建设异常重要，要充分把握农村各级各类教育循序渐进、分步骤推进的分阶段特征，体现教育现代化的动态发展性特点。①为了更科学地推动乡村地区撤点并校工作的开展，2009年《教育部关于当前加强中小学管理规范办学行为的指导意见》明确提出，合理规划学校布局，避免简单撤点并校。从实际出发，慎重开展相关工作，避免产生相关问题。2012年，《国务院办公厅关于规范农村义务教育学校布局调整的意见》出台，明确提出：农村义务教育学校布局要充分考虑学生的年龄特点和成长规律，处理好提高教育质量和方便学生就近上学的关系，努力满足农村适龄儿童少年就近接受良好义务教育的需求；规范农村义务教育学校撤并程序，坚决制止盲目撤并农村义务教育学校。这些文件的出台都是对之前盲目撤点并校所带来的负面结果的直接回应。教育改革有其自身的规律，乡村教育有其自身的特点，教育改革者要认真分析研究乡村教育的现状与需求，尊重教育改革的发展规律，循序渐进地进行乡村教育改革，而不能一味图快，盲目跨越式发展。这样无论对于乡村教育来说，还是对于教育的整体发展来说，都是不利的。要坚持科学的战略思维，在乡村教育改革过程中持续不断地推进、反思、调整、改进，以实现乡村教育更快、更好的发展，既是民国时期乡村教育改革者在改革中体现出的战略思维对当今乡村教育改革的借鉴意义，更是符合乡村教育改革实际和教育发展规律的必然选择。

---

①余万斌，杜学元，谭辉旭.农村教育现代化的理论与实践研究[M].北京：人民出版社，2015：97.

6.5 对乡村教育改革灵活性的探索

中国是一个统一的多民族国家,自然条件和民族构成的多样性造成不同地区发展水平存在较大差异,这也直接导致教育改革具有复杂性。对于教育改革者来说,要把握全局性和局部性社会规律,形成具有地方特色的教育哲学,从而推动教育改革走向成功。乡村教育的独特性要求乡村教育改革者在乡村教育改革过程中坚持通变思维,采取灵活变通的策略应对千变万化的乡村教育情形,从而保证乡村教育改革顺利进行。

6.5.1 乡村教育改革要因地制宜、因陋就简

随着整个社会现代化进程的加速,乡村教育的现代化是乡村教育发展的必然趋势。乡村教育现代化要充分考虑处于转型期的乡村发展的新背景、新情况,要统筹考虑乡村的教育发展水平、产业发展状况水平等因素,从乡村实际出发,因地制宜地进行科学规划。乡村自身地理、人文和发展阶段的差异决定了乡村教育发展的特殊性。不同区域乡村教育的基础不同、面临的问题不同、需求不同,这就要求所有从事乡村教育改革工作的人要实事求是地认识和分析客观实际,把握好本区域教育现代化发展的主要矛盾,确立并把握正确的发展方向,科学合理地制定推动乡村教育现代化发展的政策、措施和方法。[①]乡村教育改革要想取得成效,必须真正扎根乡村社会,一切从实际出发,根据乡村实际的发展变化以及乡村教育的需求做到因时、因地、因人制宜,体现乡村教育改革的灵活变通性。民国时期乡村教育改革先贤给了我们足够的启示,他们在改革中始终做到结合实际情况适时调整策略,保证了乡村教育改革的顺利进。有些乡村教育改革者从宏观的人才培养方向提出要根据学生自身的特点进行个性化培养。有些乡村教育改革者从微观的教学计划与安排、课程设置、教学内容

---

① 余万斌,杜学元,谭辉旭.农村教育现代化的理论与实践研究[M].北京:人民出版社,2015:97.

第6章 历史经验的当代价值阐释

等方面入手,提出要结合乡村社会实际和乡村民众需求进行适当调整,这种根据乡村实际及时调整措施以保证乡村教育改革实效的行为,正是民国时期乡村教育改革者通变思维的生动体现。

陶行知谈乡村教育时指出:"中国地域广大辽阔,民情各异,所以有必要多设立试验中心,开展相关研究,以保证推行过程中有利无弊,如果只以一种方法推广到全国,难免会出现削足适履的情况。"[1]他将学校里培养人和花园里养花作类比,突出教育要培养不同个性的人。万紫千红的花在花园里展示着各自的美丽,而正是这种多样性和差异性才构成了整个花园。采取不同的方法栽种这些大不相同的花花草草,使它们各得其所,最终呈现出一片和谐的景象,让人一走进花园便能感受到生命的节奏,这就是大同之效。"晓庄不是别的,只是一个'人园',和花园有相类的意义。我们愿意每个晓庄学子都能各得其所,展示出属于自己的本来之美,从而构成晓庄的整体之美。晓庄绝不希望依葫芦画瓢,将每个学生都培养成一模一样的。无论任何时候都希望晓庄的学子能办出不一样的学校,这才是成功的。"[2]陶行知意识到了个体之间的差别,对不同学生进行不同的培养,后续学生能够在不同地区结合当地实际开展工作,避免出现机械照抄照搬的情况。这种充分考虑到个体发展的差异性、结合个体特点进行培养的模式打破了传统教育对人的一致性要求,具有灵活变通性。

晏阳初创办的生计教育依照农事活动随时调整,以更好地适应乡民的生产生活实:教学内容与不同作物的种植时机紧密相关,到了种棉花的季节就教乡民如何种植棉花;教学时间依据乡民生产生活时间进行调整,保证乡民学习取得最大成效。每个村庄的全部课程都与整个改造计划紧密联系,人人都在学习,

---

[1] 方明.陶行知全集:第八卷[M].成都:四川教育出版社,2005:157.
[2] 方明.陶行知全集:第一卷[M].成都:四川教育出版社,2005:128.

人人都在用自己所学的知识。①文艺教育为了适应乡民的实际，满足他们的需求，进行了全方位的突破与创新。剧本的各个方面都要求进行改变，使乡民想看、爱看，更进一步的要求是，乡民不仅能看还能演，这种做法真正实现了西方近代戏剧理论和中国传统文化的完美结合。②"同学会"作为承担社会教育职责的主要机构，是对中国农村非政府组织的一次有益尝试，打破了传统的以家庭为单位的形式。在实际的工作中，开展与四大教育有关的活动：读书会、演说比赛会、表演新剧、练习投稿，诉讼会、禁赌会、修路、修桥、植树、自卫、抗日运动，种痘、防疫、拒毒、运动会，自助社、合作社、农产展览会等，③这些根据乡村社会的实际需求随时调整的教学安排自然取得了成效。

从村学、乡学结构上看，梁漱溟认为成人部、妇女部以及儿童部可以全设，也可以设两部，还可以多设几部，例如耆年部、幼稚部或其他。"社会改良运动，社会建设事业，更是活动的，可以办这样，亦可以办那样，可以多办，可以少办。"④从课程上看，不要求各乡学功课相同，而是必须符合环境要求且能够解决问题，产生预期的作用与效果，所以各乡学必须设置因时、因地制宜的功课。有匪患的地方就可以领导农民成立自卫组织，设置自卫训练的功课。山地可以开设造林课程，组织大家做好植树造林和保护工作；产棉区域做好种子的选用以及种植方法的讲授。乡学可以随时成立各种短期职业补习班或讲习班，边做边讲解各种实用知识，还可以结合实际成立各种组织。⑤

近代以来，半殖民地半封建的社会性质加剧了地域差异和各地经济文化发展的不平衡性。任何与乡村相关的改革活动都必须从实际出发，不能完全照抄照搬其他国家成功的做法，要在考虑实际情况的前提下因地制宜、因陋就简。

---

①晏阳初，赛珍珠，宋恩荣.告语人民[M].桂林：广西师范大学出版社，2003：323.
②薛伟强.定县实验留学生考略[J].西南交通大学学报（社会科学版），2020，21（5）：54-75.
③张颖夫.晏阳初"平民教育"理论与实践研究[D].重庆：西南大学，2009.
④梁漱溟.梁漱溟全集：第二卷[M].济南：山东人民出版社，2005：380.
⑤梁漱溟.乡村建设理论[M].2版.上海：上海人民出版社，2011：204-205.

第 6 章 历史经验的当代价值阐释

民国时期乡村教育改革者从事的乡村教育改革活动，无论是对乡村教育发展的宏观认识，还是具体到乡村教育改革实践，贯穿其中的一个重要原则就是始终保持了乡村教育的特色。乡村教育有其自身的规律、发展基础和条件，要与乡村社会紧密结合，要为乡村社会发展服务，只有这样的乡村教育才能体现出教育自身的价值，才能凸显乡村教育推动乡村社会发展的意义，乡村教育改革者的改革实践也证明了这样做是有效的。社会经济的快速发展相应地带动了乡村社会全方位的变化，这种变化加剧了不同地区发展的差异性，这就要求我们在开展乡村教育改革时要格外注意对不同乡情的考察，以期更好地推动乡村教育个性化发展，实现乡村教育促进乡村社会发展的目标。

6.5.2 城乡教育改革一刀切、全国一盘棋问题

《国家中长期教育改革和发展规划纲要（2010—2020 年）》提出，建立城乡一体化义务教育发展机制，明确了乡村教育改革与发展的方向。可见，城乡教育的一体化发展是现阶段的重点工作，也是乡村教育发展的必然趋势。遗憾的是，若干对城乡教育一体化的错误认识严重影响和制约了城乡教育一体化的发展。城乡教育一体化要实现城乡教育间的对流和共同发展，应寻求城乡教育间的差异化补偿，而不是简单地追求一致化和同质化。城市教育要利用其自身先进的优势辐射乡村教育，带动乡村教育的发展。反过来，乡村教育也要充分利用自己特殊的资源，发挥比较优势，促进城市教育的发展。[①]现阶段城乡一体化发展被曲解为城乡教育改革"一刀切"、全国一盘棋式的发展，将乡村教育强行拉到城市教育发展的轨道上，以实现乡村教育的城市化转变。这一做法不仅导致相对落后的乡村教育跟不上改革节奏，还会因为城乡教育一致性的内在要求抹杀乡村教育自身的特色。在城镇化快速发展的阶段，毫无特色的乡村教育将会失去存在的意义。

---

① 朱文富.县域义务教育城乡一体化从"应然"到"实然"的实现路径：兼论《县域内义务教育城乡一体化发展研究——基于河北省的调查》的实践价值[J].河北大学成人教育学院学报，2018（2）：97-104.

缺乏特色成为制约乡村教育发展的一个重要因素。乡村教育改革过于注重统一性，而忽视独特性。首先，表现在乡村幼儿园"城市化"倾向明显。经济的发展使越来越多的乡村家长认识到学前教育的重要性，送子女入园的强烈意愿引发了以幼儿园为主体的乡村学前教育机构迅速崛起。但是近些年，有些乡村幼儿园却错误地走上了成本高昂的"城市化"路径：从硬件设施建设到办园理念，一味地模仿城市幼儿园；引进国际先进的课程体系，选用国际化教材，聘请高水平教师。在乡村公立幼儿园数量不足的前提下，私立幼儿园成为接纳适龄儿童的主体。当这些先进的、高级的元素进入幼儿园后，就会大大提高幼儿园的办园成本，而幼儿园则将经济压力转移给家长，这就使得乡村家庭承担远超预算的费用，随即出现入园贵、入园难的问题。除此之外，乡村学前教育并没有帮助孩子养成良好的习惯，严重弱化了乡村学前教育的作用和价值。其次，乡村基础教育表现出明显的"离农"倾向。素质教育的理念没有真正影响到乡村中小学，为了使学生在逐层选拔机制中胜出，乡村中小学格外关注学生的成绩和排名，对于学校和教师而言，升学率成为最重要的指标，教学和管理体现出浓厚的应试教育色彩。城市教育的先进性迫使乡村学校在各个方面模仿城市学校，出现趋同化趋势。不关心乡村社会发展的实际需要，一味地以城市标准要求乡村教育无异于"揠苗助长"，导致学生在升学无望的前提下又不能很好地进行农业生产劳动。部分不能升学的乡村青年本可以回到家乡、服务家乡，但是长时间的教育经历使得他们虽然出生在乡村，但却不具备服务乡村社会的知识和技能，不能适应乡村生产劳动的需要，成为"升学无望，就业无门，致富无术"之人。[①]再次，农村职业教育缺乏为"三农"服务的特色。大多数学生求学是为了升学，为了"跳龙门"，为了摆脱农村，为了在城市从事非农工作，而不是服务"三农"。造成这一现象的原因在于大多数农村职业学校办学模式向普通教育看齐，专业设置"大而全"，对热门专业盲目跟风，"为农"

[①] 吴畏，李少元.农村教育整体改革研究[M].太原：山西教育出版社，1990：16.

意识不强，闭门培养参与升学竞争的"应试型人才"。学校不与市场对接，专业不与岗位对接，课程内容不与职业标准对接，没有把办学、教学与农村实际结合，不考虑农村市场需求。①虽然国家大力提倡农村职业教育发展，但事实上却并没有真正培养出适合乡村社会、具备较强生产能力的职业型人才。最后，农村成人教育存在"普教化"问题。随着农业科技水平的提升，越来越多的高科技因素融入现代化的农业生产活动中，这就要求广大乡村民众具备较高的素质，以便能够充分利用科技成果，助力农业现代化生产和经营。但是事实上，乡村民众的素质在整体处于"低洼地带"②，不具备将科技转化为生产力的能力，这是因为农村成人教育培训内容滞后于乡村社会发展，与实际生产脱节，强调理论学习而不注重动手操作的实践环节训练，培训形式单调乏味，不能激发乡民兴趣。这种"普教化"倾向的成人教育直接导致"学用脱节"，所学不能指导所用。

综上所述，虽然国家重视并积极推动乡村教育改革与发展，但是无论对何种层次、何种类型的改革都没能照顾到乡村社会的需求，没有考虑到乡村不同层次和类型教育的独特性，忽视个性而盲目追求共性的改革，其效果远低于预期，这不得不引起人们的反思。要想真正解决乡村教育问题，改变乡村教育现状，需要改变目前忽视乡村实情的教育改革思路和做法，充分考虑乡村需求，结合乡村实际开展有针对性的、突出乡村个性的教育，真正为乡村社会培养适合的人才，从而推动乡村社会更好地发展。

6.5.3 考虑乡村实际情况，注重改革中的变通

教育改革与发展具有周期性，在漫长的周期里，预设的情况很容易随着环境的变化而变化，如果教育改革不能及时正视并应对这样的变化，就会导致改

---

①崔国富.新农村与城镇化建设视域下农村教育综合改革研究[M].北京：中国文史出版社，2014：218.
②崔国富.新农村与城镇化建设视域下农村教育综合改革研究[M].北京：中国文史出版社，2014：242.

革结果不理想。正如埃德加·富尔所说："在急剧变化时代的大众教育环境中运用传统教育体系，而知识量又正以前所未有的速度激增时，这种教育体系很快就会过时。在这种教育体系下培养的人由于缺少恰当的训练，自然也不能适应社会的变化。"①因此，教育改革要有弹性。一方面，教育改革要基于社会发展速度和社会对人才的需求适度超前，努力将人才需求与培养规格有效匹配，从而提高人才培养质量，切实落实教育改革目标。另一方面，要随时关注社会发展对教育的要求，在改革中根据实际情况及时调整改革进程，保证教育改革价值的实现。新时期的乡村教育改革者要勇于面对乡村教育改革遇到的新情况和新问题，学习并借鉴民国乡村教育改革者灵活变通的做法，创造性地解决各种突发问题，保证乡村教育改革顺利推进。

课程设置和教育内容的改革是教育改革中的重要一环。当今乡村教育缺乏乡村特色，课程设置与教学内容表现出明显的城市化倾向，各级各类教育无一例外都是城市教育的翻版，没有涉及任何与乡土知识和乡村职业技能有关的内容，忽视了蕴藏在乡村教育中的独特因素。今后的乡村教育改革应从课程设置和教学内容入手，体现出典型的区域特色。除了将乡土知识和乡村文化作为教学内容纳入教材外，还要重视地方性课程、校本课程以及乡土教材的设计与开发。这样的教育安排和教学内容才能满足农民的需求，使农村教育真正找到出路。②新时期乡村教育还应在适当的阶段开展能联系当地生产实际的课外科技活动，在中学开设职业技术选修课。积极探索小学后、初中后和高中后的职业技术教育，实施小学"五加一"、中学"三加一"的形式，其中"一"是指一段时间的职业技术教育。③之所以界定为一段时间，主要考虑到各个地区的差异性，时间长短需要因地制宜，不作统一要求，但无论时间长短，都要以所有

---

① 袁振国.教育改革论[M].南京：江苏教育出版社，2005：12-13.
② 郭云凤.梁漱溟乡村教育思想的特点及启示[J].内蒙古师范大学学报（教育科学版），2008（9）：75-77.
③ 吴畏，李少元.农村教育整体改革研究[M].太原：山西教育出版社，1990：50.

第 6 章 历史经验的当代价值阐释

回乡毕业生都能具备一定的生产知识和技能为目标。这种设计与安排充分体现出乡村教育的特色,也为一些不能升学的学生提供基本的乡村生产和生活技能。

在乡村社会缺少场地和师资的情况下,改革者要清醒地认识到这样的状况在短时间内是无法改变的,要做的是通过盘活乡村社会现有的资源,实现资源的共享共用。借助乡村现有的基础教育设施和师资,采取资源叠加利用和交错使用的方式,使乡村中小学成为集多种功能于一身的组织,除了承担最基本的普通教育职能外,还要为乡村职业教育和成人教育服务,使其成为普通教育中心、农民文化技术教育和培训中心、农业科技知识培训中心以及农业科技的示范中心和信息传播中心。这样既解决了乡村地区缺少场地和师资的问题,也能促进乡村基础教育教师的成长。教师承担职业教育和成人教育的工作后,可以改变对职业教育和成人教育的认识,日后可有意识地将职业教育和成人教育的内容适当地渗透到普通教育中,从而更好地培养学生的职业意识,满足不同学生的学习需要。

百年前的乡村教育改革者在科学的教育思维指导下开展乡村教育改革,取得了一定的成效,具有重要的历史意义。当代教育改革虽然面临着新环境和新形势,但是很多问题和百年前是相似的,更好地借鉴民国时期的乡村教育改革经验对有效推进当代乡村教育改革来说具有重要意义。现如今,复古思潮和全盘西化再次在教育领域沉渣泛起,我们不能否认传统教育的优点,更不能盲目抵制西方先进的教育理念和实践,但是如果不假思索地全盘接纳就很容易产生问题。民国时期的先贤们辩证地看待传统教育和新式教育,运用客观性思维,在具体的乡村教育改革中做到了正确对待传统教育和西方教育,改善了当时新式教育全面复古或全盘西化的状况,实现了乡村教育的时代化和本土化发展。这样的经验移植到当今社会就要求我们在开展乡村教育改革时,对待已有经验要能够取其精华,去其糟粕。对于乡村教育脱离乡村社会实际的问题,不仅民国时期存在,当今社会也有。民国时期的乡村教育改革者面对这种情况时,在一体化思维的指导下认为要消除乡村教育和乡村社会的隔阂，使二者相互促进，实现乡村教育价值最大化，要求乡村教育融入乡村社会之中，实现二者的积极互动。当代的乡村教育同样要紧密联系乡村社会，努力实现乡村教育的个性化和特色发展。随着终身教育理念的提出，教育内涵发生了深刻的变化，对"大教育观"的思考与践行成为教育改革的发展趋势。教育本身的复杂性决定了教育改革绝不是一个简单的过程，需要作好计划与安排，逐步开展和推进。新时期，对乡村社会的全方位关注包含了对乡村教育的关注，一时间，推动乡村教育改革的举措层出不穷，在表象背后却隐藏着由于盲目跨越式发展所带来的隐患。民国时期的乡村教育改革者运用战略思维，制订了乡村教育改革计划，明确乡村教育改革步骤，对分步实施乡村教育改革有了正确的认识。他们在具体的教育改革实践中做到了详细制订工作计划，按部就班地推动乡村教育改革实施，这对当前乡村教育工作者来说同样具有指导意义。在推动乡村教育改革的过程中应做到以点带面，只有这样才能更好地实现乡村教育改革从试验到推广的逐步扩展。对于乡村教育改革灵活性的探索，乡村教育有其自身的发展特点，不能一味地按照城市教育的标准改造乡村教育，更不能将乡村教育完全变成城市教育在乡村地区的翻版。对于乡村教育来说，寻求和城市教育不一样的差异化发展才是保持其生命力的重要基础。如果在未来的某一时刻，乡村教育与城市教育如出一辙，乡村教育就会在竞争中彻底掉队，成为一种历史现象。当今的乡村教育改革存在城乡"一刀切"、全国"一盘棋"问题，这不得不引起人们的警惕。百年前的民国，乡村教育改革者充分意识到了城乡差别，他们运用通变思维解决乡村教育改革实践中遇到的具体问题，以期突出乡村教育的乡土性和独特性。他们认为乡村教育改革要因地制宜、因陋就简，这样才能发挥乡村教育的作用。对于当代的乡村教育改革而言，同样也要考虑乡村实际情况，注重改革中的变通，只有这样的改革才能取得成效，更好地为乡村社会发展服务。

　　陶行知、晏阳初和梁漱溟从事乡村教育距今已有近百年的历史，但是三位

第6章　历史经验的当代价值阐释

先贤在乡村教育改革中展现出的具有独特性和先进性的教育思维，以及在教育思维指导下开展的乡村教育改革实践活动依然闪耀着耀眼的光芒。虽然现在乡村教育改革面临的环境、存在的问题不同于民国时期，但是从先贤们的教育改革中汲取经验教训依然是十分重要且必要的。更好地挖掘百年前乡村教育改革者的经验，将其与当代乡村教育改革实际进行有效关联，发挥历史经验的当代价值，对于有效推动当代乡村教育改革具有深远的意义。

结　　语

　　辛亥革命推翻了清王朝，彻底结束了封建君主专制的统治，但中华民国的成立并没有从根本上改变大众的生活，反而加重了百姓的负担。在内忧外患的社会环境下，在各种灾害频发的自然环境下，广大乡村民众始终生活在水深火热之中，更有甚者长期徘徊在生死线边缘。面对这样的社会现实，以陶行知、晏阳初和梁漱溟为代表的知识分子选择教育救国的道路，以期通过教育改革实现国家的进步与发展。当他们意识到乡村社会在中国社会中的地位，看到乡村人口在中国人口中占有较大比例时，他们纷纷将注意力从城市转向乡村，开启了乡村教育改革之路，希望通过乡村教育改革实现乡村社会的改造与建设，最终推动国家的发展与进步。虽然他们的乡村教育改革尚有一些不完善的地方，也没能彻底解决乡村教育存在的问题，但是他们的努力不能被忽视，他们在各自实验区取得的成绩不能被抹杀。正是在他们的引领和影响下，一大批知识分子纷纷加入乡村教育改革大军中，形成了轰轰烈烈的乡村教育运动，后又形成了乡村教育思潮，成为中国历史发展长河中不容被忽视的一个闪光点。

　　作为乡村教育改革者，他们的乡村教育改革不是盲目进行的，而是在对民国乡村社会进行考察以及对乡村教育有深刻认识的基础上，运用科学的思维方式形成教育思维，进而在教育思维的指导下开展的。通过审视陶行知、晏阳初和梁漱溟在乡村教育改革时是如何思考的，即在明确三人个性化教育思维的基础上，归纳出三位乡村教育改革者的共性教育思维，包括客观性思维、一体化思维、系统性思维、战略思维和通变思维。这五种教育思维作为乡村教育改革者对乡村教育改革的理性认识，为他们具体开展乡村教育改革实践提供了具有一般意义的理论指导。客观性思维要求乡村教育改革从乡村社会实际出发，做到乡村教育符合乡村社会发展实际，满足乡村民众的现实需求，从而得到乡村民众的认可和支持。一体化思维主张打破学校和社会的隔阂，拆除学人和农人之间的壁垒，使乡村教育与乡村社会融合发展，发挥知识分子对乡村民众的指导和帮助作用，实现二者的相互促进、相互影响。系统性思维要求丰富并扩大教育的内涵，实现多种类型教育协同发展，形成教育合力，从而以乡村教育改革助推乡村社会改造与建设，发挥教育对社会发展的积极作用。战略思维要求从事乡村教育改革时要制订好改革计划，按照计划逐步推动和实施，在反思和调整中实现乡村教育的全面变革。通变思维要求乡村教育改革者在乡村教育改革过程中要考虑环境和条件的变化，面对不同的情形，采取不同的处理方式，做到因时、因地、因人制宜，从而保证乡村教育改革的顺利推进。

在教育思维的指导下，乡村教育改革者借助各自的乡村教育改革实验区，不断探索并尝试乡村教育改革的方式方法，逐步形成了各具特色的乡村教育改革经验。在客观性思维的指导下，乡村教育改革者立足国情和乡情开展乡村教育改革。他们从乡村社会实际出发，改变当时乡村教育盲目袭古、盲目仿欧的局面，做到根据国情和乡情正确看待传统教育和新式教育。为了更好地开展乡村教育改革，他们带领团队扎根乡村社会，真正做到从乡村实际出发，以此保证教育改革的客观性。针对乡村教育改革"无贝之才难求"的困境，他们一方面在乡村地区设立学校培养留得住的人才，另一方面借助外力充实人才队伍，解决乡村教育改革和乡村社会改造与建设过程中人才不足的问题。之前的乡村教育没有取得预期的效果，甚至在某种程度上还阻碍了乡村社会的发展，原因在于二者之间存在着无形的壁垒。乡村教育不为乡村社会服务，造成乡村人才的大量流失，成为名副其实的"离农教育"。在一体化思维的指导下，乡村教育改革者要求乡村教育要主动与乡村社会发生联系，明确并尽量满足乡村社会的所需所求，实现乡村教育改革推动乡村社会改造与建设的目的。除了乡村教育和乡村社会的一体化之外，知识分子与乡村民众的一体化也是乡村教育改革者所倡导的。作为知识分子的他们在乡村教育改革过程中深刻认识到，只有知识分子与乡村民众产生联系才能最大限度地发挥各自的作用，产生化学反应，所以他们鼓励知识分子主动融入乡村社会，与广大乡村民众同吃同住、交朋友，取得乡民的认可和信任，进而引导并培养他们成为乡村社会建设的主体。系统性思维主要体现在他们倡导的"大教育观"上。一方面，从教育形式上说，即推动多种教育融合发展，丰富教育的内涵和外延。另一方面，发挥教育在社会大系统中的作用，以乡村教育改革助推乡村社会改造与建设。战略思维要求在乡村教育改革时坚持以点带面，环环相扣。无论是乡村建设工作按计划逐层推进，还是乡村建设人才的逐步培养，抑或是以乡村教育改革助力乡村社会发展，无不需要层层推进，绝不能盲目地跨越式发展。通变思维要求乡村教育改革者要立足乡村社会，灵活变通。在乡村教育改革中，教育形式的创新迎合了乡村民众的需求；课程设置和教学内容的创新符合乡村社会的要求；假期安排创新符合乡村生产劳动的规律，做到因时制宜；教学组织形式和教学方法创新，用最经济的方式方法取得最优的效果，做到因人制宜；教学设施设备更是就地取材，做到因地制宜。

科学教育思维指导下的乡村教育改革取得了一定的效果，这种效果既体现在对乡村教育变革的影响上，为乡村教育从传统向现代转型作出了贡献，还表现在推动乡村社会发展上，推动了乡村社会现代化的步伐。乡村教育改革的影响首先表现在显著地减少了乡村地区文盲的数量。对于长久以来无知无识的乡村民众来说，几千年的传统使他们一直是远离知识的群体，当他们真正获得读书识字的机会之时，无论是在他们的生命中，还是在历史长河中都具有里程碑意义。对于文化贫瘠的乡村地区来说，他们需要更多的文化力量来推动乡村教育的发展，于是在乡村教育改革者的影响下，一大批知识分子纷纷走出象牙塔，走进乡村，形成了中国历史上独具特色的"博士下乡"运动。毕业于著名学府的知识分子放弃了城市的高薪工作，结伴来到乡村，用自身的力量为乡村教育改革作出贡献，这一行为极大地解决了乡村社会"无贝之才难求"的困境，为

结语

乡村教育的发展提供了人才保障。乡村教育改革者对乡村教育更深层次的影响在于，他们突破了普通教育的限制，扩展了乡村教育的内涵，带动了乡村多种教育的协同发展，这也为后续乡村社会改造与建设奠定了坚实的基础。对于爱国的乡村教育改革者来说，他们的目的绝没有仅仅停留在乡村教育改革之上，而是希望通过乡村教育改革推动乡村社会的改造与建设，所以我们同样有必要考察乡村教育改革对乡村社会的影响。在那个兵荒马乱的时代，人们麻木地过着得过且过的生活，毫无生机和活力，环境更加艰苦的乡村地区更是如此。正是怀有救国梦想的乡村教育改革者用他们的实际行动挽救了濒临崩溃的乡村社会，唤醒了毫无生气的乡村民众。在他们的影响下，越来越多的爱国知识分子勇敢地加入其中，引发了乡村社会改造与建设运动的高潮。知识分子走进乡村社会，不仅带来了知识和文化，还开启了乡村民众与知识分子联合改造乡村的新模式，打破了千百年来"劳心"与"劳力"泾渭分明的界限。除了作为城市代表的知识分子以个人名义扎根乡村外，部分城市的高校和其他团体组织也积极与乡村合作，帮助乡村解决实际问题，实现了多种形式的城市反哺乡村。当越来越多的知识分子用他们的知识和智慧鼓励乡村民众成为乡村社会改造与建设的主体时，就意味着乡村正在发生变化，这种变化是从传统向现代的转变，代表着乡村社会全面转型与发展。当乡村社会重生之时，所有生活在其中的乡村民众都能感受到自身生活的变化，显著提高的生活质量就是乡村社会改造与建设最直观的体现。

回顾历史是为了更好地展望未来，百年前那段被黑暗压迫的历史时期出现了几个闪闪发光的点，这几个点就像星星之火，在黑暗中燃起了一个又一个希望。陶行知、晏阳初和梁漱溟只是民国时期众多乡村教育改革者中的代表，他们就如同黑暗中闪亮的星星，用自己的思考和行动引领着乡村教育发展的方向。民国时期的乡村教育同整个社会一样，都处于从传统向现代转变的浪潮之中；但是和整个社会相比，乡村教育面临的困难更多，任务更艰巨。因此，在很长一段时期，乡村社会成为被忽视的区域，乡村教育成为被遗忘的角落。怀揣教育救国初衷的爱国知识分子意识到乡村教育的重要性，看到乡村教育现代化转型对整个社会发展的重要意义，于是他们积极投身乡村教育改革活动。他们看到了乡村教育的保守性和落后性，但是他们却没有像以往的乡村教育改革者那样提倡完全复古或全盘西化的教育。他们避免了盲目地沿袭旧法或模仿欧美的错误做法，而是站在乡村教育现有发展水平的基础上，寻求一种适合中国乡村社会的本土化乡村教育发展模式。在这种教育模式下，他们没有在教育和社会之间搭建围墙，而是积极打破教育和社会的隔阂，从而保证乡村教育能够为乡村社会培养更多所需的人才，实现了乡村教育和乡村社会的积极互动；他们也没有只关注乡村学校教育的发展，而是推动多种教育形式协同发展，在发挥教育合力的同时，也在很大程度上彰显了乡村教育促进乡村社会发展的作用；他们也没有像一些喊口号者不顾实际地冒进，而是保证乡村教育改革以点带面，实现从量变向质变的转变；他们面对缺东少西的乡村社会没有退缩，而是采取因时、因地、因人制宜的方式解决了乡村教育改革中遇到的种种难题，将很多不可能变成了可能，保证了乡村教育的有序发展。民国时期的乡村教育改革者，无论是在面对乡村教育现实时努力思考如何进行乡村教育改革时形成的教育思维，还是在科学的教育思维指导下采取的积极有效的乡村教育改革策略，无不体现出那个时代的独特性和先进性，而这正是民国时期乡村教育改革者智慧的生动体现。

党的十九大提出了乡村振兴战略，这一战略使人们的目光再次聚焦在乡村教育上，因为教育是乡村的支柱。《教育部 2022 年工作要点》明确指出，要统筹推进乡村教育振兴和教育振兴乡村工作。把乡村教育融入乡村建设行动，更好发挥农村中小学的教育中心、文化中心作用。引导人才向艰苦地区和基层一线流动。引导农村职业教育和成人教育示范县主动对接当地经济社会发展需求，发挥百所乡村振兴人才培养优质校引领作用，助力培养高素质农民和农村

结语

实用人才。[①]这一要点说明国家对乡村教育的高度重视。然而立足当代不难发现，乡村教育还存在或多或少的问题。在城市文化的冲击下，乡村生活样态与价值内核逐渐瓦解，乡村青少年对本土文化价值的忽视与漠视、对城市文明的羡慕与向往、对乡土身份的自卑与厌弃，造成了他们在未来身份预设上的城市化取向。城市化进程加快引发了乡村学生大量向城镇流动，教育价值取向的"向城性"有增无减；乡村普通教育在"畸形的智力教育"路上越走越远，学生在学校一度只是学习与他们生活经验相隔离的书本知识，而与他们生活有着千丝万缕联系的乡土文化知识却被拒之门外，造成儿童与乡土文化的疏离、学校与地方发展的疏离；乡村社会把教育推向学校，忽视了家庭教育和社会教育应该承担的教育功能，打破了教育合力的平衡，未能有效落实"三教合一"的理念；快速城镇化过程中的大规模撤并村校给乡村子弟带来了"上学远、上学难、上学贵"的问题，与此同时，也带来了乡村教育校舍资源流失、教师流失的问题。以上种种问题反映出教育者对乡村教育定位的错误认识，没有意识到乡村教育对乡村社会的作用，而只考虑到乡村教育对乡村儿童的作用，缺少乡村教育对乡村社会的反哺，不利于乡村社会的持续性发展。存在问题反映出新时期乡村教育价值取向的严重偏差，导致乡村青年忽略自身"区域内民众"的实际身份，表现出对乡村教育发展漠不关心；也有对乡村教育承载乡土文化传承这一重要功能认识的缺失，将乡村教育孤立于乡土文化之外，与乡土社会文化运作相分离；更有城乡教育一体化发展要求与当前乡村教育的二元机制、跨越式发展及现代化追求现状相互矛盾造成的结果。这些问题都是在推进新时期乡村教育改革时绕不开的难题。历史的车轮虽然不能倒回，但历史的经验可以闪耀时代的光芒。民国时期乡村教育改革者在实施乡村教育改革时体现出的教育思维依然可以为当代的乡村教育改革提供借鉴。客观性思维要求当今的乡村教育改革从价值取向上入手，改变城市取向，立足乡村，为乡村培养实用型人才；一体化

[①]教育部 2022 年工作要点[EB/OL].[2023-11-07].https://www.gov.cn/xinwen/2022-02/09/content_5672684.htm.

思维要求乡村教育注重与乡村社会的联系，突出乡村教育的本土化和乡土性特点，引导乡村儿童和青少年热爱乡土而不是背弃乡土；系统性思维要求统筹推进多种教育发展，发挥大教育的功能和作用；战略思维要求教育改革的每一步都要慎重，都要坚定；通变思维要求在推进城乡一体化进程中，要考虑到乡村社会的实际，照顾到乡村民众及乡村社会的需求，在推进撤点并校过程中做到"留"有发展新机，"并"是家校之愿，"撤"无后顾之忧，①从而最大限度地保证乡村教学单位发挥作用。当民国时期乡村教育改革经验与当代乡村教育问题产生碰撞之后，无不体现出这些经验的借鉴性和启发性。正是这种历经时光和岁月沉淀之后依然具有巨大价值的历史经验让我们不得不静下心来，回顾并反思那段动荡岁月中的艰辛、智慧与美好。

  国家要富强，民族要兴旺，乡村要振兴，都离不开乡村教育的发展。民国时期乡村教育改革者的智慧历经百年回响不绝，在全面推进乡村振兴的今天尤其可贵。对先贤们成功的经验不断进行吸收、加以创造，以更好地推动乡村教育改革，更好地实现乡村文化振兴，最终为乡村振兴作出积极的贡献，是我们这一代教育学者、行者不可推卸的神圣职责，我们需要把它承担下来，不断奋勉前行。

---

①余汉平.坚持质量导向办好乡村小规模学校[N].中国教育报，2022-01-27（2）.

参 考 文 献

（一）全集类

[1] 宋恩荣.晏阳初全集：第一~三卷[M].长沙：湖南教育出版社，1992.

[2] 方明.陶行知全集：第一~十二卷[M].成都：四川教育出版社，2005.

[3] 梁漱溟.梁漱溟全集：第一~八卷[M].济南：山东人民出版社，2005.

（二）著作类

[1] 顾复.农村社会学[M].上海：商务印书馆，1924.

[2] 陈其鹿.农业经济史[M].上海：商务印书馆，1930.

[3] 卢绍稷.乡村教育概论[M].上海：大东书局，1932.

[4] 卢绍稷.中国现代教育[M].上海：商务印书馆，1933.

[5] 行政院农村复兴委员会.中国农业之改进[M].上海：商务印书馆，1934.

[6] 言心哲.农村家庭调查[M].上海：商务印书馆，1935.

[7] 廖泰初.动变中的中国农村教育：山东省汶上县教育研究[M].北京：燕京大学出版社，1936.

[8] 萧克木.邹平的村学乡学[M].邹平：邹平乡村书店，1936.

[9] 朱其华.中国农村经济的透视[M].上海：中国研究书店，1936.

[10] 古楳.乡村师范学校教科书：乡村教育[M].上海：商务印书馆，1935.

[11] 朱义农.十年来的中国农业[M].上海：商务印书馆，1937.

[12] 教育部教育年鉴编纂委员会.第二次中国教育年鉴[M].上海：商务印书馆，1948.

[13] 章有义.中国近代农业史资料：第二辑：1912—1927[M].北京：生活·读书·新知三联书店，1957.

[14] 天野元之助.中国農業史研究[M].東京：御茶の水書房，1962.

[15] 薛暮桥.旧中国的农村经济[M].北京：农业出版社，1980.

[16] 薛暮桥，冯和法.中国农村论文选：下册[M].北京：人民出版社，1983.

[17] 江苏省陶行知教育思想研究会.纪念陶行知[M].长沙：湖南教育出版社，1984.

[18] 广东省社会科学院历史研究所，中国社会科学院近代史研究所中华民国史研究室，中山大学历史系孙中山研究室.孙中山全集：第十卷[M].北京：中华书局，1986.

[19] 辛元，谢放.陶行知与晓庄师范[M].南京：江苏教育出版社，1986.

[20] 宋恩荣.梁漱溟教育文集[M].南京：江苏教育出版社，1987.

[21] 吉尔伯特·罗兹曼.中国的现代化[M].国家社会科学基金"比较现代化"课题组，译.南京：江苏人民出版社，1995：522.

[22] 梁漱溟乡村建设研究会.乡村：中国文化之本[M].济南：山东大学出版社，1989.

[23] 宋恩荣.晏阳初文集[M].北京：教育科学出版社，1989.

[24] 孔力飞.中华帝国晚期的叛乱及其敌人：1796—1864年的军事化与社会结构：修订版[M].谢亮生，杨品泉，谢思炜，译.北京：中国社会科学出版社，1990.

[25] 李济东.晏阳初与定县平民教育[M].石家庄：河北教育出版社，1990.

[26] 吴畏，李少元.农村教育整体改革研究[M].太原：山西教育出版社，1990.

[27] 中国陶行知研究会.陶行知教育思想理论和实践[M].合肥：安徽教育出版社，1991.

[28] 袁振国.教育改革论[M].南京：江苏教育出版社，2005.

[29] 中国人民政治协商会议河北省涉县委员会文史资料委员会.涉县文史资料：第2辑[M].石家庄：河北人民出版社，1992：179.

[30] 冯和法.中国农村经济资料[M].上海：黎明书局，1993.

参考文献

[31] 陈侠，傅启群.傅葆琛教育论著选[M].北京：人民教育出版社，1994.

[32] 河北省地方志编纂委员会.河北省志[M].北京：中华书局，1995.

[33] 艾恺.最后的儒家：梁漱溟与中国现代化的两难[M].王宗昱，冀建中，译.南京：江苏人民出版社，1996.

[34] 中国第二历史档案馆.中华民国史档案资料汇编：第五辑 第一编 教育[M].南京：江苏古籍出版社，1994.

[35] 郭福昌.教育综合改革的探索与实践[M].北京：人民教育出版社，1998.

[36] 费孝通.乡土重建[M].北京：群言出版社，1999.

[37] 费正清.美国与中国[M].4版.张理京，译.北京：世界知识出版社，2019.

[38] 迈克·富兰.变革的力量[M].中央教育科学研究所，加拿大多伦多国际学院，译.北京：教育科学出版社，2000.

[39] 夏明方.民国时期自然灾害与乡村社会[M].北京：中华书局，2000.

[40] 郑大华.中国社会史文库：民国乡村建设运动[M].北京：社会科学文献出版社，2000.

[41] 欧文·拉兹洛.微漪之塘：宇宙进化的新图景[M].钱兆华，译.北京：社会科学文献出版社，2001.

[42] 费孝通.江村经济：中国农民的生活[M].戴可景，译.南京：江苏人民出版社，1980.

[43] 吴相湘.晏阳初传：为全球乡村改造奋斗六十年[M].长沙：岳麓书社，2001.

[44] 晏阳初，赛珍珠，宋恩荣.告语人民[M].桂林：广西师范大学出版社，2003.

[45] 杜赞奇.文化、权力与国家[M].王福明，译.南京：江苏人民出版社，2004.

[46] 吕达，刘立德.舒新城教育论著选[M].北京：人民教育出版社，2004.

[47] 苗春德.中国近代乡村教育史[M].北京：人民教育出版社，2004.

[48] 金林祥.20世纪陶行知研究[M].上海：上海教育出版社，2005.

[49] 李景汉.定县社会概况调查[M].上海：上海人民出版社，2005.

[50] 陈旭麓.中国近代社会的新陈代谢[M].上海：上海社会科学院出版社，2006.

[51] 马亮宽.何思源文集：第二卷[M].北京：北京出版社，2006.

[52] 余英时.士与中国文化[M].上海：上海人民出版社，2006.

[53] 李清华.陶行知与乡村教育[M].福州：海风出版社，2007.

[54] 璩鑫圭，唐良炎.中国近代教育史资料汇编：学制演变[M].上海：上海教育出版社，2007.

[55] 张荣伟.当代基础教育改革[M].福州：福建教育出版社，2007.

[56] 陈天华.陈天华集[M].长沙：湖南人民出版社，2008.

[57] 费孝通.乡土中国[M].北京：人民出版社，2008.

[58] 钱理群.那里有一方心灵的净土[M].北京：中国文联出版社，2008.

[59] 高奇.中国教育史研究：现代分卷[M].上海：华东师范大学出版社，2009.

[60] 袁桂林.中国农村教育发展指标研究[M].北京：经济科学出版社，2009.

[61] 费孝通.江村经济[M].呼和浩特：内蒙古人民出版社，2010.

[62] 邓云特.中国救荒史[M].北京：商务印书馆，2011.

[63] 梁漱溟.乡村建设理论[M].2版.上海：上海人民出版社，2011.

[64] 梁漱溟.中华文化要义[M].上海：上海人民出版社，2011.

[65] 王先明.走进乡村：20世纪以来中国乡村发展论争的历史追索[M].太原：山西人民出版社，2012.

[66] 赵婕，刘杨.当教育界群星闪耀时：民国教育家小传[M].北京：中央广播电视大学出版社，2003.

[67] 梁漱溟.我生有涯愿无尽：梁漱溟自述文录[M].上海：上海人民出版社，2013.

[68] 宋恩荣.中国近代思想家文库：晏阳初卷[M].北京：中国人民大学出版社，2013.

[69] 田正平.中国教育通史：中华民国卷：上[M].北京：北京师范大学出版社，2013.

[70] 吴星云.乡村建设思潮与民国社会改造[M].天津：南开大学出版社，2013.

[71] 余子侠，郑刚.中国近代思想家文库：余家菊卷[M].北京：中国人民大学出版社，2013.

[72] 张济洲."乡野"与"庙堂"：社会变迁中的乡村教师[M].北京：中国社会科学出版社，2013.

[73] 智效民.民国那些教育家[M].成都：四川文艺出版社，2013.

[74] 陈波.陶行知教育文选[M].杭州：浙江大学出版社，2014.

[75] 崔国富.新农村与城镇化建设视域下农村教育综合改革研究[M].北京：中国文史出版社，2014.

[76] 景海峰，黎业明.国学大师丛书：梁漱溟评传[M].南昌：百花洲文艺出版社，2015.

[77] 李文海.民国时期社会调查丛编：乡村社会卷[M].2版.福州：福建教育出版社，2014.

[78] 佘万斌，杜学元，谭辉旭.农村教育现代化的理论与实践研究[M].北京：人民出版社，2015.

[79] 赵锋.民国教育[M].太原：山西教育出版社，2015.

[80] 赵兴胜，高纯淑，徐畅，等.中华民国专题史：第八卷：地方政治与乡村变迁[M].南京：南京大学出版社，2015.

[81] 陈中原.中国教育改革大系：教育改革理论卷[M].武汉：湖北教育出版社，2016.

[82] 刘锐.陶行知传[M].北京：北京时代华文书局，2016.

[83] 张冠生.探寻一个好社会：费孝通说乡土中国[M].桂林：广西师范大学出版社，2016.

[84] 周洪宇.平凡的伟大：教育家陶行知、杨东莼、牧口常三郎的生活史[M].福州：福建教育出版社，2016.

[85] 朱汉国.转型中的困境：民国时期的乡村教育[M].北京：北京师范大学出版社，2016.

[86] 李森，崔友兴.社会变迁中的乡村教育[M].福州：福建教育出版社，2017.

[87] 王尚义.陶行知教育思想教程[M].北京：中央编译出版社，2017.

[88] 王先明.乡路漫漫：20世纪之中国乡村（1901—1949）[M].北京：社会科学文献出版社，2017.

[89] 周洪宇.陶行知研究在海外[M].北京：人民教育出版社，1991.

[90] 钱理群.志愿者文化丛书：陶行知卷[M].北京：生活•读书•新知三联书店，2018.

[91] 钱理群.志愿者文化丛书：晏阳初卷[M].北京：生活•读书•新知三联书店，2018.

[92] 范先佐.中国教育改革40年：农村教育[M].北京：科学出版社，2019.

[93] 杨东平.教育蓝皮书：中国教育发展报告（2019）[M].北京：社会文献出版社，2019.

（三）论文类

[1] 张欣.军阀政治与民国社会：1916—1928年[D].上海：华东师范大学，2005.

[2] 陈启新.试论陶行知的乡村教育思想及其对我国新农村建设的启示[D].武汉：华中师范大学，2007.

[3] 张颖夫.晏阳初"平民教育"理论与实践研究[D].重庆：西南大学，2009.

[4] 顾健.陶行知乡村教育思想对我国农村教育发展的启示[D].济南：山东师范大学，2010.

[5] 王蓉.民国农民贫困问题初探[D].武汉：武汉大学，2010.

[6] 陈艳红.社会转型期农村教育现代化的困境与出路[D].长沙：湖南师范大学，2011.

[7] 周祥林.梁漱溟乡村建设伦理思想与实践研究[D].长沙：中南大学，2011.

[8] 谷波.陶行知乡村教育思想对我国农村教育改革的启示[D].石家庄：河北师

范大学，2012.

[9] 吕莹.梁漱溟的乡村教育理论与实践及其对当代新农村教育的启示研究[D].长春：东北师范大学，2012.

[10] 王迎.晏阳初平民教育理论与实践研究[D].南京：南京工业大学，2012.

[11] 张建军.寻路乡土：梁漱溟、晏阳初乡村建设理论与实践比较研究[D].杭州：浙江大学，2019.

（四）期刊类

[1] 杨开道.归农运动[J].东方杂志，1923，20（14）：17-29.

[2] 王士勉.乡村教育的研究[J].农学杂志，1929（5/6）：70-108.

[3] 柳均卿.整理乡村教育发微[J].中华教育界，1930，18（1）：1-3.

[4] 佚名.由人口分布状况估计乡村教育[J].中华教育界，1930，18（8）：10-130.

[5] 仲安.乡村运动与乡村运动者[J].乡村建设，1932，2（9）：7-9.

[6] 蔡树邦.近十年来中国佃农风潮的研究[J].东方杂志，1933，30（10）：26-38.

[7] 刘伯英.对于山西省政十年建设计划：拟制农村教育专案之刍荛[J].新农村，1933（5）：54-90.

[8] 杨效春.乡农学校的活动[J].乡村建设，1933，2（24/25）：1-6.

[9] 张宗麟.中国乡村教育危机[J].中华教育界，1933，21（2）：1-9.

[10] 达生.灾荒打击下底中国农村[J].东方杂志，1934，31（21）：35-42.

[11] 李景汉.定县农村借贷调查[J].中国农村，1934（3）：35-79.

[12] 孟维宪.洞庭湖滨之农民生活[J].东方杂志，1934，33（8）：116-117.

[13] 孙晓村.近代来中国田赋增加的速率[J].中国农村，1934，1（7）：35-41.

[14] 王雨桐.东北沦陷与我国之经济关系[J].经济学季刊，1934，5（1）：102-113.

[15] 束荣松.中国农村教育的回顾与前瞻[J].江苏省小学教半月刊，1936，3（16）：3-5.

[16] 佚名.乡村教育调查[J].农情报告，1936，4（9）：236-238.

[17] 薛暮桥.中国农村经济的新趋势[J].中国农村，1936，2（11）:55-66.

[18] 左绍儒.乡村小学实际问题十四谈[J].基础教育，1936（12）：37-60.

[19] 方显廷.农村建设与抗战[J].农村建设，1938（9）：1.

[20] 刘海燕.30年代国民政府推行县政建设原因探析[J].民国档案，2001（1）：77-81.

[21] 郝锦花，王先明.清末民初乡村精英离乡的"新学"教育原因[J].文史哲，2002（5）：145-150.

[22] 张鸣.教育改革视野下的乡村世界：由"新政"谈起[J].浙江社会科学，2003（2）：192.

[23] 华莹.高阳民众教育思想初探[J].河北师范大学学报（教育科学版），2004（5）：52-57.

[24] 刘晓敏，陶佩君."定县实验"中的表证农家与现代参与式农业推广方式探究[J].古今农业，2004（2）：55-59.

[25] 曲铁华，佟雅囡.论陶行知的科学教育思想及其现代价值[J].东北师大学报（哲学社会科学版），2004（6）：30-35.

[26] 冯杰.博士下乡与"乡村建设"：以20世纪二三十年代河北定县平教会实验为例[J].河北大学学报（哲学社会科学版），2007（5）：47-50.

[27] 郭云凤.梁漱溟乡村教育思想的特点及启示[J].内蒙古师范大学学报（教育科学版），2008（9）：75-77.

[28] 田正平，陈胜.清末及民国时期乡村教育的困境及其调适[J].华中师范大学学报（人文社会科学版），2008（5）：129-134.

[29] 王先明.士绅阶层与晚清"民变"：绅民冲突的历史趋向与时代成因[J].近代史研究，2008（1）：21-33.

[30] 刘阳.戊戌时期科技兴农思想论要[J].理论界，2009（2）：118-121.

[31] 吴擎华.民国时期的乡村文化危机与乡村教育[J].学理论，2009（21）：

113-114.

[32] 郝锦花.清末民初乡村民众视野中的新式学校[J].福建论坛（人文社会科学版），2010（3）：91-95.

[33] 钱理群.农村教育的理念和理想[J].教育文化论坛，2010，2（1）：5-12.

[34] 蒋树鑫.问题与改良：民国时期的乡村文化危机与改良运动[J].黄海学术论坛，2011（2）：178-185.

[35] 庞振宇."劣绅官僚化"：民国初年的乡村政治[J].沧桑，2012（5）：29-31.

[36] 裴儒弟.民国时期英国对西藏的文化侵略[J].牡丹江大学学报，2013，22（6）：6-8.

[37] 万庆红.试析清末民初江西私塾的现代化改良（1901—1927）[J].江西教育学院学报，2014，35（1）：160-163.

[38] 单丽卿，王春光.离农：农村教育发展的趋势与问题：兼论"离农"和"为农"之争[J].社会科学研究，2015（1）：124-132.

[39] 钱逊.传统文化教育的"神"与"形"：传承中华文化要重本末终始[J].人民教育，2016（22）：12-17.

[40] 钱理群.梁漱溟乡村建设思想及其当代价值[J].中国农业大学学报（社会科学版），2016，33（4）：5-16.

[41] 田正平.关于民国教育的若干思考[J].教育学报，2016，12（4）：102-111.

[42] 张志增.晏阳初及其主持的定县乡村平民教育实验[J].中国职业技术教育，2016（34）：117-123.

[43] 郝德贤.论民国时期乡村教育家精神特质及其当代启示[J].宁波大学学报（教育科学版），2017，39（5）：31-36.

[44] 郝文武，李明.教育扶贫必须杜绝因学致贫[J].教育与经济,2017(5):61-65.

[45] 钱理群.晏阳初平民教育与乡村改造运动思想及其当代价值[J].中国农业大学学报（社会科学版），2017（6）：1-10.

[46] 赵旭东，张洁.乡土社会秩序的巨变：文化转型背景下乡村社会生活秩序的再调适[J].中国农业大学学报（社会科学版），2017，34（2）：56-68.

[47] 翁有为.民国时期的农村与农民（1927—1937）：以赋税与灾荒为研究视角[J].中国社会科学，2018（7）：184-203.

[48] 郑建锋.梁漱溟乡村教育思想的现代价值[J].山东理工大学学报（社会科学版），2018，34（2）：101-104.

[49] 朱文富.县域义务教育城乡一体化从"应然"到"实然"的实现路径：兼论《县域内义务教育城乡一体化发展研究——基于河北省的调查》的实践价值[J].河北大学成人教育学院学报，2018（2）：97-104.

[50] 雷克啸.我亲历的农村教育综合改革[J].教育史研究，2019，1（3）：17-30.

[51] 曲铁华.民国时期乡村教育的基本特征论析[J].四川师范大学学报（社会科学版），2019，46（3）：81-89.

[52] 徐梓.传统文化教育不应变成复古教育[J].群言，2019（1）：25-28.

[53] 刘秀峰，代显华.以城镇化的思维解决农村教育城镇化的问题：兼谈农村教育城镇化之争[J].教育与教学研究，2020，34（9）：29-43.

[54] 王囡.乡村振兴战略背景下的城乡义务教育一体化统筹发展[J].当代教育科学，2020（4）：69-75.

[55] 薛伟强.定县实验留学生考略[J].西南交通大学学报（社会科学版），2020，21（5）：54-75.

[56] 于海洪.深度贫困乡村教育脱贫与人才振兴协同发展[J].长江师范学院学报，2020，36（3）：69-79.

[57] 曲铁华.民国时期乡村教育的基本经验与历史局限[J].教育史研究，2021，3（1）：71-83.

[58] 邬志辉.中国农村教育发展的成就、挑战与走向[J].探索与争鸣，2021（4）：5-8.

[59] 周勇.20世纪二三十年代教育学者的乡村转向与地方行动[J].探索与争鸣，2021（4）：25-27.

[60] 佚名.教育评论拾零："最可悲可忧之现象"[J].教育杂志，1930，22（8）：6.

（五）报纸会议类

[1] 金山.荒案减折租赋之近讯[N].申报，1917-12-07（7）.

[2] 莱斯特·瑟罗.中国未来的秘密在农村[N].南京周末，2000-09-22（5）.

[3] 邬志辉.农村教育不能一味城镇化[N].中国教育报，2012-09-21（8）.

[4] 邬志辉.农村教育发展状况调查：下[N].中国教育报，2014-01-14（3）.

[5] 苏奕宇，王海卉.文化复兴视角下的乡村建设探讨：基于对民国乡村建设实践的解读[C]//中国城市规划学会，东莞市人民政府.持续发展理性规划：2017中国城市规划年会论文集（18乡村规划）.东莞：中国城市规划年会，2017.

[6] 邬志辉.中国农村教育发展报告2017[N].中国教师报，2017-12-27（11）.

[7] 付洁.梁漱溟乡村教育思想与当代乡土人才培养[C]//"梁漱溟乡村教育思想与乡村教育振兴"学术研讨会论文集.滨州：滨州学院教师教育学院，2018.

[8] 列纳德·蒙洛迪诺.学习人类的弹性思维[N].张媚，张玥，译.文汇报，2019-08-16（W12）.

[9] 佚名.中国农村教育发展报告2019发布[N].中国民族报，2019-02-19（3）.

[10] 余汉平.坚持质量导向办好乡村小规模学校[N].中国教育报，2022-01-27（2）.

（六）电子公告类

[1] 国务院办公厅转发国家教育委员会等部门关于全国职业技术教育工作会议情况报告的通知[EB/OL].[2023-11-07].http://www.jyb.cn/zyk/jyzcfg/200603/t20060310 55527.html.

[2] 国家教委关于在全国建立"百县农村教育综合改革实验区"的通知

[EB/OL].[2023-11-07].http://www.110.com/fagui/law_159907.html

[3] 中共中央 国务院关于深化教育改革全面推进素质教育的决定[EB/OL].[2023-11-07].https://www.nmg.gov.cn/zwgk/zfgb/1999n_5236/199907/199906/t19990613_309013.html

[4] 国务院关于基础教育改革与发展的决定[EB/OL].[2023-11-07].https://www.gov.cn/gongbao/content/2001/content_60920.htm.

[5] 温家宝.在全国农村教育工作会议上的讲话[EB/OL].[2023-11-07].https://www.gov.cn/gongbao/content/2003/content_62506.htm.

[6] 教育部关于当前加强中小学管理规范办学行为的指导意见[EB/OL].[2023-11-07].http://www.gov.cn/gongbao/content/2009/content_1399843.html.

[7] 国务院办公厅关于规范农村义务教育学校布局调整的意见[EB/OL].[2023-11-07].http://www.moe.gov.cn/jyb_xwfb/xw_zt/moe_357/jyzt_2017nztzl/ztzl_xyncs/ztzl_xy_zcfg/201701/t20170117_295040.html.

[8] 21世纪教育研究院报告：十年"撤点并校"农村小学减少超五成[EB/OL].[2023-11-07].http://www.eeo.com.cn/2012/1119/236260.shtml.

[9] 何星亮.中国学术切勿盲目崇拜西方[EB/OL].[2023-11-07].http://theory.people.com.cn/n1/2017/0316/c40531-29148418.html.

[10] 中共中央 国务院关于实施乡村振兴战略的意见[EB/OL].[2023-11-07].www.gov.cn/zhengce/2018-02/04/content_5263807.htm.

[11] 2020年全国教育事业发展统计公[EB/OL].[2023-11-07].http://www.moe.gov.cn/jyb_sjzl/sjzl_fztjgb/202108/t20210827_555004.html

[12] 教育部2022年工作要点[EB/OL].[2023-11-07].https://www.gov.cn/xinwen/2022-02/09/content_5672684.htm

[13] 中华人民共和国2021年国民经济和社会发展统计公报[EB/OL].[2023-11-07].https://www.stats.gov.cn/sj/zxfb/202302/t20230203_1901393.html.

[14] 姜克红.新生代农民工调查：6成无归属感，8成不会干农活[EB/OL].[2023-11-07].http://finance.cnr.cn/gundong/201207/t20120726_510347030.shtml.

后　　记

　　这本书可以说是我博士论文的延续,从博士论文到本书的成书经历了一年的时间。博士论文答辩通过之后,我就一直在思考如何完善我的论文。如今博士期间的研究成果以书稿的形式呈现在读者面前,也算是对博士求学期间成果的总结和升华。说起这个选题,要特别感谢我的博士生导师——河北大学教育学院王喜旺教授,在我读博期间毕业论文选题毫无头绪的时候,王老师为我指明了方向,王老师建议我用一个全新的视角思考百年前乡村教育改革这段熟悉的历史。虽然开始对这个看似"老生常谈"的话题有些犹豫和担心,也不清楚是否能够摆脱传统研究对自己思路的限制,但是随着查阅的史料不断增加,我对这个全新的研究视角有了更多的思考,也开始全身心地投入博士论文的写作过程中。疫情的三年正是专心写作的三年,三年的阅读和思考使我对三位乡村教育改革者有了更加深刻的认识。即使未能真切地看到他们从事乡村教育改革实践活动时的举动,但是在梳理三位教育家乡村教育改革活动的文本材料时依然能够感受到他们对中国乡村教育的担忧,也能真切地感受到他们扎根中国乡村社会后,对中国乡村教育发展和乡村社会发展的思考。2022年11月,当我顺利地完成博士论文答辩的时候,这篇凝结了我三年时光和心血的作品也被暂时搁置,即使我一直都知道我的论文还有很多需要完善的地方,也有很多需要进一步补充材料以更好地支撑研究结论的地方;但是拿到学位的快感和读博期间的压力使我暂时地放松下来,心想对论文的完善和补充是日后的事情。直到毕业后我又回到高校工作,在教学和科研中有意无意会接触到和论文相关的资料,这些资料是我在撰写博士论文期间不曾阅读过的,而这些出现的"新"资料使我不得不将博士论文重新拾起,反复阅读。也正是这个过程使我真正意识到我的论文还有极大的提升空间,于是我一边查找资料,一边完善论文,直到现在将其完整地呈现出来。当然由于我个人的学术能力有限,获取和查阅资料的能力也有待提升，目前这本书中还有很多需要改进和修改的地方。作为一名教育史领域的新生，我定会虚心求教，恳请各位专家多提宝贵意见，我也会虚心接受所有有益的意见和建议，并在日后不断充实完善，争取呈献给大家一本相对完美的作品。这本书的完成既是一个阶段性目标的完成，更是一段全新研究旅程的开始，"活到老、学到老"的学习型社会要求我们不断学习进步，"不积跬步，无以至千里"，每天一点点小的进步，都会成为日后跨越式进步的阶梯。我也要借着这本书继续深化我在乡村教育领域的研究，希望能够在这个广阔的研究领域留下我的风采。

这本书的成功出版要感谢我工作的单位——河北民族师范学院，感谢学校领导、教育学院领导以及科研处的领导、同人在本书出版过程中给予的大力支持，同时也要感谢燕山大学出版社。对于其他曾经帮助过我的但在这里我未能一一列举姓名的各位友人一并表示感谢。

陈博 2023 年 11 月 11 日

于河北承德